Helmut Fischer

W0053941

DIE
WUNDER
JESU

Mit szenischen Ikonen
von Hildegard Rall

Michael Imhof Verlag

FÜR ADRIAN

Helmut Fischer: Die Wunder Jesu.
Mit szenischen Ikonen von Hildegard Rall
Petersberg 2010

© 2010
   Michael Imhof Verlag GmbH & Co. KG
   Stettiner Straße 25
   D-36100 Petersberg
   Tel. 0661/9628286; Fax 0661/63686
   www.imhof-verlag.de

Fotos: Michael Imhof
Gestaltung und Reproduktion: Michael Imhof Verlag
Druck: Fuldaer Verlagsanstalt, Fulda
Printed in EU

ISBN 978-3-86568-493-6

INHALT

1 GRUNDSÄTZLICHE KLÄRUNGEN

Das vieldeutige Wort „Wunder"

Ein strittiges Thema

In angeregter Runde erzählt jemand von der spektakulären Heilung einer Krebserkrankung, die allen ärztlichen Prognosen Hohn sprach. Einer der Zuhörer nennt das staunend „ein Wunder". Und schon ist die Runde in einem heftigen Streit darüber, ob denn so etwas wie ein Wunder überhaupt denkbar ist.

Bei den Urgroßeltern der Diskutierenden hätte der Bericht über die wundersame Heilung eines Schwerkranken vermutlich zu einem ganz anderen Gespräch geführt; vielleicht zu einem Gespräch darüber, welche Möglichkeiten Gott hat, doch noch zum Guten zu wenden, was uns Menschen als ausweglos erscheint. Goethe sah im Wunder „des Glaubens liebstes Kind". Waren die Menschen früher gläubiger als heute oder waren sie nur leichtgläubiger oder weniger aufgeklärt oder einfach unwissender? Und was hat das Wunder mit dem Glauben zu tun, gar mit dem christlichen?

Könnten die Zeitgenossen eines Martin Luther oder einer Hildegard von Bingen unsere bisherigen Überlegungen mitverfolgen, so würden sie uns wohl verwundert fragen: „Wovon redet ihr überhaupt? Wie kann ein halbwegs vernünftiger Mensch an Wundern zweifeln, zumal an den Wundern Gottes, die doch täglich vor aller Augen geschehen!" Das nun wieder würde heute vielen von uns ganz unverständlich sein und bei den einen Kopfschütteln, bei anderen nur ein mitleidiges Lächeln auslösen.

Was denken die Zeitgenossen?

In einer Repräsentativ-Umfrage vom Dezember 2006 hat das Institut für Demoskopie in Allensbach Folgendes ermittelt: 56 % der befragten Deutschen über 16 Jahren glauben an Wunder, und zwar 46 % der Männer und 66 % der Frauen. Schulbildung und Konfession haben auf diese Werte nur geringen Einfluss. Eine ähnliche Befragung hatte im Jahr 2000 ergeben, dass nur 29 % an Wunder glaubten. Selbst wenn man einzelne Prozentpunkte nicht auf die Waage legt, scheint der Glaube an Wunder im letzten Jahrzehnt tendenziell stark zugenommen zu haben. Ist das nur ein deutsches Phänomen?

In den Niederlanden ermittelte eine Befragung 1991, dass 31 % der Gesamtbevölkerung an die Möglichkeit speziell religiöser Wunder glaubte. Im Jahr 2002 waren es 43 %. Der Glaube an Wunder hat dabei besonders stark bei den jüngeren Kirchenmitgliedern zugenommen, bei jenen, die nach 1960 geboren waren, nämlich von 50 % in 1991 auf 78 % in 2002. Also auch in den Niederlanden eine signifikante Zunahme des Wunderglaubens. Diese Werte sind deshalb bemerkenswert, weil die Zustimmung zu anderen klassischen religiösen Themen im gleichen Zeitraum gleich geblieben ist oder sogar abgenommen hat.

Was wird gegenwärtig als „Wunder" bezeichnet?

Wer das Wunder bejaht, sagt damit noch nichts darüber, was er darunter versteht und ob er das in irgendeiner Weise mit Gott in Verbindung bringt. Ein katholischer Fernsehsender in den Niederlanden (KRO) hatte in den neunziger Jahren dazu eingeladen, persönlich erlebte Wundergeschichten einzusenden. Er erhielt 1500 Einsendungen. Es zeigte sich, dass das Wort „Wunder" auf Ereignisse bezogen wurde, die den Verfassern unerklärbar und unbegreiflich schienen und in denen sich etwas ganz unerwartet zum Guten wendete. Es handelte sich mehrheitlich um Krisensituationen, in denen Menschen erfuhren, dass ihr Leben oder das Leben anderer von Vorgängen abhing, die sie selbst weder steuern noch gar beherrschen konnten und für die sie auch keine plausible Erklärung hatten. Die persönlichen Erfahrungen mit gutem Ausgang wurden in religiösen oder in säkularen Kategorien als Wunder interpretiert.

Ein Widerfahrnis wird gedeutet

Der Nachbar kommt von einem Sommerurlaub zurück. Er entsteigt aber nicht seinem Mercedes, sondern einem Taxi. Er ist zwar braungebrannt, wirkt aber angegriffen. Wir ahnen nichts Gutes. Und dann erzählt er uns von einer Massenkarambolage auf der Autobahn. Fast 40 Autos waren ineinander verkeilt. Es gab vier Tote und viele Verletzte. „Ich war mittendrin. Mein Wagen ist nur noch Schrott. Totalschaden! Ich bin aber ohne Verletzung davongekommen – ein Wunder!"

Ein Wunder? Einige mögen es „Zufall" nennen oder sie sagen: „Glück gehabt". Andere meinen: „Da hattest du aber einen Schutzengel bei dir". Der Unfallgutachter sagte ihm beim Anblick seines Nobelwagen-Wracks: „Ihr Wagen war eine gut angelegte Lebensversicherung. Sie sehen, das Sicherheitskonzept unserer Konstrukteure hat sich bewährt."

Der Nachbar hat seine Geschichte noch oft erzählt. Was immer ihm seine Zuhörer als Erklärung anbieten mochten, für ihn, der mit dem Leben davongekommen war, blieb es ein Wunder. Nicht deshalb, weil er in seinem Überleben ein göttliches Eingreifen sah, sondern weil es auch für ihn verwunderlich oder einfach zum Wundern war, dass er in einem solchen Schrotthaufen unverletzt geblieben ist. Wenn er von Wunder sprach, so klang in seinem Wort auch sein Erstaunen mit und seine Dankbarkeit für ein geschenktes zweites Leben.

Später erzählte er, dass ihm ein Arbeitskollege seine Errettung als ein Wunder darstellte, das Gott an ihm getan hat. Er verstand sich zwar als ein religiöser Mensch, blieb dieser Deutung gegenüber aber skeptisch. Bei dem Zugunglück von Eschede meinte er, hätten zwar auch einige Fahrgäste überlebt. Aber mehr als 100 hätten den Tod gefunden. Ist denn Gott immer nur bei den Geretteten? Hat er den anderen das Wunder verweigert?

Ist also vom „Wunder der Errettung oder Bewahrung" die Rede, so drückt sich in dem Wort „Wunder" ganz subjektiv das dankbare Staunen darüber aus, ohne eigenes Zutun einer großen Gefahr entkommen zu sein. In diesem Sinne werden fast alle, die in nationalsozialistischen Vernichtungslagern, in den Bombennächten der Städte, im Kanonenfeuer der Fronten, in den Flüchtlingstrecks und in den Todesmärschen des letzten Krieges überlebt haben, dieses, ihr Überleben, als Wunder verstehen und auch so benennen können?

Auch das Erwartete erscheint uns als Wunder

Sprechen wir nicht auch von den „Wundern der Natur", wenn wir im Frühjahr aus dem braun-grauen Durcheinander einer Waldlichtung zartes, geordnetes Grün hervorbrechen sehen, oder wenn sich im Garten die vielgestaltigen bunten Blumen entfalten? Wir wissen doch, wie das alles zustande kommt und was wir zu erwarten haben. Dennoch stehen wir in jedem Jahr beglückt und mit Bewunderung vor der Fülle der Schönheit, die wie aus dem Nichts heraus erblüht. Sollte man angesichts von so viel Wunderbarem nicht von „Wunder" reden dürfen?

Das Wort „Wunder" drängt sich uns noch unmittelbarer auf, wen wir ein oder gar unser neugeborenes Kind in den Armen halten, ein Lebewesen, das es bis dahin nicht gab, das jetzt zu uns gehört, das uns anvertraut ist. Wir bestaunen die kleinen Fingerchen, entdecken Ähnlichkeiten mit Eltern und Großeltern und bewundern, wie vollständig schon alles da ist. Dabei spielt es gar keine Rollte, ob wir unser Bewundern in einen Zusammenhang zu Gott bringen oder nicht. Deutlich ist so viel: Vorgänge, die uns tief beeindrucken und die wir als wunderbar erleben, nennen wir in der Alltagssprache eben „Wunder". Wir drücken damit unseren subjektiven Erlebnisbefund zu diesen Vorgängen aus. Wer derartige Ereignisse nur ungerührt hinnimmt und das Staunen verlernt hat, der wird auch nicht von „Wundern" sprechen.

Wunder entstehen durch Deutung

Wir sehen, dass wir nicht von „Wundern" an sich reden können, denn erst durch unsere Art, Dinge zu erleben, sie zu bewerten und sie in unser Weltverständnis einzuordnen, erklären wir Vorgänge und außerordentliche Ereignisse zu Wundern. Ehe wir über die Frage in Streit geraten, ob es Wunder gibt oder nicht, wird es geraten sein, zu erkunden, vor welchem Hintergrund und in welchem Sinne jemand von Wundern redet. Diese Nachfrage wird umso genauer erfolgen müssen, je weiter wir vom Weltverstehen und Erleben jener Menschen entfernt sind, die uns in den Evangelien von Wundern berichten.

Die Wunderdeutung des naturwissenschaftlichen Zeitalters

Sucht man nach der genauen Bedeutung eines Wortes, so empfiehlt sich der Griff zu einem Lexikon. Lexika erheben den Anspruch, den letzten Stand des Wissens zu dokumentieren. In diesem Sinne definiert ein großes Lexikon aus der Mitte des 20. Jahrhunderts das Wunder als einen „Vorgang, der dem gewöhnlichen Lauf des Geschehens in Natur und Menschenleben anscheinend widerspricht. …" In diesem Deutungsmodell spricht sich das neuzeitliche Weltverständnis aus. Hier wird vorausgesetzt, dass alle erfahrbaren Vorgänge dieser Welt grundsätzlich erklärbar sind, selbst wenn heute noch nicht alles erklärt werden kann. Gemessen an dieser Vorgabe kann es Ereignisse, die sich einer natürlichen Erklärung entziehen oder dieser widersprechen, gar nicht geben. Der Anschein des Widerspruchs gegen Naturgesetze kann nach dieser Theorie nur bei Menschen hervorgerufen werden, die nicht voll aufgeklärt, also nicht auf der geistigen Höhe der Zeit sind. Unsere Lexikonerklärung, die in der Tat das neuzeitliche Bewusstsein dokumentiert, hat also genau das, was sie inhaltlich zu beschreiben vorgibt, nämlich das Wunder, durch ihre weltanschaulichen Vorgaben hinwegdefiniert. Die genannte Wunderdefinition sagt gar nichts über das Wunderverständnis der Antike, sie sagt nur indirekt, dass die Menschen der Antike noch nicht unsere heutigen naturkundlichen Einsichten hatten, nach denen Wunder gar nicht möglich sind.

Es scheint gegenwärtig einen alle ideologischen Lager übergreifenden Konsens darüber zu geben, dass der Realitätsgehalt des Wunders an den uns bekannten Gesetzmäßigkeiten des Naturgeschehens zu messen ist. Der Realitätstest an diesem Prüfstein erweist die Wundergeschichten der Bibel als Relikte einer vorwissenschaftlichen Zeit, die man in unserem aufgeklärten Zeitalter ausrangieren kann und muss. Ist damit über die Wundergeschichten der Bibel tatsächlich das letzte Wort gesprochen?

Das Wunder im Weltverständnis biblischer Zeit

Die Zeitgebundenheit religiöser Äußerungen

Der Mensch ist ein geschichtliches Wesen. Auch Religion ist in ihren Äußerungen in konkret irdischen, d. h. in geschichtlichen Formen präsent und greifbar. Wenn wir also die biblischen Wundertexte nicht aus heutiger Sicht lediglich beurteilen, sondern sie aus ihrer Zeit verstehen wollen, so müssen wir uns auf das Weltverständnis eben jener Zeit einlassen, aus dem sie hervorgegangen sind. Wahrnehmungen und Interpretationen sind unlösbar vom Weltverständnis ihrer Entstehungszeit geprägt. Sie geben deshalb ihren Sinn auch nur innerhalb ihres Entstehungsrahmens frei.

Das Weltverständnis der Antike

Der Begriff „Antike" soll hier als ein pauschales Kürzel für den Zeitraum stehen, in welchem die biblischen Texte entstanden sind. Das Weltverständnis müssen wir uns für unser Vorhaben, die Wundertexte zu verstehen, deshalb so weit erschließen, dass wir in jener Logik denken können, die diesem Denkhintergrund eigen ist. Das Andersartige des antiken Weltverstehens lässt sich am besten im Gegensatz zum gegenwärtigen naturwissenschaftlichen Weltverstehen deutlich machen.

Im gegenwärtigen naturwissenschaftlichen Weltverstehen herrscht Konsens darüber, dass die Welt nur aus dem Naturgeschehen selbst erkannt und erklärt werden kann und darf. Übernatürliche Kräfte haben in diesem Modell keinen Raum. Für das Weltverstehen der Antike sind aber gerade diese übernatürlichen Mächte konstitutiv. Während nach heutigem Verständnis naturwissenschaftliche und religiöse Aussagen unterschiedliche Aspekte von Weltwirklichkeit zur Sprache bringen und als streng getrennt gesehen werden, bildeten für den Menschen der Antike religiöses Erleben und Naturverstehen eine unauflösbare Einheit. In den Religionen der alten Welt galten die Götter – im Judentum und Christentum der eine Gott – als Schöpfer der Welt und deren Gesetzen. Diese Götter hatten ebenso wie die eine Gottheit der Juden und Christen jederzeit die Macht und die Möglichkeit, in die von ihnen geschaffenen Gesetzmäßigkeiten des Naturgeschehens einzugreifen. In der sichtbaren und erfahrbaren Welt konnte man sich im Normalfall auf regelmäßige Vorgänge verlassen. Aber zugleich war diese irdische Welt von einer überirdischen Welt numinoser Mächte, Göttern oder des Göttlichen umgeben und so durchwaltet, dass durch sie Außerordentliches jederzeit bewirkt werden konnte, was den Gesetzmäßigkeiten des Naturgeschehens widersprach. Derartige Eingriffe in den ordnungsgemäßen Ablauf des Geschehens gehörten zwar nicht zur alltäglichen Erfahrung, aber doch zum grundsätzlichen Verständnis von Welt. So war es durchaus „in der Ordnung" der Welt, als der Gott Israels die Sonne mitten am Tag anhielt, damit die Israeliten genug Zeit hatten, um sich an ihren Feinden zu rächen (Jos 20,12). Es war auch nicht zu erwarten und üblich, dass sich die Wasser des Meeres vor Wanderern teilten, damit diese trockenen Fußes hindurchgehen konnten. Aber als die Israeliten bei ihrer Flucht aus Ägypten in die Gefahr gerieten, von den ägyptischen Verfolgern eingefangen zu werden, da geschah das Außergewöhnliche: „Das Wasser spaltete sich. Und auf trockenem Boden gingen die Israeliten mitten ins Meer hinein, während das Wasser ihnen zur Rechten und zur Linken eine Mauer bildete" (Ex 14,22). Über den ägyptischen Verfolgern aber schlug das Wasser wieder zusammen und begrub das Heer des Pharao.

Von Gottheiten bewirkte außerordentliche Ereignisse gehörten zu den selbstverständlichen Möglichkeiten antiken Weltverstehens. Diese außergewöhnlichen Ereignisse, die dem Gewohnten zuwiderliefen, erregten wohl Aufsehen, aber sie bezeugten und bestätigten nur die vorausgesetzte Eingriffsmacht einer überirdischen Welt, die für den antiken Menschen nicht weniger wirklich war als die Erfahrungswelt seines Alltags. Diese Art des Weltverständnisses ist kein Spezifikum der christlichen oder jüdischen Religion. Auch die Griechen erzählten sich vom Götterpaar der Dioskuren und die Ägypter vom Gott Serapis, dass diese in das Sturmgeschehen auf hoher See eingriffen und ihre Schützlinge aus Seenot retteten. Nachklänge dieses Weltverständnisses begegnen uns bis heute in Flurprozessionen, bei denen Gott um günstiges Wetter für die Ernte oder um Schutz vor Frost, Hagel und Blitzschlag gebetet wird.

Das Wunder im Weltverständnis der Antike

Nach neuzeitlichem Verständnis gibt es keine Wunder in dem Sinne, dass die Naturgesetze von übernatürlichen Mächten durchbrochen werden. Für antikes Denken hingegen gehörte das Eingreifen übernatürlicher Mächte in den üblichen Lauf der Dinge zur Grundstruktur dieser Welt. Innerhalb seiner eigenen Argumentationsbasis ist dieses antike Weltverständnis ebenso schlüssig, plausibel und unwiderlegbar wie das neuzeitliche. Ungewöhnliche Ereignisse, die nach heutigem Verständnis die Naturgesetze sprengen, lassen sich in der Antike problemlos dem Wirken übernatürlicher Mächte zuordnen und als außergewöhnlichen, aber möglichen Vorgang verstehen. Der Gedanke einer autonomen Natur und autonomer Naturgesetze, aus denen sich der Lauf der Dinge ergibt, ist im biblischen Weltverständnis nicht zu finden. Alles Natürliche ist in das Übernatürliche eingebunden. Außergewöhnliche Ereignisse sind stets ein Hinweis auf das Wirken höherer Mächte. Deshalb ist in erster Linie darauf zu achten, worauf außergewöhnliche Ereignisse hinweisen. Für sich selbst ist ein außergewöhnliches Ereignis weder ein religiöses Phänomen noch hat es eine religiöse Botschaft. Sinn und Bedeutung eines Ereignisses erschließen sich erst im Entschlüsseln seines Hinweischarakters.

Ein Blick auf das kulturelle Umfeld

Im theozentrischen Weltverständnis aller polytheistischen wie der monotheistischen Religionen gehören Ereignisse, die wir heute als Wunder bezeichnen, zum Modell des Weltverstehens. Deshalb finden wir dort auch Wundertexte ganz ähnlicher Art. Der Wunderglaube war freilich in der alten Welt keine stabile Größe. Seine Schwerpunkte verschoben sich und auch seine Intensität änderte sich. Selbst der Typus des Wundertäters wandelte sich. Diese Veränderungen sind für die griechisch-römische Kultur recht gut erforscht. Aus der archaischen Zeit sind uns bereits aus dem 7. Jahrhundert v. Chr. griechische Wundertäter namentlich bekannt, von denen Heilungen berichtet werden. Der griechische Philosoph Pythagoras (6. Jahrhundert. v. Chr.) verfügte nicht nur über ein großes Wissen, er konnte – wie uns überliefert ist – auch den Sturm auf dem Meer stillen, Epidemien abwehren und durch Musik und Tanz heilen. Empedokles (490 – 423 v. Chr.), Arzt und Philosoph aus Agrigent, soll sogar Pestkranke geheilt und Tote erweckt haben. Diese Heilungen richteten sich nicht darauf, einzelne Krankheitssymptome abzustellen, sie zielten vielmehr darauf, den Menschen aus seinem Unheilszustand zu befreien. Aus den letzten drei Jahrhunderten vor Christus hören wir hingegen kaum etwas von Wunderheilern; der Wunderglaube scheint in den Hintergrund getreten zu sein.

Wunderglauben im Römischen Reich

Eine neue Welle von Wunderglauben breitete sich im ersten nachchristlichen Jahrhundert vom Osten her über das gesamte Römische Reich aus. Der erstarkte Wunderglaube fand seine Anhänger nicht nur im ungebildeten Volk, sondern auch in gebildeten Kreisen. Die Heilkulte blühten erneut auf. Der alte Äskulapius-(Asklepios-)Kult nahm einen religiös-mystischen Charakter an und unterhielt in neutestamentlicher Zeit bereits ein dichtes Netz von Heiligtümern im gesamten Römischen Reich. Im Osten des Reiches genossen auch die Heilgottheiten Isis und Serapis hohes Ansehen.

In Epidaurus stand das große Heiligtum des Äskulapius. Hier hatte man neben dem Tempel für die Kranken Liegehallen errichtet. In einer Art Heilschlaf wurden darin kraft göttlichen Wirkens Lahme wieder auf die Beine gebracht, Stumme erhielten ihre Sprache und Blinde ihr Augenlicht wieder. Nachbildungen von geheilten Gliedern, die dem Tempel gespendet wurden, zeugen von den Heilungswundern. Votivgaben und Votivtafeln gleicher Art finden wir bis heute in Wallfahrtskirchen.

Die römischen Schriftsteller Tacitus und Sueton berichteten in ihren historischen Werken, dass Kaiser Vespasian (69 – 79) einen Blinden und die lahme Hand einer Kran ken geheilt hat. Von dem kleinasiatischen Wanderphilosophen Apollonius aus Tyana, einem Zeitgenossen des Apostels Paulus, ist Erstaunliches überliefert. Er galt als der Typus des göttlichen und gottbegabten Menschen (*theios anér*), dem außerordentliche Wunderkräfte zugesprochen wurden. Von ihm wird u. a. berichtet, er habe in Athen einen jungen Mann von seinen Dämonen befreit, die ihn in einer Art Trunkenheit gefangen gehalten hatten. Als die Dämonen auf Befehl des Apollonios aus dem Kranken ausfuhren, hätten sie ein Standbild in der Königshalle umgeworfen, was man als Beglaubigung der Dämonenaustreibung und als Beweis für die Realität der Dämonen verstand. Überliefert ist auch, dass Apollonios einem Mann, der beide Augen verloren hatte, das Augenlicht wiedergeben und viele Gelähmte geheilt entlassen hat. Ausführlich schildert Philostratos, der Biograph des Apollonios, 150 Jahre nach dessen Tod die Auferweckung einer jungen Frau in Rom. In gnostischen Kreisen Samariens war ein Simon Magus, der auch in Apg 8,9 ff. erwähnt wird, wunderwirkend tätig.

Die Beispiele zeigen, dass im gesamten griechisch-römischen Kulturraum Wundergeschichten aller Art erzählt wurden. Hinsichtlich des Wunderglaubens gab es in der Antike keine grundsätzlichen Unterschiede zwischen Heiden, Juden und Christen, zwischen Gebildeten und Ungebildeten. Auf graduelle Unterschiede muss hier nicht eingegangen werden. Ereignisse, bei denen übernatürliche Mächte ins Spiel kamen, lagen im normalen Erwartungshorizont. Das bestätigt sogar ein so kritischer Geist wie der griechische Philosoph Kelsos, der das Christentum als einen orientalischen Wahnsinn bekämpfte. Er bezweifelte nicht, dass Jesus Wunder getan hatte. Allerdings wertete er dessen Wunder mit der Begründung ab, Jesus habe das Wunderwirken von ägyptischen Zauberern erlernt, und deshalb seien seine Wunder keine gottgewirkten Wunder, sondern nur menschliche Zauberei. Kelsos lehnte nur die Authentizität des Wundertäters Jesus ab, nicht aber die Möglichkeit und die Realität von Wundern. Die Meinung des Kelsos entsprach ganz allgemein dem damaligen Denken: Ein Wunder, das mehr als ein Zaubertrick ist, kann nach antikem Verständnis nur durch überirdische Kräfte bewirkt werden, die in den normalen Ablauf der Dinge eingreifen.

Wunder im Alten Testament

Das Wunder im Alten Testament bleibt ebenfalls im Rahmen des antiken Weltverständnisses. Für Israel herrscht selbstverständlich der eine und einzige Gott über das Geschehen in Natur und Geschichte. Er hat deshalb auch die Macht und die Freiheit, Überraschendes und Staunenswertes gegen die Regeln des Gewohnten und Erwartbaren zu vollbringen. In Ps 72,18 wird allerdings darüber hinausgehend betont, dass allein Israels Gott imstande ist, Wunder zu vollbringen: „Gepriesen sei der HERR, Gott, der Gott Israels, der allein Wunder tut". Hier wird bestritten, dass es Wunder geben kann, die nicht von Israels Gott bewirkt sind. Israel versteht seine Herausführung aus Ägypten als eine einzige Wunderkette seines Gottes: die Errettung und Befreiung durch Mose, die Plagen über Ägypten, mit denen der Pharao zur Entlassung der Israeliten bewegt wurde, die Errettung der Israeliten im Schilfmeer, die Gaben von Manna, Wachteln und Wasser in der Wüste, der Durchzug durch den Jordan, die triumphale Eroberung Jerichos und der Einzug in das verheißene Land. In diesen Ereignissen erweist sich Gottes Zuverlässigkeit und Bundestreue gegenüber seinem Volk. Wenn Feuer vom Himmel fällt (1 Kö 18,38) oder der Schatten der Sonnenuhr Stunden zurück läuft (2 Kö 20,10 f.), so sieht man darin Gott am Werk.

Der herausragende Wundertäter im Alten Testament ist neben Mose der nordisraelitische Prophet Elisa (2 Kö). Seine Fähigkeiten bis hin zur Erweckung von Toten (2 Kö 4,8–37) fließen dem Propheten von der Wundermacht Gottes zu. So ist in allen Wundertexten von Begegnungen von dem in Natur und Geschichte handelnden Gott die Rede.

Wunder im Judentum der neutestamentlichen Zeit

In der Zeit um Jesu Geburt, die wir heute neutral als die „Zeitenwende" bezeichnen, nahm der Wunderglaube im Römischen Reich wieder spürbar zu. Unbeantwortet ist noch die Frage, ob und in welchem Maß das entstehende Christentum zu dieser Steigerung des Wunderglaubens beigetragen hat. Im palästinensischen Judentum treten neben Jesus auch andere Wundercharismatiker auf. Bekannt wurden Choni und zwei seiner Enkel, denen die Fähigkeit nachgesagt wurde, Regenwunder zu bewirken. In der Mitte des ersten Jahrhunderts lebte in Galiläa ein Wundercharismatiker namens Chanina ben Dosa, der als Sohn Gottes galt. Von ihm werden Regenwunder und Heilungswunder berichtet und behauptet, dass er gegen Schlangenbisse immun sei. In der Zeit des jüdischen Krieges, kurz vor der Zerstörung des Tempels im Jahr 70, war der jüdische Exorzist Eleazar tätig. Er repräsentierte die Wunderheiler in der Tradition König Salomons und soll vor allem Epileptiker geheilt haben. Diese charismatischen Gestalten waren nicht darauf aus, sich selbst durch spektakuläre Taten in Szene zu setzten, sie verstanden sich als die Erben einer alten prophetischen Tradition, die ihre übernatürlichen Kräfte allein ihrem direkten Verhältnis zu Gott verdankten.

Die magischen Praktiken

In neutestamentlicher Zeit sind auch viele magische Praktiken anzutreffen. Magische Praktiken haben sich bereits auf sehr einfacher kultureller Stufe herausgebildet. Hintergrund für ein magisches Weltverständnis ist auch hier die Vorstellung, dass das gesamte Geschehen von überirdischen Mächten durchwaltet ist, deren Wirken der Mensch, ohne es zu durchschauen, ausgeliefert ist. In diesem Weltverständnis suchte der Mensch durch magische Praktiken Einfluss auf das bedrohlich unvorhersehbare

Geschehen der Zukunft zu gewinnen. Er schaffte sich mit magischen Praktiken eine Art Handwerkszeug, mit dem er auf die unberechenbaren Mächte regulierend so einzuwirken versuchte, dass er Befürchtetes verhinderte oder Erwünschtes herbeiführte. Magische Praktiken setzen die Überzeugung voraus, dass sie auf Prozesse und Dinge einwirken können, auf die wir normalerweise keinen Einfluss haben. Der magischen Handlung wird eine ihr innewohnende Kraft zugesprochen, die es mit den Mächten, die uns bestimmen, aufnehmen kann. Der Erfolg der magischen Handlungen hängt davon ab, ob ihre sprachlichen und gestischen Formeln genau ausgeführt werden. Deshalb werden magische Handlungen in der Regel Spezialisten (Schamanen, Priestern, Gottesmännern) anvertraut, die sich im Kräftespiel der Mächte auskennen. Die Vorstellung, dass magische Handlungen nur dann wirken, wenn sie genau ausgeführt werden, führt konsequent dazu, dass für diese Praktiken eine Priesterschaft herangebildet und gehalten wird, die den Umgang mit magischen Praktiken beherrscht, der Gemeinschaft gegenüber den übernatürlichen Mächten Sicherheit gibt und die Zukunft günstig beeinflusst.

Kulturell unterschiedliche Verständnisse von Wundertätern

Obwohl Wunder in der Alten Welt zum allgemeinen Weltverständnis gehörten, unterschieden sich die Religionen und Kulturen doch darin, wie sie das wunderhafte Geschehen in ihr Weltverständnis einordneten. Für unseren Zusammenhang ist die Frage zu klären, wie Wundertäter und Wundergeschehen in den unterschiedlichen Kulturen aufeinander bezogen waren.

In der JÜDISCHEN KULTUR begegnet uns der *rabbinische Wundercharismatiker*. Er bewirkte das Wunder nicht aus eigener Kraft; Gott wirkte es, aber dazu angestoßen wurde er durch das Gebet des Charismatikers, der eine Art Mittlerfunktion ausübte. Die Allmacht, Wunder zu tun, blieb ausschließlich Gott vorbehalten. In der rabbinischen Tradition wurde der Wundercharismatiker Chanina ben Dosa, der im ersten Jahrhundert wirkte, als „Sohn Gottes" bezeichnet. Ebenfalls im ersten Jahrhundert traten in Palästina *Zeichenpropheten* auf, die Wunder weder selbst vollzogen noch veranlassten, sondern diese nur ankündigten. So sagte ein Prophet namens Theudas voraus, dass sich wie einst bei Josua (Jos 3) und Elia (2 Kö 2,8) die Wasser des Jordans spalten werden, um einen Durchgang frei zu machen.

In der HELLENISTISCHEN KULTUR wurden Wunder der Macht des Wundertäters zugeschrieben. Diese Wundermächtigkeit galt aus Ausdruck und Ausweis dafür, dass dieser Mensch von den Göttern mit einer göttlichen Fähigkeit ausgestattet worden war und insofern am göttlichen Wesen teilhatte. Man nannte ihn daher auch *theios anér* /göttlicher Mensch.

Streng davon abzugrenzen war der MAGIER. Die Magie beruht auf der mechanistischen Vorstellung, dass der Mensch durch bestimmte Handlungen in den Gang des natürlichen Geschehens eingreifen und dieses Geschehen in seinem Sinn lenken kann. Magie ist ein Mittel zum Zweck. In der Welt der Religion hat die Magie einen negativen Klang, denn sie maßt sich eine Vollmacht an, die das alleinige Vorrecht Gottes oder der Götter ist. Zur Zeit des Alten Testaments war den Glaubenden Magie oder Zauberei verboten, obwohl viele religiöse Praktiken magische Elemente enthielten. Im Neuen Testament galten magische Praktiken als Teufelsbündnerei. Die Gegner Jesu hatten es leicht, sein Heilwirken abzuwerten. Sie mussten es nur als Zauberei und Scharlatanerie hinstellen. Das taten sie z. B. mit dem Satz: „Durch den Fürsten der Dämonen treibt er die Dämonen aus" (Mk 3,22).

Es ist zu erwarten, dass die kulturell unterschiedlichen Verständnisse von Wundertätern und Wundern in der Antike auch in die Texte der Jesuswunder eingegangen sind und dass diese Texte von den Hörern und Lesern entsprechend deren Vorverständnis interpretiert worden sind. Bei der Analyse der einzelnen Texte wird das zu beachten sein.

Herkunft und Entstehen der Zwischenwesen

Am Beginn ihrer Geschichte war die Religion der Israeliten ebenso polytheistisch wie die Religionen ihrer Umwelt. Das dokumentieren die Anklagen, die der Prophet im 9. Jahrhundert v. Chr. gegen den Abfall Israels zu den Baalim, den Fruchtbarkeitsgöttern des Landes, richtete. Wenn sich der Prophet Hosea Ende des 8. Jahrhunderts v. Chr. leidenschaftlich für die alleinige Verehrung des Nationalgottes Jahwe einsetzte, so ist das nur zu verstehen, weil im Volksglauben der Israeliten zu dieser Zeit auch andere Götter verehrt wurden. Noch unter König Josia (623 – 609) war es offenbar nötig, die Verehrung anderer Götter durch ein Staatsgesetz zu untersagen. Ein exklusiver Monotheismus konnte sich in Israel schließlich mit dem Exil Ende des 6. Jahrhunderts v. Chr. und in der Zeit danach durchsetzen. Erst bei Deuterojesaja (dem 2. Jesaja) lesen wir: „Bin nicht ich es, der HERR? Und außer mir gibt es sonst keinen Gott. …" (Jes 45,21). Von den anderen Göttern heißt es: „Seht, ihr seid nichts, und wertlos ist euer Tun" (Jes 41,24). Damit ist Israels einziger Gott nicht nur allen anderen Göttern als ein Anderer entgegengesetzt, er ist auch der Welt und den Menschen ein Gegenüber von anderer Wesensart. Dieser eine und einzige Gott kann nicht mehr in irdischen Bildwerken gegenwärtig sein, und er ist auch nicht mehr mit menschlichen Gedanken fassbar. Denn so spricht der HERR: „Meine Gedanken sind nicht eure Gedanken, und eure Wege sind nicht meine Wege" (Jes 55,8). Gott ist unzugänglich geworden. Der Prophet ruft aus: „Fürwahr, du bist ein Gott, der sich verbirgt" (Jes 45,15). Ein Gott, der sich so kategorisch von allem, was seine Schöpfung, also Welt und Mensch ist, unterscheidet, bedarf einer Verbindung zwischen sich und den Menschen. Diese Verbindung wird durch Zwischenwesen hergestellt. Sie vermitteln zwischen Gott und den Menschen, zwischen Jenseits und Diesseits. Das Wort „Zwischenwesen" ist eine Sammelbezeichnung für alle Arten von Geistern, Dämonen, Engeln, Teufeln, Heiligen. Ihrer Funktion der Vermittlung entsprechend, sind sie weder

Menschen noch Götter, sondern Wesen beider Welten. Als geschaffene Wesen gehören sie auf die Seite des Menschen, als geistige und unkörperliche Wesen gehören sie auf die Seite Gottes.

Zwischenwesen dieser Art gibt es in allen höher entwickelten Religionen. Ihr Wesen und ihre Funktionen ergeben sich aus der jeweiligen Gottesvorstellung. Wir beschränken uns hier darauf, jene Zwischenwesen vorzustellen, die sich im jüdischen Kulturraum herausgebildet haben und die auch im Volksglauben der Antike anzutreffen waren.

Im Zuge der Umformung vom Polytheismus zum Monotheismus entstand im frühen Judentum seit dem 5. Jahrhundert v. Chr. eine Art Hierarchie der Zwischenwesen, und zwar in Gestalt einer abgestuften Rangfolge von Engelwesen. Engel sind von Gott abhängige Wesen und sie handeln ausschließlich in seiner Vollmacht und in seinem Auftrag. Als Gottes Beauftragte gehören sie zur göttlichen Sphäre. Die Aufgaben der Engel entsprechen im Wesentlichen jenen Tätigkeiten, die in Israels polytheistischer Zeit die semitischen Gottheiten wahrgenommen hatten. Insofern leben die alten Gottheiten in der Gestalt der Engel weiter. Sie handeln allerdings nicht mehr in eigener Vollmacht, sondern als Beauftragte des einen Gottes.

Die Dämonen

Engel werden zu bösen Geistern, sobald sie sich dem Auftrag Gottes entziehen und in eigener Vollmacht agieren. Der Gedanke einer Geisterwelt, die sich von Gott gelöst hat und in widergöttlichen Aktionen ihr Unwesen treibt, ist wohl in der Zeit des babylonischen Exils in die jüdische Religiosität und Geisteswelt aufgenommen worden. Die iranisch-babylonische Religion trug ausgeprägte dualistische Züge. Gut und Böse, das Reich des Lichts und das Reich der Finsternis standen hier einander unversöhnlich und kämpferisch gegenüber. Die aus der Gemeinschaft mit Gott gefallenen Engel entwickelten sich auch im Judentum zu widergöttlichen Mächten. Das ursprünglich wertneutrale Wort „Dämonen" erhielt jetzt die negative Bedeutung von „böse Geister". Die bösen und unreinen Dämonen standen damit der reinen Sphäre Gottes feindlich gegenüber. In dieser Rolle der bösen Geister wuchs den Dämonen im monotheistischen Weltverständnis eine wichtige Funktion zu, die sich im Gegenüber zum polytheistischen Kosmos gut verdeutlichen lässt.

In polytheistischen Religionen werden mehrere Götter gleichzeitig anerkannt und verehrt. Diese Gottheiten stellte man sich anthropomorph (menschengestaltig) vor. Sie waren unsterblich, mit übermenschlichen Kräften ausgestattet, von unterschiedlichem Charakter und für bestimmte Bereiche des Weltgeschehens und des menschlichen Lebens zuständig. Die Götterwelt (das Pantheon) war hierarchisch geordnet und entsprach den kulturellen Lebensformen ihrer Verehrer. Zur Lebenswelt der Menschen gehört zu allen Zeiten die Erfahrung des Lebensfeindlichen und des Bösen in Gestalt von Krankheit, Leid, Leiden, Destruktion, Naturkatastrophen und Tod. Für diesen Erfahrungsbereich waren im Polytheismus bestimmte Gottheiten zuständig und verantwortlich. Im Monotheismus, wo alles Geschehen aus dem einen Gott hervorgeht und von ihm gewollt ist, wird die Erfahrung des Bösen und des Übels zu einem Problem des Gottesverständnisses. Wenn Gott der alleinige Urheber allen Geschehens ist, so erhebt sich die Frage, wie menschliches Leid, Krankheit und Tod mit der Gerechtigkeit und mit der Güte Gottes zu vereinbaren sind. Der Glaube an einen gegengöttlichen Machtbereich in der Gestalt von Dämonen erklärt das Böse in plausibler Weise und entlastet zugleich Gott davon. Die Dämonenvorstellungen des Judentums gehören für Jesus und für die neutestamentlichen Wundertexte zum selbstverständlichen Weltverständnis.

Der Teufel

Die Dämonen sind nach jüdischem Verständnis alles andere als ein chaotischer Haufen. Sie sind im Gegenteil eine geschlossene, schlagkräftig gegliederte gottfeindliche Macht, angeführt von ihrem Obersten, dem Teufel. Im Alten Testament steht für die Verkörperung des Bösen und Widergöttlichen das Wort „Satan", und zwar im Sinne einer Gattungsbezeichnung. Noch in vorneutestamentlicher Zeit wird dieses gott- und menschenfeindliche Prinzip zur persönlichen Verkörperung des Bösen und „Satan" wird zum Eigennamen für den Regenten der bösen Geister. In dieser persönlichen Gestalt und Funktion begegnet er uns auch im Neuen Testament. Das hebräische Wort „Satan" wurde im Griechischen mit *„diabolos"*, im Lateinischen mit *„diabolus"* wiedergegeben. Daraus entstand das deutsche Lehnwort „Teufel". Diese Wörter werden in neutestamentlicher Zeit bedeutungsgleich angewendet. Mit der Personalisierung des Satans/Teufels als des Fürsten der Dämonen entsteht in spätjüdischer Zeit eine Art Dualismus. Gott mit seinen Helfern, den Engeln, bildet das Reich des Lichts. Im Gegensatz dazu repräsentiert der Teufel mit seinen Engeln, den Dämonen, das Reich der Finsternis. Abgemildert wird dieser Dualismus dadurch, dass der Teufel und seine Engel als Geschöpfe Gottes verstanden und auf den Engelsturz von Gen 6,1–4 zurückgeführt werden. In Offb. 12,9f. heißt es dazu: „Hinabgeworfen (aus dem Himmel) wurde der große Drache, die alte Schlange, die auch der Teufel oder Satan heißt und den ganzen Erdkreis verführt. Und er wurde auf die Erde geworfen und seine Engel wurden mit ihm hinabgeworfen."
Zweifellos hat man sich in neutestamentlicher Zeit den Verursacher von Leid und Übel als ein von Gott geschaffenes, aber gefallenes Wesen vorgestellt. Die Bibelwissenschaftler und Religionswissenschaftler aller Konfessionen sind sich darin einig, dass wir es hier mit einer zeitgebundenen Anschauungsform zu tun haben, die nicht als Faktenaussage genommen und in den Rang ei-

ner zeitlosen christlichen Lehre oder einer verbindlichen Glaubenswahrheit erhoben werden darf.

Demgegenüber hält die offizielle Lehre der römisch-katholischen Lehre bis heute an einer personalen außermenschlichen Existenz des Teufels und seiner Helfer fest. Der Katholische Erwachsenen-Katechismus, beschlossen 1984 von der katholischen Deutschen Bischofskonferenz, sagt: „... die *kirchliche Lehre* liegt auf der Linie des Schriftzeugnisses. Denn soll das den Menschen unfrei machende Böse nicht von einem bösen, von Gott unabhängigen Urprinzip stammen, was dem christlichen Glauben an Gott, den allmächtigen Vater, zutiefst widerspräche, dann kann es nur auf Geschöpfe zurückgehen, die von Gott gut geschaffen, aber ... durch eigene Entscheidung böse geworden sind. ... Nach kirchlicher Lehre gibt es also nicht nur das Böse, sondern auch den Bösen, bzw. die Bösen" (KEK, 112). Im Kompendium des Katechismus der katholischen Kirche, erarbeitet vom damaligen Kardinal Ratzinger und von ihm als Papst Benedikt XVI. 2005 als „eine getreue und sichere Zusammenfassung" der kirchlichen Lehre veröffentlicht, heißt es unmissverständlich: „Mit dem Bösen ist die Person des Satans gemeint ..." Römische Katholiken werden hier von ihrer Kirche vor die Alternative zwischen historischem Verstehen und einer als zeitlos verstandenen Glaubenslehre ihrer Kirche gestellt.

Das Wirken des Teufels und seiner dämonischen Helfer

Der Teufel und die Dämonen werden in den neutestamentlichen Texten (wie auch im jüdischen Denken) als personifizierte Gegenspieler Gottes in dieser Welt verstanden. Sie verführen Menschen zu Sünde, Frevel, Abfall und Irrglauben/Ketzerei; sie stellen Fallen, säen Unfrieden, Hass, Streit und Neid; sie wirken selbst als Lügner, Sünder und Mörder, vor allem aber: sie verursachen Krankheiten aller Art und den Tod.

Dieses widergöttliche Tun begann nach damaliger Vorstellung mit dem Sturz des Satans und seines Gefolges und es wird sich am Ende der Zeit dramatisch verstärken. Das Wirken der dämonischen Mächte sah man als zeitlich begrenzt an. Für die Endzeit erwartete das Judentum die Entmachtung des Teufels und der Dämonen.

Nach neutestamentlichem Verständnis und in der Erwartung der jungen Christengemeinden ist Jesus eben dazu erschienen, um die Werke des Teufels zu zerstören. Die Herrschaft des Teufels wird in der Sicht der neutestamentlichen Zeugnisse nicht erst irgendwann zerstört werden, man sieht sie im Wirken Jesu bereits jetzt schon gebrochen. Wo er die Dämonen in die Schranken weist und Menschen von ihrer Herrschaft befreit, dort ist bereits das Ende der satanischen Macht und die im Judentum erwartete Endzeit angebrochen. In einem Jesus zugeschriebenen Wort heißt es: „Wenn ich durch den Geist Gottes die Dämonen austreibe, dann ist das Reich Gottes zu euch gelangt" (Mt 12,28). Im Horizont dieser Anschauungsform und dieser Erwartung sind die Wundertexte verfasst und auch zu lesen.

Jesu Wunder im Urteil seiner Zeitgenossen

Im Zentrum des Wunderwirkens Jesu stehen die Austreibungen von Dämonen. Sie sind am sichersten bezeugt und sie werden auch von seinen Gegnern nicht bestritten. Die Wundertaten Jesu werden allerdings von Freund und Feind unterschiedlich bewertet. Jüdische Schriftgelehrte werfen Jesus vor: „Er hat den Beelzebul" und: „Durch den Fürsten der Dämonen treibt er die Dämonen aus" (Mk 3,22). „Beelzebul" ist der Name eines Oberdämons – vielleicht die Verballhornung des Namens einer kananäischen Gottheit. Die Schriftgelehrten bestätigen zwar die Wundertaten Jesu, werfen ihm freilich vor, dass er selbst von einem Dämon besessen ist und in dessen Auftrag und Vollmacht handelt. Im Talmud, der jüdischen Fortschreibung des alttestamentlichen Gesetztes, wird behauptet, die Wundertaten Jesu seien Zauberei und Götzendienst, derentwegen er auch hingerichtet worden sei. So heftig Jesu Gegner den Wundertäter Jesus abwerteten, seine Wundertaten wurden von keiner Seite in Zweifel gezogen.

Das Verständnis des Wunders im Wandel der Zeiten

Frühes Mittelalter

Bis in das Mittelalter hatte man für das Wunder mehr oder minder plausible Erklärungen. Christen waren davon überzeugt, dass Wunder entweder direkt von Gott gewirkt wurden oder nur in seinem Auftrag getan werden konnten. Der Gedanke, dass mit Wundern die Naturgesetze verletzt werden, konnte so lange nicht aufkommen, als Naturgesetze in einem deterministischem Sinn noch nicht im Blick waren. Augustinus († 430) bringt das Wunderverständnis für viele Jahrhunderte zum Ausdruck, wenn er feststellt, dass ein Wunder die Gesetzmäßigkeiten der Natur gar nicht verletzen kann, sondern lediglich jene Gesetzmäßigkeiten der Natur, die wir erkannt zu haben meinen. Er sagt, wenn wir z. B. in Jos 10,13 lesen „Die Sonne blieb am Himmel stehen … (und beeilte sich nicht unterzugehen) fast einen ganzen Tag lang", so verstößt das nicht gegen die Naturordnung, es stört lediglich die Regeln der Astronomen. Das Durchbrechen der normalen Gesetzmäßigkeiten (also Wunder) sei von Gott seiner Schöpfung eingestiftet. Augustinus fasst zusammen: „Das Wunder geschieht also nicht wider die Natur, sondern lediglich wider die bekannte Natur". Seit der Mitte des 4. Jahrhunderts stieg nicht nur die Zahl der Wunderberichte an, sondern erst recht deren phantastische Ausgestaltung.

Hohes Mittelalter

In der Volksfrömmigkeit wie in Philosophie und Theologie des Mittelalters galt das Wunder als ein Ereignis außerhalb der gewohnten Naturordnung, aber nicht gegen sie. Innerhalb dieses Rahmens wurden verschiedene Konzepte entwickelt. Der Kirchenlehrer Thomas von Aquin († 1274) entwarf ein für viele Jahrhunderte gültiges Wunderverständnis. Er übernahm von Aristoteles den Gedanken, dass unter „Naturordnung" eine Art von statistischer Regularität zu verstehen sei. Das Wunder verstößt darin nicht gegen die Naturordnung, sondern weicht nur von dem ab, was wir als Naturordnung erwarten. Die Natur selbst kann vom statistisch Üblichen in Einzelfällen abweichen, so z. B. wenn sie eine menschliche Hand mit sechs Fingern bildet. Die Wunder liegen für Thomas außerhalb dessen, was die Natur an Abweichungen aus sich selbst hervorzubringen vermag. Wunder können allein durch Gott gewirkt werden. Sie verstoßen zwar nicht gegen die Naturordnung, die in den Händen Gottes liegt, aber sie übersteigen die Möglichkeiten, welche die Natur aus sich selber hat. Da Gott niemals gegen seine Naturordnung handelt, sind seine Wunder zwar außerordentliche (extraordinaria), aber keine naturwidrigen (contra naturam) Machtbeweise Gottes und damit ein supranaturales Geschehen. Diese Sichtweise gilt im Grundsatz für die römisch-katholische Kirchenlehre bis heute. Sie wirkte auch im orthodoxen Strang der evangelischen Theologie des 17. und 18. Jahrhunderts nach.

Reformationszeit

Die Reformatoren nahmen wieder das Wunderverständnis Augustins auf und bekräftigten die Position maßgeblicher alter Kirchenväter, nach deren Erkenntnis die Wunder mit der Konstantinischen Wende aufhörten, da sie jetzt nicht mehr nötig waren. Für Luther war das glaubenschaffende Wort das eigentliche Wunder, dem alles andere nachgeordnet war. Zurückhaltend und skeptisch war er gegenüber jenen Berichten, die im Zusammenhang von Heiligenkult und Reliquienverehrung als Wunder ins Gespräch kamen.

Neuzeit

Mit dem Entstehen einer Naturwissenschaft, welche die Natur in mechanistischem Sinne zu erklären und zu verstehen suchte, wurde das bisherige Wunderverständnis als ein gottgewirktes Geschehen schrittweise aufgelöst. Der englische Philosoph Francis Bacon (1561–1626) forderte, die Phänomene des Wunderbaren nicht zu ignorieren, sondern sie gerade naturgeschichtlich zu erfassen und sie auf natürliche Ursachen zurückzuführen. Das scheinbar Wunderbare soll im Rahmen der Naturgesetzlichkeiten verstanden werden. Der Philosoph Baruch de Spinoza (1632 – 1677) sah in Gott die verdinglichte Gesamtheit der Naturgesetze. Daraus folgerte er, dass kein Ereignis möglich sein könne, das nicht diesen Naturgesetzen folge. Wunder seien dann nichts anderes als Ereignisse, deren natürliche Ursachen denen, die von Wundern sprechen, nicht bekannt seien. Spinoza, der den ersten Versuch einer philologisch-historischen Bibelkritik machte, schlug vor, auch die biblischen Wundertexte als Berichte von Ereignissen zu sehen, die sich auf natürliche Weise zugetragen haben und die sich deshalb auch erklären lassen. Es bildete sich der Konsens heraus, dass der Realitätsgehalt eines Wundertextes daran zu messen sei, ob er im Rahmen unserer Naturerkenntnis plausibel erklärt werden kann. Ein Text, der diesen Realitätstest nicht bestand, wurde zum phantastischen Relikt aus vorwissenschaftlicher Zeit erklärt und damit abgetan. Die bekannten Naturgesetzmäßigkeiten und das, was für unsere Vernunft darin plausibel ist, wurde zum Maßstab dafür, was als wahr und als wirklich zu akzeptieren ist.

Im Horizont dieses deterministischen Denkens hat man sich nun bemüht, die Wundertexte als glaubwürdig und als geschehen zu „retten". So fand der aufgeklärte Blick, dass Jesus gar nicht auf dem Meer wandelte (Mk 6,45–56), sondern dass er seinen Jüngern auf einem mächtigen Balken entgegenkam, der unter der Wasseroberfläche schwamm. Diesen natürlichen Zusammenhang hatten die Jünger in ihrer Aufregung nur nicht bemerkt. Die wunderbare Sturmstillung (Mk 4,35 – 41) wurde ebenfalls als ganz natürlich enträtselt. Der bedrohliche Sturm brach nämlich natürlicherweise ab, als das Boot um das Vorgebirge herumfuhr und damit in den Windschatten kam. Aufwändiger gestaltete sich der Versuch, die Heilung zweier besessener Gadarener (Mt 8,28–34) als natürlichen Vorgang zu erklären. Da es in dieser Weltsicht selbstverständlich auch keine Dämonen gab, die in die nahe Schweineherde fahren konnten, fuhren die Geisteskranken in einem Anfall von Tobsucht selbst unter die Säue. Das erschreckte diese so heftig, dass sie sich ins Meer stürzten. Die beiden Kranken erkannten nun den großen Schaden, den sie durch ihr Verhalten verursacht hatten, und das tiefe Erschrecken über ihre eigene Tat löste einen heilsamen Schock aus, der sie zur Normalität zurückbrachte. Der Gelähmte am Teich Bethesda (Joh 5,1–9) musste gar nicht geheilt werden, denn er war nach der Diagnose der Aufklärer 38 Jahre lang ein erfolgreicher Simulant. Als Jesus ihm das auf den Kopf zusagte, fühlte er sich entlarvt, nahm sein Bett und machte sich auf flinken Beinen aus dem Staube. Und wie funktionierte die Verwandlung des Wassers in den guten Wein (Joh 2)? Mit Hilfe eines Pulvers, das Jesus unauffällig in die Wasserkrüge streute! Da auch die Erweckung des Lazarus und der Tochter des Jairus aus dem Tod den Naturgesetzen widerspricht, waren die vermeintlich Toten eben nicht wirklich tot, sondern nur scheintot.

Erklärungen dieser Art, die uns heute wie Parodien anmuten, waren durchaus ernst gemeint und sollten diese Wundertexte als vernunftgemäß ausweisen. Die Auslegung war darauf konzentriert, die sensationellen und mirakelhaften Ereignisse so darzustellen, dass sie vernünftigerweise passiert sein konnten.

Die in dieser Weise auf faktische Vorgänge reduzierten und ihrer Hinweisfunktion beraubten Texte verlieren so freilich ihren Sinn und werden zu belanglosen Berichten über die Missverständnisse naiver Menschen. Mit dem deterministischen Weltverständnis der Naturwissenschaften und der Vernunftanbetung der Aufklärung begann sich in allen Bildungsschichten die Überzeugung durchzusetzen, dass nichts außerhalb der Naturgesetzmäßigkeiten und schon gar nichts gegen diese geschehen kann. Jede Art eines göttlichen Eingreifens in das Naturgeschehen wurde als Selbstwiderspruch im Gottesverständnis und als fromme Illusion „entlarvt".

Die Kritik an diesem Denken konnte nicht ausbleiben. Sie richtete sich vor allem gegen das rationalistische Dogma, nach welchem Gott aus der Kausalkette der Ereignisabläufe grundsätzlich auszuschließen sei. Unter dem Dach der Behauptung „Gott kann alles" trafen sich die fundamentalistischen Positionen aller Konfessionen in ihrer Ablehnung eines in sich geschlossenen deterministischen naturwissenschaftlichen Weltverständnisses. Das Gespräch zwischen den beiden Lagern musste fruchtlos bleiben, da beide hinsichtlich der Wundertexte von unterschiedlichen metaphysischen Vorentscheidungen her auf die Frage fixiert blieben, ob die als göttliche Taten verstandenen wunderhaften Ereignisse geschehen sein konnten oder nicht. In beiden Lagern waren bereits in den Vorentscheidungen die Antworten festgeschrieben. Die römisch-katholische Kirche hatte bereits im 1. Vatikanischem Konzil 1870 festgestellt: „Wer sagt, es können keine Wunder geschehen … der sei mit dem Anathema belegt" (DH 3034). „Anathema" ist eine alte Fluchformel, die im römischen Kirchenrecht den Ausschluss aus der Kirchengemeinschaft bezeichnet. Rom verlangte 1910 von allen kirchlichen Amtsträgern sogar den Eid: „Die göttlichen Taten, und zwar in erster Linie die Wunder und Weissagungen lasse ich gelten" (DH 3539).

Weg aus der Sackgasse

Mitte des 17. Jahrhunderts setzte von England ausgehend eine geistige Bewegung ein, die Ende des 18. Jahrhunderts in der westlichen Welt mit dem Schlagwort „Aufklärung" charakterisiert wurde. Der geistige Aufbruch im 17. und 18. Jahrhundert lässt sich weder auf einen platten Vernunftglauben noch auf antikirchliche Motive reduzieren. Er gab in seiner Auseinandersetzung mit den etablierten theologischen und philosophischen Denkmustern auf vielen Feldern neue Denkanstöße, so z. B. für die Naturwissenschaften, die Religionswissenschaft, die Geschichtswissenschaft und das Literaturverständnis. Theologie und Philosophie, die bis dahin eng verbunden waren, trennten sich und gingen fortan eigenständige Wege.

Der englische Philosoph Herbert von Cherbury (1581 – 1648) entwarf ein philosophisches Gottesverständnis, das drei Merkmale in sich vereinigte: Es hielt am Bekenntnis zu einem höchsten Gott fest, es war mit der sich entfaltenden Naturwissenschaft zu vereinbaren und es entzog den um sich greifenden atheistischen Tendenzen den Boden. Dieses neue Gottesverständnis, das den Namen „Deismus" erhielt, versteht Gott als einen Schöpfergott, der die Welt und ihre Naturgesetze erschaffen hat, der sich aber danach von seiner Schöpfung zurückgezogen und sie den ihr eingepflanzten Gesetzmäßigkeiten überlassen hat. Er greift in das Natur- und Weltgeschehen nicht mehr ein. Dieses „Uhrmacher-Modell" bildet bis heute für viele Menschen die Brücke für einen unverbindlichen Gottesglauben, der Gott mit den Ursprüngen der Welt verbindet, ihn aber aus dem aktuellen Geschehen heraushält. Wunder sind in diesem Modell nicht auf übernatürliche Einflüsse zurückzuführen, sondern als Naturvorgänge zu verstehen, die uns nur noch nicht in allen Einzelheiten bekannt sind.

Die deutsche Aufklärung erreichte ihren Höhepunkt ab der Mitte des 18. Jahrhunderts. Führende Vertreter machten deutlich, dass man zwischen Wunder und Wundertexten unterscheiden müsse. G. E. Lessing (1729 – 1781) wies darauf hin, dass Nachrichten von Wundern noch keine Wunder seien. Der Philosoph und evangelische Theologe H. S. Reimarus (1694 – 1768) machte mit der Forderung ernst, die biblischen Texte ohne Rücksicht auf kirchliche Lehren als Zeugnisse und Dokumente einer bestimmten Zeit und ihrer geistigen Kultur zu verstehen und sie wie andere profane Texte mit den wissenschaftlichen Mitteln historischer, philosophischer und literarischer Forschung zu untersuchen. Er fragte nicht mehr danach, ob Gott Wunder tun könne, sondern wendete sich den Wundertexten als literarischen Texten zu und suchte deren Botschaft und Glaubwürdigkeit zu ermitteln. Beginnend mit Reimarus entwickelte sich seit der Mitte des 18. Jahrhunderts im europäischen Protestantismus eine von der kirchlichen Lehre unabhängige historische Bibelwissenschaft, die ihre Methoden zunehmend verfeinerte. Die römisch-katholische Kirche hat mit ihren als unfehlbar deklarierten Mariendogmen (1854 und 1950) und anderen päpstlichen Äußerungen den supranaturalen Wunderglauben als verbindlich festgeschrieben. Im 2. Vatikanischem Konzil wurden 1965 die Theologen zwar angewiesen, die biblischen Schriften zu erforschen und auszulegen, aber „unter Aufsicht des kirchlichen Lehramtes" (DV 23). Mit dieser Einschränkung ihrer Arbeit erforschen heute auch katholische Bibelwissenschaftler die biblischen Texte mit allen Mitteln der historisch-kritischen Methode. Die Standards und Ergebnisse dieser ökumenischen Forschergemeinschaft bilden die Basis für die folgenden grundsätzlichen Auslegungen der Wundertexte.

Heilungswunder aus der Sicht heutiger Medizin

Die Wunderdiskussion entzündet sich gegenwärtig vor allem bei wider Erwarten guten Heilungen von Krankheiten, die normalerweise zum Tode führen. Das Phänomen von Spontanheilungen ist am besten im Bereich von Krebserkrankungen erforscht. Die Medizin spricht von einer Spontanremission, wenn sich z. B. eine bestehende Krebserkrankung wieder zurückbildet, und zwar ohne medizinische Therapie oder durch Maßnahmen, die aus fachlicher Einschätzung keinen Therapiewert haben. Bei wenigen Krebsarten sind einige Spontanremissionen medizinisch so sicher dokumentiert, dass an dieser Möglichkeit nicht mehr gezweifelt wird. Überzeugende medizinische Erklärungsmodelle gibt es dafür allerdings noch nicht. Einig ist man sich darin, dass es sich um natürliche Prozesse handelt und nicht um übernatürliche Eingriffe.

Die Heilungswunder der Alten Welt werden gegenwärtig Placebo-Effekten und dem Geistheilen zugeordnet. Experten schätzen, dass heute jeder dritte Patient für Placebos empfänglich ist. Diese Quote der positiven Wirkungen erhöht sich auf 70 bis 80 Prozent dort, wo der Glaube an die Wirkung des Placebos besonders stark ist. Unbestritten ist auch, dass die Wirkung des Arztes/Heilers im Sinne eines Placebos dort recht hoch anzusetzen ist, wo ihm der Patient große Heilfähigkeit zutraut. In vielen Versuchen unter strengsten Bedingungen wurde inzwischen die Wirkung von sogenannten Geistheilern auf Patienten dokumentiert. Ergebnis: Wir wissen heute recht sicher, dass Heilungen in der Begegnung mit besonderen Menschen zu allen Zeiten und in allen Kulturen geschehen sind und noch heute geschehen. Wir haben zwar Hypothesen, wissen aber nicht, wie diese Heilungen zustande kommen. Nach heutiger Erkenntnis gibt es keinen Grund, die Heilungen Jesu generell zu bezweifeln. Damit ist freilich noch nichts darüber gesagt, ob die berichteten Heilungswunder im Einzelnen tatsächlich stattgefunden haben. Eine medizinische Ferndiagnose kommt über Vermutungen nicht hinaus. Die Untersuchung der Texte wird zeigen, dass daran auch nicht viel liegt.

Die Wundertexte des Neuen Testaments

Der Sprachgebrauch

Unser deutsches Wort „Wunder" ist ein Sammelname (Kollektivum), mit dem wir eine Auswahl von außerordentlichen Ereignissen zusammenfassen. Als differenzierende Bezeichnung hat sich in der wissenschaftlichen Diskussion der Begriff „Mirakel" herausgebildet. Damit sind Erzählungen gemeint, in denen Seltsames, Verwunderliches, Exotisches, Abstruses, Groteskes, Skurriles berichtet wird, das uns aber in keiner Weise betrifft. Ein Beispiel für ein Mirakel ist z B. die Geschichte aus den Petrusakten (Kap. 13). Wir erfahren darin, dass Petrus vor dem Volk eine Predigt halten wollte. Da sah er einen geräucherten Thunfisch an einem Fenster hängen. Er fragte die Leute: „Wenn ihr jetzt diesen wie einen Fisch im Wasser schwimmen seht, werdet ihr dann an den glauben können, den ich predige?" Das bejahten die Hörer. Da warf Petrus den geräucherten Thunfisch in den nahen Teich und gebot ihm im Namen Jesu lebendig zu werden und wie ein Fisch zu schwimmen. Das tat er auch und ließ sich sogar von den Zuschauern füttern, um sich dadurch als lebendig auszuweisen. In den Johannesakten (Kap. 60) wird folgendes Mirakel erzählt: Johannes und seine Begleiter übernachteten in einer Herberge. Johannes wurde aber von Wanzen belästigt. Da wandte er sich mit einer kurzen Ansprache an die Wanzen und sagte: „Ich sage euch, ihr Wanzen, seid alle miteinander brav und verlasst für diese Nacht euer Haus … und haltet euch den Knechten Gottes fern". Die Wanzen folgten und warteten bis zum Morgen vor der Tür. Die Knechte Gottes konnten sich fortan einer ungestörten Nachtruhe erfreuen. Als Dank erlaubte Johannes den Wanzen, jetzt wieder in ihre gewohnten Ritzen zu kriechen. Mirakel dieser Art kennt das Neue Testament nicht.

Im Griechischen, der Sprache des Neuen Testaments, gibt es für unsere Bezeichnungen „Wunder" und „Mirakel" keine genauen Entsprechungen. Es gibt mehrere Ausdrücke, die das Außerordentliche, Spektakuläre, Staunenswerte auf unterschiedliche Weise herausheben und damit unserem „Wunder" nahestehen. Dazu zählt das Wort *thaúma,* das die Sehenswürdigkeit und das Wunderbare meint. Das Wort *téras* steht für ein ungeheuerliches, unbegreifbares und widernatürliches Geschehen. Beide Ausdrücke, die das Sensationelle hervorheben, werden für die Taten Jesu nicht verwendet. Es wird auch nirgendwo gefordert, an ein *thaúma* oder *téras* zu glauben. Indem die Evangelientexte diese Wörter vermeiden, distanzieren sie sich vom Aspekt des Sensationellen. Auf die Heilung eines Gelähmten reagieren die Umstehenden mit dem Ausruf: „*parádoxa*/Unglaubliches haben wir heute gesehen" (Lk 5,26). Damit ist nur das Befremdliche wahrgenommen, das, was der Erwartung widerspricht, also der äußere Vorgang. Mit der Bezeichnung *érgon*/Werk wird betont, dass Jesus im Auftrag Gottes handelt, und mit *dynamis*/Kraft wird der göttliche Machterweis in Jesu Tun hervorgehoben. Die *exousía*/Vollmacht, mit der Jesus Mt 6,7 seine Jünger ausstattet, bezeichnet die von Gott gegebene Vollmacht, etwas zu bewirken, was jenseits der menschlichen Möglichkeiten liegt. In alledem kommt zum Ausdruck, dass es bei den Wundertaten Jesu nicht um spektakuläre, Mirakel oder Schauwunder geht, die um ihrer selbst willen erzählt werden. Das Augenscheinliche ist nur der sichtbare Hinweis auf ein Verborgenes, das im Medium des Augenscheinlichen in den Horizont des Menschen tritt und sich darin manifestiert. Das wird im Johannes-Evangelium mit der Doppelbezeichnung *seméia kai térata*/Zeichen und Wunder angedeutet. Durch den ersten Ausdruck *seméia* wird ausgedrückt, dass sich im welthaft Augenscheinlichen ein Größeres zur Sprache bringt, das im Weltlichen nicht aufgeht. Ein Zeichen will ja nicht auf sich selbst verweisen, sondern es weist von sich weg auf ein anderes. Es will nicht in seiner Gegenständlichkeit genommen, sondern in seinem Hinweischarakter verstanden werden. Das gilt auch für die *térata.*

Die literarische Gestalt der Wundertexte

Die Wundergeschichten der antiken Welt folgen durchweg einem charakteristischen Erzählmuster, das wir auch in den neutestamentlichen Texten wiederfinden. Vier Elemente lassen sich unterscheiden. Eine Einleitung (1) beschreibt die Situation einer Person oder Personengruppe. Eine Exposition (2) schildert die Notsituation und baut jene Spannung auf, die der Wundertäter durch sein Handeln lösen wird. Die Dauer und Gefährlichkeit der Krankheit wird herausgestellt und die vergeblichen Versuche der Ärzte, sie zu heilen, werden hervorgehoben. Mangel, Hunger, Seenot und anderes werden skizziert. Die Wunderhandlung (3), die in den Wundergeschichten von Jesus oft gar nicht oder nur sehr zurückhaltend geschildert wird, erwähnt die heilenden Mittel, eine Berührung, ein wunderwirkendes Wort, einen Befehl. Ein Demonstrationsschluss (4) beschreibt, wie das Wunder auf die Anwesenden wirkt, schildert Erstaunen, Entsetzen, Widerspruch und Reaktionen der Umstehenden oder des Geheilten. In ihrer literarischen Form unterscheiden sich die biblischen Wundertexte also nicht von den bekannten Wundertexten der religiösen Umwelt.

Das Wunderverständnis im frühen Christentum

Die ältesten neutestamentlichen Dokumente sind die Briefe des Apostels Paulus, geschrieben zwischen 50 und 56 n. Chr. Zunächst fällt auf, dass sich der Apostel gelegentlich auf Worte Jesu bezieht. Er spielt aber kein einziges Mal auf eine Wundergeschichte Jesu an. Als antiker Mensch bestreitet er nicht, dass es Wunder im Sinne von Mirakeln gibt, die sich jenseits und im Gegensatz zu den Gesetzmäßigkeiten der Natur vollziehen. Er bestreitet aber heftig, dass Mirakel irgendeine Bedeutung für den christlichen Glauben haben. An die Gemeinde in Korinth schreibt er: „Während die Juden Zeichen fordern und die Griechen Weisheit suchen, verkünden wir Christus, den

Gekreuzigten" (1Kor 1,22f.). Einigen Textstellen kann man auch entnehmen, dass Paulus bei seiner Missiontätigkeit Wunder getan hat, aber er misst ihnen keine besondere Bedeutung bei. Das Wunder im radikalsten Sinne des Worts geschieht für Paulus da, wo sich durch die Christus-Botschaft den Menschen ein neues Sein aus Liebe eröffnet und er von den Zwängen seiner Eigensucht befreit wird. Paulus stellt das Wunderverständnis seiner Zeit nicht in Frage. Während aber seine heidnischen und jüdischen Zeitgenossen die Wunder als Beweise für die Existenz Gottes nehmen und auch Christen seiner Zeit in den Wundern göttliche Vollmacht erkennen, verwirft und kritisiert Paulus diese Wertungen als Ausdruck von Blindheit und falschen Erwartungen.

Das Wunderverständnis Jesu

Von keiner Person der Antike sind uns so viele Wunder überliefert wie von Jesus. Das freilich sagt noch nichts darüber, wie Jesus die Wunder verstanden und gewertet hat. Die Wundertexte der Evangelien sind erst in nachösterlicher Zeit von Jüngern über ihn erzählt und aufgeschrieben worden. Als älter und historisch näher zu Jesus gilt eine Sammlung seiner Worte, die zunächst wohl mündlich, dann aber auch schriftlich zwischen 40 und 65 entstanden und in die Evangelien des Matthäus und Lukas eingegangen ist, Markus aber nicht bekannt war. Man nennt sie die „Spruchquelle". Die darin enthaltenen Worte von Jesus dürfen wir als historisch authentischer betrachten als die Erzählungen über ihn, welche mannigfaltige Ausgestaltungen erfahren haben. Die Spruchquelle als die älteste Dokumentation des Wirkens Jesu enthält in erster Linie Zeugnisse seiner Verkündigung, aber kaum Hinweise auf seine Taten. Die ältesten Christen werteten offenbar das, was Jesus verkündigte, als das Entscheidende. Seine Predigt weist ihn aus, nicht seine Wundertaten.
Die Sammler der Spruchquelle haben sogar ein Wort Jesu zum Wunder in ihre Dokumentation aufgenommen.

Mt 12,38ff. berichtet von jüdischen Gelehrten und Frommen, die zu Jesus kamen und von ihm ein himmlisches Zeichen für seine Göttlichkeit und Vollmacht forderten. Darauf entgegnete er ihnen: „Ein böses und ehebrecherisches Geschlecht fordert ein Zeichen, und ihm wird kein Zeichen gegeben werden außer dem Zeichen des Propheten Jona" (Mt 12,39). Aus dem Buch Jona wissen wir und wussten auch die Juden, dass der Prophet der heidnischen Stadt Ninive mit Erfolg Buße gepredigt hat. Jesus weist also die Forderung nach demonstrativen Zeichen schroff zurück und sagt mit dem Hinweis auf Jona, dass es gilt, sich jenem entscheidenden Zeichen auszusetzen, das von Gott gesandt ist, nämlich seine Verkündigung des Reiches Gottes. Auf die Jona-Geschichte wird noch einzugehen sein. Das Wunderverständnis Jesu wird durch zwei Szenen veranschaulicht, die sich in der Spruchquelle finden. Der erste Text: Ein heidnischer Hauptmann bittet Jesus, seinen gelähmten Knecht zu heilen. Er möchte Jesus aber nicht zumuten, in sein Haus zu kommen und sagt zu ihm: „Sprich nur ein Wort und mein Knecht wird gesund" (Mt 8,8). Diesen Heiden, der nicht kosmische Zeichen fordert, sondern der Wirkkraft des Wortes Jesu vertraut, hebt Jesus als das wahre Wunder hervor. Zu seinen Jüngern gewendet sagt er: „Solchen Glauben habe ich bei niemandem in Israel gefunden" (Mt 8,10). Der zweite Text wird noch deutlicher: Johannes der Täufer hatte im Gefängnis vom Wirken Jesu gehört. Daraufhin sendet der Täufer Vertraute zu Jesus mit der Frage: „Bist du es, der da kommen soll, oder sollen wir auf einen anderen warten?" (Mt 11,3). Jesus antwortet: „Erzählt Johannes, was ihr hört und seht: Blinde sehen und Lahme gehen, Aussätzige werden rein, Taube hören, Tote werden auferweckt und den Armen wird das Evangelium verkündet" (Mt 11,4f.). Mit dieser Antwort werden die Wunder betont nicht als Mirakel hervorgehoben und um ihretwillen betrachtet, sondern in den weiten Horizont des Heilsgeschehens gestellt, das sich im Wirken Jesu ereignet.

Wie das gemeint ist, zeigt uns der Text, der das öffentliche Wirken Jesu eröffnet. In Mk 1,14f. heißt es: „Nachdem man Johannes gefangen genommen hatte, kam Jesus nach Galiläa und verkündete das Evangelium Gottes: Erfüllt ist die Zeit und nahe herbeigekommen ist das Reich Gottes. Kehrt um und glaubt an das Evangelium". Damit sind wir am Kern des Wirkens Jesu. In seinem Wirken verwandelt sich diese Welt zum Reich Gottes, ja, ereignet sich bereits das Reich oder die Herrschaft Gottes.

Mit dieser Einbindung der Wunder Jesu in die Endzeiterwartungen des Judentums erhalten die oben genannten Wunder einen Stellenwert und eine Deutung, die religionsgeschichtlich neu und einmalig ist. Es gibt vor und neben Jesus keine vergleichbare Verbindung zwischen Endzeiterwartung und Wunder, besonders Wunderheilungen. Im Heilwerden von Menschen gewinnt die Herrschaft Gottes bereits jetzt Gestalt.

Wo die Wunder als Zeichen der anbrechenden Herrschaft Gottes verstanden werden, da sind Anklänge an Mirakulöses nicht nur zweitrangig, sondern angesichts des Größeren sogar uninteressant geworden. Das Verständnis der Wunder Jesu als Signale dafür, dass sich in Jesu Wirken eine neue Erde und ein neuer Himmel auftun, sollte uns bei allen Einzelbetrachtungen der neutestamentlichen Wundertexte als sinngebender Hintergrund stets gegenwärtig sein.

Wundergeschichten als gedeutete Zeugnisse verstehen

Die Geschichten von den Wundern Jesu sind zunächst mündlich geformt und überliefert worden. In schriftlicher Form begegnen sie uns erstmalig im Evangelium des Markus, das nach 70 entstanden ist, also etwa 40 Jahre nach dem Tod Jesu. Diese Wundergeschichten sind nicht Protokolle unbeteiligter Berichterstatter; es sind Zeugnisse von Menschen, die mit diesen Geschichten im Sinne Jesu das Anbrechen des Reiches Gottes zum Ausdruck zu bringen suchten. Eine Geschichte als Zeugnis zu verstehen heißt in einem ersten Schritt, sie im Verständnishorizont ihrer Verfasser zu verstehen. Das bedeutet, dass wir heutigen Leser die Fragen und Probleme, die diese Texte für uns aufwerfen, nicht in die Geschichte hineintragen und in unserem Sinne lösen dürfen, denn dann begegnen wir in diesen Geschichten nicht deren Botschaft und dem Neuen, auf das sie uns hinweisen, sondern nur uns selbst und unseren eigenen Gedanken. Das Problem, die Wunder konsequent im Sinne Jesu und seiner ersten Zeugen zu verstehen, tauchte bereits früh dort auf, wo ein Wundertext auf Menschen traf, die den endzeitlichen Rahmen nicht kannten, in dem die Wundergeschichten gelesen werden sollten. Deshalb wird im Prozess der Überlieferung von Beginn an mit Sinnverschiebungen zu rechnen sein.

Überlieferung bedeutet auch Umformung

Gesetzmäßigkeiten, die dort wirksam sind, wo Wundergeschichten weitergegeben und in anderen Kreisen wiedererzählt werden, sind gut zu erkennen, wenn man die Wundertexte in den Evangelien miteinander vergleicht. Wir kennen das Wunderverständnis Jesu, das er in seiner Verkündigung in den zwei oder drei Jahren um 30 angesichts der jüdischen Endzeiterwartung zum Ausdruck gebracht hat. Wir haben das Markus-Evangelium, das etwa 40 Jahre danach geschrieben wurde, und wir haben die Evangelien des Lukas und Johannes, die Jahrzehnte später in unterschiedlichen Regionen, aus unterschiedlichen historischen und kulturellen Umfeldern und für unterschiedliche Adressaten verfasst worden sind. Die Überlieferung umfasst einen Zeitraum von 60 bis 70 Jahren, also etwa drei Generationen. Räumlich-kulturell wird in dieser Zeit die christliche Botschaft aus der Kultur des Judentums in die hellenistische Kultur des Römischen Reiches mit ihren vielen Religionen, Philosophien, Strömungen und Kulten getragen und in deren Denkformen transformiert. Was passiert, wenn Wundererzählungen von einem kulturellen Umfeld in ein anderes wandern und dort erzählt werden? Die wunderhaften Züge können in einer wundergläubigen Welt gesteigert, ausgemalt und weiter ausgeformt werden, sie können aber auch umgekehrt in einem wunderkritischen Umfeld zurückgenommen werden. Sie können in den Zusammenhang eines anderen literarischen Gesamtkonzepts eingefügt und allein dadurch mit einer anderen Deutung versehen werden. Es können Varianten oder Dubletten gebildet werden, wie z. B. die wundersame Speisung der 4000, die ein anderes Mal als die Speisung der 5000 erscheint. Wunder können auch erzählt werden, um damit ein Jesuswort zu veranschaulichen. So wird z. B. die Frage, ob man am Sabbat Gutes tun darf, mit der Heilung einer erstorbenen Hand beantwortet (Mk 3,1–5). Zur besseren Vermittlung konnte Jesus als Wundertäter auch den bekannten Wundertätern aus der Welt der Adressaten angeglichen werden. An diesen Beispielen sehen wir, dass im Zuge der Überlieferung viele fremde Motive und die Verständnishorizonte Fernstehender die Wundertexte des Neuen Testaments mitgeprägt haben. Außer dem Matthäus-Evangelium wurden alle anderen Evangelien für Menschen geschrieben, die unterschiedlichen Religionen entstammten und mit der jüdischen Kultur nicht vertraut waren. Es ist daher damit zu rechnen, dass bei diesen Umformungen das Wunderverständnis Jesu verblasst, verändert oder ganz verloren gegangen ist. Dem soll im Folgenden näher nachgegangen werden.

Wunder im Markus-Evangelium

Markus schreibt sein Evangelium in Syrien, und zwar vor allem für Menschen, die aus heidnischen Religionen oder Kulten kommen. In seinem Evangelium ist es nicht ein Jude, sondern ein heidnischer Hauptmann, der als Erster im sterbenden Jesus den Sohn Gottes erkennt: „Ja, dieser Mensch war wirklich Gottes Sohn!" (Mk 15,39). Jesus wird aber in den vorausgehenden Jesusgeschichten des Evangeliums bereits als der Sohn Gottes dargestellt. Als Sohn Gottes wirkt er vor allem durch seine Verkündigung. Die Wunder bleiben der Verkündigung des Reiches Gottes zugeordnet, aber dem Wort nachgeordnet. Deutlich distanziert sich das Markus-Evangelium von den Naturwundern.

Wunder im Matthäus-Evangelium

Der Verfasser des Matthäus-Evangeliums stammt aus dem Judentum, schreibt aber für Glaubensgenossen und Menschen, die außerhalb Palästinas leben. Er sieht in Jesus den Weltherrscher, der das, was die jüdischen Gesetze und die Propheten fordern, im tiefsten Sinne eingelöst und erfüllt hat. Er sieht durch Jesus das Ethos der jüdischen Religion zu seinem Ziel gebracht und zum Ethos für alle Völker erhoben. Christsein bedeutet für Matthäus, sich nach jenen ethischen Regeln zu verhalten, die Jesus gelehrt hat. Im Konzept seines Evangeliums gibt Matthäus der Lehre Jesu den absoluten Vorrang. Er hat einen großen Teil der ihm bekannten Wundergeschichten zu einem Block zusammengefasst (Mt 8 + 9). Er reihte Jesu Taten aber sehr bewusst hinter die Worte der Bergpredigt (Mt 5 – 7) ein. Da er Jesus als die Erfüllung der alttestamentlichen Verheißungen versteht, konnte er gegenüber Markus die wunderhaften Züge in einigen Wundern steigern und die Wunderkraft Jesu insgesamt stärker betonen. Nur in seinem Evangelium ist zu lesen, dass Jesus „jede Krankheit und jedes Gebrechen im Volk" heilte (Mt 4,23). In den Heilungen drückt Matthäus das Erbarmen Jesu aus, der in seiner göttlichen Vollmacht doch der demütige Knecht Gottes bleibt, wie er im Buch des 2. Jesaja angekündigt ist. Die Wunder im Matthäus-Evangelium heben nur nicht die Leistungen des Wundertäters hervor. Sie zeigen vielmehr auch, wie Gemeinde und Kirche entstehen, und dass jenes Heilwerden, das die Wundergeschichten veranschaulichen, ein Wesensmerkmal christlichen Gemeindelebens ist. Bemerkenswert ist schließlich, dass Matthäus zwar die Heiltätigkeit Jesu Markus gegenüber steigert, aber die magischen Züge in den Heilungsgeschichten gleichzeitig zurücknimmt oder ganz streicht. Er begegnet damit dem Missverständnis, in Jesus nur einen der vielen Magier und Wunderheiler jener Zeit zu sehen. Seine Akzentuierung der überlieferten Wundergeschichten lässt freilich in den Hintergrund treten, dass sich für Jesus im Heilwerden von Menschen das Reich Gottes bereits erfahrbar ereignet.

Wunder im Lukas-Evangelium

Der Verfasser des Lukas-Evangeliums hat seine geistigen Wurzeln in der hellenistischen Kultur. Er schreibt für griechische Leser, vor allem der Oberschicht. Sein Werk will eine Art Lebensgeschichte Jesu sein. Sie ist der erste Teil einer Kirchengeschichte, die er mit der Apostelgeschichte abschließt. Lukas vergegenwärtigt das Leben und Wirken Jesu nicht als einer, der davon ergriffen ist. Er bleibt in der Distanz des Historikers und stellt Jesu Lebensgeschichte als eine vergangene und abgeschlossene Epoche dar. Diese Phase, in der er die Endzeit kurzzeitig anbrechen sieht, wertet er als eine entscheidende, aber ebenfalls abgeschlossene Periode der Weltgeschichte. Lukas versteht Jesus als einen Propheten, „mächtig in Tat und Wort vor Gott und dem ganzen Volk" (Lk 24,19). Das stellt ihn in die Tradition der alttestamentlichen Propheten Elia und Elisa, die ebenfalls durch außerordentliche Machterweise hervorgetreten sind.

Im Lukas-Evangelium sind die Wunder Jesu seinen Worten nicht nachgeordnet; sie erscheinen neben den Worten als gleichwertige Zeichen oder gar Beweise seiner göttlichen Vollmacht. Lukas hat in die Lebensgeschichte Jesu fünf Wundergeschichten und einen Sammelbericht über Wunder aufgenommen, die wir in keinem der anderen Evangelien finden. Das Heil, das in den Wundertaten Jesu aufscheint, bleibt nicht auf Israel bezogen, es gilt allen Völkern. Das veranschaulicht die Apostelgeschichte.

Wunder im Johannes-Evangelium

Matthäus und Lukas haben ihren Evangelien den Grundriss und den Textbestand des Markus-Evangeliums zugrunde gelegt und durch eine gemeinsame Redenquelle sowie durch weitere Texte erweitert. Die enge Verwandtschaft dieser drei Evangelien, die sich in einer Zusammenschau (Synopse) gut darstellen lässt, hat ihnen den Namen „Synoptiker" eingetragen. Im Johannes-Evangelium kann man wohl auch die Eckdaten des Markus-Evangeliums erkennen, nämlich den Beginn mit Johannes dem Täufer und den Abschluss mit der Passionsgeschichte. Aber für den überwiegenden Teil der johanneischen Texte gibt es in den Synoptikern keine Parallele. Auch in einer Reihe von biographischen Details weicht das Johannes-Evangelium von den Synoptikern ab. So tritt Jesus in den synoptischen Evangelien erst in die Öffentlichkeit, nachdem Johannes der Täufer verhaftet worden war. Im Johannes-Evangelium wirken beide eine Zeit lang nebeneinander. Nach den Synoptikern kommt Jesus nur ein einziges Mal nach Jerusalem, nach Johannes dagegen viermal. Im Johannes-Evangelium fehlt der Text, der uns aus den synoptischen Evangelien als Einsetzungsbericht für das Abendmahl vertraut ist. Nach dem Johannes-Evangelium stirbt Jesus bereits am Nachmittag des 14. Nisan. Nach den Synoptikern feiert Jesus mit seinen Jüngern noch am Beginn des 15. Nisan das Passahfest. Auch die Sprache Jesu weicht im Johannes-Evangelium sehr stark von der in den Synoptikern ab. Während die Worte Jesu bei den Synoptikern kurz und prägnant sind, begegnen wir im Johannes-Evangelium langen Reden. Die Gedankenwelt, aus der und für die Johannes schreibt, unterscheidet sich so gravierend von den Synoptikern, dass dieses Evangelium räumlich und vielleicht auch zeitlich weitab von den anderen Evangelien entstanden sein muss. Alles deutet auf den Osten des Reiches hin. Kleinasien und Syrien können nur vermutet werden. Die Entstehungszeit ist ebenfalls nur unsicher mit 100 bis 125 anzugeben. Diese Unsicherheit ist auch darauf zurückzuführen, dass das Johannes-Evangelium nicht aus einem Guss ist, sondern bis zu seiner Jetztgestalt eine längere Entstehungsgeschichte durchlaufen haben muss und deshalb einige Brüche und Ungereimtheiten aufweist.

Die Unterschiede im Jesusverständnis der neutestamentlichen Schriften hat G. Theißen so charakterisiert: Nach den Synoptikern verkündigte Jesus theozentrisch das Reich Gottes. Paulus verkündigte christozentrisch den gekreuzigten und auferstandenen Christus. Im Johannes-Evangelium verkündigt sich der irdische Jesus in christozentrischer Weise selbst. In den Ich-bin-Worten definiert sich Jesus selbst als das Brot des Lebens, das Licht der Welt, die Tür zu den Schafen, der gute Hirte, die Auferstehung und das Leben, als der Weg, die Wahrheit und das Leben, als der wahre Weinstock und zusammenfassend in dem Satz: „Ich und der Vater sind eins" (Joh 10,30). Gott wird nur über Christus sichtbar und zugänglich: „Wer mich gesehen hat, der hat den Vater gesehen" (Joh 14,9) und „Niemand kommt zum Vater, es sei denn durch mich" (Joh 14,6).

Im Johannes-Evangelium ist die Zahl der Wunder gegenüber den synoptischen Evangelien auf sieben verringert. Bis auf das Weinwunder von Kana (Joh 2), das ohne Parallele ist, finden wir zu den johanneischen Wundern Jesu Entsprechungen oder Anklänge in den synoptischen Evangelien. Dämonenaustreibungen fehlen im Johannes-Evangelium ganz. In einem auffallenden Gegensatz zu der geringen Zahl von Wundern sind die wunderhaften Elemente bisweilen ins Maßlose gesteigert. So werden nach Joh 2 für eine schon trunkene Hochzeitsgesellschaft Unmengen von Wasser in besten Wein verwandelt. Nach Joh 4 wird ein todkranker Junge durch Fernheilung gesund. In Bethanien wird nach Joh 11 Lazarus, dessen Leib schon vier Tage im Grab lag, wieder zum Leben erweckt. Damit wird zwar die beispiellose Vollmacht Jesu veranschaulicht, aber gleichzeitig werden diejenigen indirekt getadelt, die nur glauben, weil sie Mirakel gesehen haben. Selig gepriesen werden hingegen jene, die dem Wort glauben ohne vorher Spektakuläres erlebt zu haben (Joh 4,48–50 und 20,29).

Die Wundergeschichten stehen bei Johannes nicht nach den Worten Jesu, sie sind vielmehr der Anlass für längere Reflexionen, stehen also vor seinen Worten. Dabei kann gerade das Missverstehen des Wunders der Einstieg in die tieferen Gedanken sein. Die wunderbare Speisung z. B. mündet in die Brotrede mit dem Wort: „Ich bin das Brot des Lebens" (Joh 6,35). Die Heilung eines Blindgeborenen wird mit dem Satz verbunden: „Solange ich in der Welt bin, bin ich das Licht der Welt" (Joh 9,5). Die Geschichte von der Auferweckung des Lazarus mündet in der Verheißung: „Ich bin die Auferstehung und das Leben. Wer an mich glaubt, wird leben, auch wenn er stirbt" (Joh 11,25).

Im Johannes-Evangelium werden die Wunder so erzählt, dass sie beim Hörer Fragen aufwerfen, denen man nachgehen muss. Wunder sind hier nicht als Ereignisse verstanden, die etwas beweisen. Sie werden eingeführt, um auf etwas hinzuweisen. Deshalb werden sie im Johannes-Evangelium auch nicht als „Wunder" bezeichnet, sondern in einem positiven Sinn *seméia*/„Zeichen" genannt. Die vordergründig wunderhaften Ereignisse weisen über sich hinaus; sie weisen auf eine Ebene von Wirklichkeit, in der sich unser Heil ereignet, oder auf die Person, die dieses Heil bringt.

2 ZUM VERSTEHEN UND AUSLEGEN DER WUNDERTEXTE

Das historisch-sachliche Verstehen

Die Auskunftspflicht des Interpreten

Ehe wir uns der Auslegung einzelner Texte zuwenden, sollen auch dem Leser einige jener Prinzipien des Auslegens bewusstgemacht werden, die der Ausleger beachtet. Wer Texte liest, will verstehen, was sie mitteilen. Wer über Texte schreibt, will mitteilen, was sie uns sagen. Das Schlüsselwort lautet „verstehen". Was das aber bedeutet, ergibt sich nicht von allein. Deshalb ist, wer über Texte schreibt und spricht, auskunftspflichtig darüber, was er mit „verstehen" meint. Nur dann kann der Leser oder Hörer einschätzen, was er von den Ausführungen des Interpreten zu halten oder zu erwarten hat. Verstehen von Sinn gehört zu den ältesten Bemühungen der Philosophie und spielt bis heute in jeder menschlichen Kommunikation die zentrale Rolle. Das Nachdenken darüber, was ein Interpret zum Verständnis eines Textes beitragen kann und was der Leser oder Hörer dabei selbst zu leisten hat, kann den Prozess des Verstehens nur fördern, denn der Leser wird dabei für seinen eigenen Verstehensprozess mit Fragen und Aspekten vertraut gemacht, die sonst kaum in seinen Blick kämen.

Die hier zu erwartenden Ausführungen sind nicht als Beitrag oder Nachtrag zu jener Debatte um das biblische Textverständnis gedacht, die in den letzten Jahrhunderten in der protestantischen Theologie so heftig geführt wurde. Es geht schlicht darum, sich wesentliche Elemente zu vergegenwärtigen, die für das Textverständnis konstitutiv sind. Da es hier um biblische Texte geht, soll das Verstehen alter Texte im Mittelpunkt stehen.

Was meint Interpretation?

Wenn es darum geht, den Sinn alter Texte zu erheben, so sprechen wir von „deuten", „auslegen", „darlegen", „erklären". Mit diesen Worten werden unterschiedliche Schwerpunkte gesetzt. Hier soll der neutrale Begriff „interpretieren" verwendet werden, der etwas Grundsätzliches über den gemeinten Vorgang aussagt. Das Wort „interpretieren", hergeleitet von lat. *interpretari*, wird von der Vorsilbe *inter* bestimmt. *Inter* bedeutet „zwischen, in der Mitte von, umgeben von". Die Silbe *pret*, die bei uns im mundartlichen „präten" (sprechen) noch erhalten ist, finden wir auch in der griechischen Wurzel *phrad,* und zwar mit der Bedeutung von Sprache und sprechen. So bezeichnet das Wort „Interpret" recht genau die Rolle, die der Interpretierende einnimmt. Der Interpret ist im wörtlichen Sinn ein „Zwischensprecher". Er vermittelt zwischen einem Text und dem Leser oder Hörer dieses Textes, er dolmetscht, verdeutlicht, erklärt, was der Text im Sinne seines Verfassers sagt. Interpretation ist überall dort nötig, wo Texte aus ihrer Originalsprache in eine andere übersetzt werden. Dabei geraten die Schlüsselbegriffe des Originaltextes in andere sprachliche Sinnfelder und erhalten darin andere Bedeutungen. Erklärung ist auch und vor allem dort nötig, wo zwischen einem Text und einem Leser ein größerer zeitlicher Abstand liegt. Hier muss der Interpret zwischen dem Weltverständnis, aus dem der Text stammt, und dem Weltverständnis, in dem der Leser/Hörer sprachliche Äußerungen versteht, Verständnisbrücken herstellen. Ohne diese Vermittlung ist das Missverständnis programmiert. So sind z. B. biblische Wundergeschichten in ihrer Aussageabsicht für den heutigen Leser kaum zu erfassen, wenn man sie von dem Hintergrund ihres Dämonenglaubens und von dem ihnen zugrunde liegenden antiken Weltverständnis ablöst.

Was ist ein Text?

In unserem Zusammenhang sprechen wir von einem Text, wenn wir eine sprachliche Äußerung von meist mehreren Sätzen vor uns haben, die als ganze eine Sinneinheit bildet. Unser deutsches Wort „Text" wurde im Mittelalter aus dem Lateinischen entlehnt. Das lateinische Stammwort lautet *téxtere* und bedeutet „weben, flechten, kunstvoll zusammenfügen". Das griechische Wort *tékton*/„Zimmermann, Baumeister" enthält die gleiche indoeuropäische Wurzel. „Text" bedeutet in direkter Übertragung „Gewebe, Geflecht, Tuch". In dieser Bedeutung ist es in „Textilien" und „textil" noch enthalten. Im übertragenem Sinn veranschaulicht es am Bild des gewebten Tuches, was eine sprachliche Sinneinheit ist, nämlich ein kunstvolles Gewebe von Wörtern und Sätzen. So wie es das einfache Tuch gibt, das nur aus Kette und Schuss besteht, so gibt es Tuche, die aus mehrfachen Ketten- und Schussfadensystemen bestehen und mit einer Vielzahl von Farbvarianten gewebt sind. Entsprechend gibt es auch einfache und komplizierte sprachliche Texte. Der Gewebefachmann erkennt an der Struktur des Gewebes, wie es hergestellt worden ist, wo und in welcher Zeit es entstanden ist, welche Eigenschaften es hat und für welche Art von Gebrauch es gedacht ist. Der Bibelwissenschaftler, der es mit sprachlichen Texten zu tun hat, ist entsprechend mit den Eigenschaften, Strukturen und Funktionen seines Sprachmaterials vertraut. Das ist wesentliches Handwerkszeug für den Interpreten.

Können biblische Texte einen Sonderstatus beanspruchen?

Wie bereits erwähnt, sind die Evangelien-Texte, auf die wir uns hier beziehen, zunächst mündlich überliefert worden. Ab 40 könnten erste schriftliche Sammlungen von Textgruppen entstanden sein. Die erste fassbare kompositorische Einheit ist das nach 70 entstandene Markus-

Evangelium. Der Grundbestand dieses Markus-Evangeliums wurde zwischen 80 und 100 durch die Evangelien des Matthäus und Lukas ergänzt, bearbeitet und mit anderen Schwerpunkten neu komponiert. Die Evangelien galten in den Gemeinden als die Jesusüberlieferung und genossen als solche eine natürliche Autorität. Nach 100 entstanden das Johannes-Evangelium und weitere Evangelien mit zunehmend volkstümlich legendenhaften Texten. Die Gemeinden hatten sich bereits im 2. Jahrhundert mit vielen konkurrierenden religiösen Angeboten und deren Schriften und Lehren auseinanderzusetzen. Die sich bildende Kirche sah sich genötigt, um der Klarheit der christlichen Botschaft willen eine Liste verbindlicher Schriften (Kanon) aufzustellen, in denen man die christliche Botschaft authentisch formuliert sah. Eine gewisse Übereinkunft zeichnete sich bereits um 200 ab. In der Kirche des Westens wurde die Kanonbildung im 5. Jahrhundert abgeschlossen.

Wurden die Evangelien zunächst als die lebendige Stimme der Apostel verstanden und geachtet, so verstand man sie später und auf unterschiedliche Weise als Gottes Wort und als von Gott inspiriert. In diesem Verständnis wuchs den biblischen Texten eine göttliche Autorität zu, die sie jeder kritischen Rückfrage entzog. Die Texte wurden mit der göttlichen Wahrheit identifiziert. Ihre Auslegung wurde lehramtlicher Autorität anvertraut.

Schriftliche Texte sind keine mathematisch eindeutigen Formeln. Sie bedürfen in jedem Fall der Auslegung oder Deutung. In der griechischen Kultur, die seit dem 8. Jahrhundert v. Chr. mit den Texten von Homer eine Schrifttradition besaß, entwickelte sich auch eine Auslegungskunst, die uns bei Platon (427 – 347 v. Chr.) unter der Bezeichnung „Hermeneutik" begegnet, sprachlich hergeleitet von der Dolmetscherfunktion des griechischen Gottes Hermes. Für die Textauslegung fand und benutzt man bis heute die Bezeichnung „Exegese", abgeleitet von dem griechischen Wort *exégesis*/„Auslegung, Erklärung von Texten". Bereits in den vorchristlichen Jahrhunderten wurde besonders in der stoischen Philosophie die Methode der allegorischen Textauslegung Homers praktiziert. Homers Erzählungen wurden als Verschlüsselungen tiefer philosophischer Wahrheiten gedeutet. So verstand man Zeus als das Prinzip des Lebens, Athene verkörperte die Erde und Poseidon das feuchte Element. Die Götterkämpfe Homers konnten so als Kampf der Elemente und die Liebschaften der Götter als die Verbindung zu neuen Lebensformen verstanden werden. Das Judentum in der hellenistischen Welt hat die allegorische Textdeutung für das Verständnis ihrer heiligen Schriften, unser Altes Testament, übernommen und mit Philon von Alexandrien (ca. 20 v.Chr. bis 50 n.Chr.) zur Perfektion entwickelt. Das Grundprinzip der allegorischen Auslegung besteht darin, dass man in den biblischen Schriften zwei Sinnebenen sieht: den Literalsinn, die wörtlich gegenständliche Bedeutung, und den allegorischen Sinn, die wahre und eigentliche Aussage, die im gegenständlichen Wortsinn zwar verborgen, aber enthalten ist. Origenes von Alexandrien (185 – 254), der bedeutendste christliche Theologe des 3. Jahrhunderts, der weit über seine Zeit hinaus die theologische Entwicklung prägte, war ein Meister der allegorischen Methode. Aus dem zweifachen Schriftsinn entwickelte sich im Mittelalter über eine Zwischenstufe die Lehre und Methode vom vierfachen Schriftsinn. Ein Merkvers fasst das so zusammen:

> „Der wörtliche Sinn lehrt, was geschehen ist,
> der allegorische Sinn lehrt, was zu glauben ist,
> der moralische Sinn lehrt, was zu tun ist,
> der anagogische Sinn lehrt, was zu hoffen ist".

Diese Lehre vom vierfachen Schriftsinn, durch die alle biblischen Texte in ein starres, vorgegebenes Muster gezwängt wurden, haben die Reformatoren verworfen. Luther stellt den Wortsinn in den Mittelpunkt und ging davon aus, dass die biblischen Schriften sich gegenseitig und damit selber auslegen. Damit war eine neue Basis für die Auslegung der biblischen Schriften gelegt, die sich in den folgen Jahrhunderten erst entfalten und als Methodenproblem bewusst wahrgenommen werden sollte. Der Kanon der biblischen Schriften war fortan nicht mehr ein aller Beurteilung entnommener sakraler Gegenstand, sondern er kam als menschlicher Text in den Blick.

Im 18. Jahrhundert setzte sich in historisch gebildeten Kreisen die Einsicht durch, dass die biblischen Texte von Menschen verfasste Texte sind und wie andere geschichtliche Urkunden auch als menschliche Texte und somit in ihrem geschichtlichen Zusammenhang betrachtet werden müssen. Damit hatten die biblischen Texte ihren bisherigen Sonderstatus verloren. Die Bibelwissenschaft konnte jetzt alle Methoden integrieren, die geeignet waren, das Verständnis dieser Texte erschließen zu helfen.

Verstehen als vielschichtiger Prozess

Das Verstehen von biblischen Texten ist kein statisch eindimensionaler Vorgang, sondern ein dynamischer Prozess zwischen mehreren Polen. Wir haben (1.) einen TEXT, der einen Inhalt zum Ausdruck bringt. Dieser Text hat (2.) einen (oder mehrere) VERFASSER, der etwas zum Ausdruck bringen will. Der Text ist (3.) an ADRESSATEN gerichtet, in deren Situation der Verfasser mit seinem Text eine Botschaft vermitteln möchte. Schließlich verweist der Verfasser mit seinem Text den Leser auf (4.) eine WIRKLICHKEIT, die in sprachlicher Form greifbar und vermittelt wird, aber darin nicht aufgeht, sondern vom Leser erst verstanden und erfasst ist, wenn sie in sein Leben aufgenommen wird. Die Bibelwissenschaft kann uns unser gegenwärtiges persönliches Verstehen nicht abnehmen, sie kann uns aber helfen, das zu erkennen, was es zu verstehen und zu erfassen gilt. Eine Bibelwissenschaft, die sich nicht selbst auf die historische Forschung begrenzt, sondern die Botschaft der biblischen Texte als Botschaft ernst nimmt, kann uns auch helfen, den Zeitabstand der nahezu zwei Jahrtausende zu überwinden und die inhaltliche Aktualität der Texte für unsere Gegenwart in den Blick zu bringen. Auf diese Hilfen werden wir für unsere Interpretationen zurückgreifen.

Die Bibelwissenschaft als Verstehenshilfe

Eine Bibelwissenschaft, die andere historische Texte untersucht und sich dabei aller verfügbaren Methoden bedient, entwickelte sich seit dem 18. Jahrhundert im europäischen Protestantismus. Seit Mitte des 20. Jahrhunderts vom 2. Vatikanischen Konzil die historische Erforschung der Bibel in einem gewissen Rahmen auch für katholische Theologen freigegeben wurde, ist eine ökumenische bibelwissenschaftliche Forschergemeinschaft entstanden, in der inzwischen in vielen Grundfragen ein tragfähiger Konsens erreicht wurde und ein lebendiger Austausch ohne Konfessionsgrenzen stattfindet. Ein Blick auf diese Forschungsbereiche kann veranschaulichen, inwiefern und durch welche Methoden die Bibelwissenschaft zum Verständnis der biblischer Texten beitragen kann.

Was die Bibelwissenschaften zum Verständnis der neutestamentlichen Texte beitragen, soll hier nur in Stichworten angedeutet werden.

Erforschung der neutestamentlichen Sprache und ihrer Begriffe: Aus der Herkunft der Begriffe und deren Verhältnis zum Aramäischen, der Sprache Jesu, lassen sich Wortbedeutungen sehr genau ermitteln und der willkürlichen Spekulation entziehen.

Erforschung des biblischen Textes und seiner Geschichte: Das Neue Testament ist das am besten überlieferte Buch der Antike. Die Bibelwissenschaft hat die mehr als 4000 Handschriften, die uns aus der Zeit zwischen dem 2. und 16. Jahrhundert vorliegen, ausgewertet und in mühevoller Kleinarbeit von zwei Jahrhunderten eine Textgestalt ermittelt, die dem Urtext sehr nahe kommt.

Erforschung der literarischen Eigenarten, Strukturen und Quellen: Aus der Erforschung der literarischen Eigenarten und Strukturen eines Textes lässt sich ermitteln, ob er als einheitlicher Entwurf zu verstehen ist oder ob und inwiefern er aus mehreren Quellen zusammengefügt wurde. Auf diese Weise lassen sich ältere Traditionsschichten und Entwicklungen sichtbar machen.

Erforschung und Geschichte der Formen: Aus sprachlichen Formen lassen sich Schlüsse auf die soziale und kulturelle Herkunft von Texten, auf deren „Sitz im Leben" und damit auch auf deren Aussage und Entwicklung ziehen.

Erforschung der Kompositionen und Redaktionen: Die einzelnen Texte haben seit ihrer ersten sprachlichen Gestalt oft eine lange und wechselvolle Geschichte hinter sich. Sie sind in unterschiedliche Zusammenhänge gestellt, in unterschiedliche Kompositionen eingebaut und darin nicht nur in ihrem Sinngehalt, sondern auch in ihrem Textbestand verändert worden. Derselbe Text kann sogar allein dadurch, dass er in eine andere Komposition eingebaut wird, einen anderen Schwerpunkt erhalten.

Die Erforschung des religionsgeschichtlichen Hintergrunds: Im religionsgeschichtlichen Vergleich wird die Herkunft von Texten und deren ursprüngliche Bedeutung erkennbar. Außerdem zeigt sich, in welcher Weise Texte aus anderen religiösen Traditionen durch ihre Einbindung in die christliche Botschaft charakteristisch verändert wurden. Das wiederum lässt das Profil der christlichen Botschaft klarer hervortreten.

Diese Forschungszweige der Bibelwissenschaft sind nicht Selbstzweck. Sie sind Hilfen zum genaueren und angemessenen Verstehen der biblischen Texte, die uns freilich das persönliche Verstehen nicht abnehmen können. Die Bibelwissenschaft kann uns die „richtige" oder „objektive" Auslegung der biblischen Texte nicht anliefern, denn zum Verstehen bedarf es mehr als einer Textanalyse. Das wird noch auszuführen sein.

Der Verfasser sagt mehr als er formuliert

Die Texte der Evangelien sind keine zeitlosen Verlautbarungen, sondern Dokumente, die von einem bestimmten Verfasser geschrieben oder von einer bestimmten Person überarbeitet wurden. In das Konzept und die Texte eines Verfassers oder Redaktors geht unausgesprochen dessen gesamter geistiger, sozialer und politischer Hintergrund ein. Der Satz „Mir geht es gut" auf einer Grußkarte ist sprachlich eindeutig. Was er aber inhaltlich aussagt, wird erst fassbar, wenn man weiß, wer ihn wann und wo geschrieben hat: ein Dauerarbeitsloser oder ein Passagier auf einem Luxusschiff, ein Krebskranker zwischen zwei Therapien oder ein Leistungssportler im Trainingslager. Der gesamte Lebenshintergrund schreibt mit. Kennt und berücksichtigt man diesen Hintergrund, so ist dem Text sehr viel mehr und auch Genaueres zu entnehmen als der reine Wortlaut sagt. Berücksichtigt man das nicht, so füllt man den Text unkontrolliert mit eigenen Befindlichkeiten und Phantasien auf.

Jesus hat Heilungen als Zeichen für das Anbrechen des Gottesreiches verstanden. Wenn man nun weiß, dass das Markus-Evangelium in einer Zeit geschrieben wurde, in der die christliche Gemeinde erwartete, dass die Wiederkunft Christi unmittelbar bevorsteht, so sagen diese Wundertexte etwas anderes als im Evangelium des Matthäus, wo die Naherwartung längst aufgegeben ist, oder im Evangelium des Lukas, der auf die Geschehnisse der Wirkungszeit Jesu wie ein Historiker zurückblickt. Im Johannes-Evangelium wird wieder die Gegenwart des Heils in den Vordergrund gestellt. Der Gesamthintergrund, von dem her jeder Verfasser schreibt, setzt für das Verständnis der Wunder in den verschiedenen Evangelien unterschiedliche Akzente.

Der Adressat schreibt am Text mit

Evangelien sind keine himmlischen Erlasse an alle Welt. Sie sind von einer bestimmten Person an einen bestimmten Adressatenkreis gerichtet. Der Adressat im Bewusstsein des Verfassers entscheidet darüber mit, was in einem Text gesagt wird und wie es gesagt wird. Der Verfasser richtet sich auf seinen Adressaten so aus, wie sich die Kompassnadel auf den Nordpol hin ausrichtet. Das Markus-Evangelium wurde für Menschen geschrieben, die aus heidnischen Religionen zur christlichen Gemeinde gestoßen waren und Wundererzählungen der hellenistischen Welt kannten. Das Matthäus-Evangelium richtet sich hingegen an Christen, die in einem Milieu lebten, das noch ganz vom Judentum bestimmt war und denen jüdische Tradition vertraut war. Heilungen und Dämonenaustreibungen spielten darin keine große Rolle. Deshalb sind im Matthäus-Evangelium einige Wunder ganz weggelassen, andere um magische Züge gekürzt worden. Mit diesen Veränderungen gegenüber dem Markus-Evangelium bringt der Verfasser des Matthäus-Evangeliums, der selbst auch aus dem Judentum kommt, auf seine Weise zum Ausdruck, wie er die Wunder bewertet und versteht. Evangelientexte setzen bereits eine Kommunikationsgemeinschaft zwischen Verfassern und Adressaten voraus.

Das existentiell-persönliche Verstehen

Biblische Texte im Heute verstehen

Von den biblischen Texten trennt uns heutige Leser der „garstige Graben" von nahezu 2000 Jahren. Er ist gekennzeichnet durch die Unterschiede der Sprachen, der Kulturen und der Weltverständnisse zwischen der biblischen und unserer heutigen Welt. Ginge es in den Evangelientexten um reine Sachinformation, so ließen sich die Unterschiede gut bewältigen. Evangelientexte sind aber menschliche Zeugnisse über Wirklichkeiten, die menschliches Leben betreffen. Insofern sind wir beim Versuch, diese Texte zu verstehen, nicht nur intellektuell gefordert, sondern mit unserer Art, uns selbst zu verstehen, herausgefordert. Zugespitzt formuliert: In der ernsthaften Auseinandersetzung mit biblischen Texten steht mein ureignes Leben und Selbstverständnis auf dem Spiel. Dem freilich kann man sich auch entziehen. Von beidem wird zu reden sein.

Das, was wir im Gegenüber zur Alten Welt als das Heute bezeichnen, bezieht sich keinesfalls nur auf die großen zeitgeschichtlichen Unterschiede. Der Horizont des Alters, des Berufes, der Bildung und der Lebenserfahrung, in dem wir uns mit einem Text auseinandersetzen, gibt den Rahmen vor für das, was wir im Text wahrnehmen, was uns anspricht, was uns an Fragen und Antworten entgegenkommt, was uns fasziniert, was wir ihm an Einsicht oder Hilfe entnehmen. Unser jeweiliger Horizont entscheidet auch darüber, was gar nicht in unser Blickfeld kommt, was uns entgeht, was wir unbewusst ausblenden, was uns nicht erreicht. Das persönliche Verstehen eines Textes wird entscheidend von dem mitbestimmt, was uns vordringlich beschäftigt und nach Lösungen verlangt. Insofern ist unser Verstehen durch unsere Lebenssituation selektiv geprägt. Dieses sehr persönlichen Verstehenshorizontes sollten wir uns besonders bewusst sein, wenn wir biblische Texte lesen und miteinander darüber sprechen. Der eigene Verstehenshorizont darf weder die Grenzen des Textes vorgeben noch die Perspektive festlegen, ihn zu verstehen.

Texte antworten auf Fragen

Wir lesen einen Text, weil wir von ihm etwas erwarten, und sei es nur, um zu erfahren, wovon er spricht. Wir bleiben bei der Lektüre, wenn sie etwas in uns anrührt, betrifft oder neugierig macht. Einen Text, der in uns nichts anspricht, legen wir zur Seite. Das gilt auch für Bibeltexte. Biblische Schriften werden normalerweise nicht aus einem neutralen Bildungsinteresse gelesen. Wir lesen sie mit bestimmten Fragen, die wir an sie haben. Ein Text gibt auch nur Antworten auf die Fragen, die wir ihm stellen. Das können auch Fragen des Zweifels, der Skepsis, des Widerspruchs oder der Ablehnung sein. Wir lesen Bibeltexte stets mit einem Vorverständnis und mit Fragen, die in diesem Vorverständnis angelegt sind. Da unsere Vorverständnisse und Fragen unterschiedlich sind, werden sich auch die Antworten, die wir aus den Texten erhalten, voneinander unterscheiden. Ob wir einen Text gemeinsam oder nur für uns selbst lesen, es ist in jedem Falle wichtig, uns zu vergegenwärtigen, woraufhin wir ihn befragen wollen. Unsere Frage entscheidet bereits darüber, ob die Antwort im Bereich oder außerhalb dieser Botschaft liegt, die der Text vermitteln will. Man kann z. B. die biblischen Texte daraufhin befragen, welche Pflanzen oder Edelsteine in ihm erwähnt werden und kann eindeutige Antworten erhalten, aber von dieser Frage wird die Botschaft des Textes nicht berührt.

Vorverständnisse, die sich der Textbotschaft bewusst entziehen

Zu allen Zeiten wurden biblische Texte auch mit dem Vorverständnis gelesen, dass sie unsinnig seien. Ein nach eigenem Verständnis atheistischer Psychologe eröffnete seinen Gesprächsbeitrag zum christlichen Gottesverständnis mit der Feststellung: „Wer sein Großhirn anschaltet und in der Bibel liest, der findet darin nur einen Berg von logischen Ungereimtheiten und sachlichen Absurditäten." Er sah sich also in der Rolle dessen, der die krankmachenden Folgewirkungen und Folgeschäden biblischen Denkens mit seinem selbstverständlich gesunden Menschenverstand in mühsamer Arbeit wieder zu beseitigen sucht. Das mag ein Extremfall sein, zeigt aber, dass es nicht ungewöhnlich ist, Texte nur daraufhin zu befragen, wo sie den eigenen Vorstellungen von dem widersprechen, was Welt und Mensch ist, von dem, was sein kann und sein soll, von dem, was wirklich und was Illusion und Selbsttäuschung ist, von dem, was vernünftig und unsinnig ist.

Weit verbreitet ist auch die Einstellung, dass diese alten Texte Probleme der Antike behandeln, uns aber nicht betreffen. Mit diesem Vorverständnis lässt sich sogar Bibelwissenschaft als rein historische Wissenschaft betreiben. Die Textinhalte bleiben dabei als historische Dokumente in den Archiven unserer Kultur. Es gibt zudem im öffentlichen Leben viele Interessengruppen, denen sehr daran liegt, dass biblische Inhalte im Bereich von Bildung und

Kultur die Grenzzäune des Musealen und Abgelegten nicht überschreiten. Von dieser Seite wird streng darauf geachtet, dass die Frage der Relevanz biblischer Texte für unser persönliches, politisches, wirtschaftliches und kulturelles Leben ausgeblendet bleibt.

Wenn sich nach einer Umfrage mehr als 70 % der Deutschen für religiös halten, so ist damit inhaltlich noch nichts gesagt. Das Wort „religiös" ist so unbestimmt, dass man dazu nahezu alles zählen kann, angefangen vom Erleben der Waldesstille, bis zu Esoterik aller Art, ritualisierten Formen des persönlichen und kollektiven Aberglaubens, Patchwork-Ideologien, moralischen Rigorismen eigener Auswahl. Religion ist zur Privatsache in dem Sinn geworden, dass sie dem Intimbereich zugeordnet wird, der öffentlich nicht zur Debatte steht. Dieses Bewusstsein bildet eine Barriere gegen die Absicht der biblischen Texte in das Leben der Leser und Hörer hineinzuwirken, weil jede Übersetzung in den Bereich des Persönlichen bereits als eine ungehörige Verletzung des Intimbereichs gewertet und als Angriff auf die persönlichsten Entscheidungen abgewehrt wird. Dieses privatistische Religionsverständnis vermag biblische Texte als historische Dokumente durchaus zu würdigen, legt aber Wert darauf, dass sie in historischer Distanz bleiben. Da historische Texte nur das Interesse weniger Menschen treffen, bleiben sie für die Mehrzahl außerhalb ihres Blickfeldes.

Zur Auslegung biblischer Texte

Ist eine objektive Textauslegung möglich?

Auslegung bedeutet, Bibeltexte in den Lebenshorizont von Lesern und Hörern zu bringen und sie in diesen Horizont hinein zu übersetzen. In Gesprächen über biblische Texte oder Predigten taucht regelmäßig die vorwurfsvolle Klage auf, dass man sich auf die Textauslegungen der Theologen nicht verlassen kann, da jeder etwas anderes sage. Dahinter steht die Wunschvorstellung, das es doch so etwas wie eine zeitlos gültige und eindeutige Auslegung geben müsste. Liefern uns denn die bibelwissenschaftlichen Forschungszweige nicht so viele Informationen, dass daraus in einer Art Zusammenschau eine objektive Textauslegung zu gewinnen wäre?

Die bibelwissenschaftlichen Forschungszweige stellen sehr gezielt Fragen an die Texte, aber sie stellen ihre Fragen in den Rahmen der historischen Konstellation von „Textgestalt – Verfasser – Leser – zum Ausdruck gebrachte Wirklichkeit". Das so erschlossene Sinngefüge bildet wohl eine fundierte Basis für Auslegung, aber sie ist selbst noch keine Textauslegung für den heutigen Leser oder Hörer. Die Bibelwissenschaft kann uns im Rahmen ihrer Fragen darüber Auskunft geben, was der Verfasser einer Schrift seinen damaligen Adressaten für deren Situation sagen wollte. Sie kann uns aber nicht generell sagen, in welcher Weise und mit welchen Schwerpunkten eine bestimmte Botschaft immer und überall zu verkünden ist. Gegenwärtige und damalige Adressaten sind nicht identisch. Ein Text wird aber erst dann zu einer Botschaft für uns, wenn er für unsere Situation das zum Ausdruck bringt, was er dem damaligen Hörer in dessen Situation mitteilte. Da es zudem „den" heutigen Leser oder Hörer nicht gibt, sondern nur Menschen unterschiedlicher Denkart, unterschiedlicher geistiger Vorgaben und unterschiedlicher Lebensprobleme, kann es nicht nur eine einzige Auslegung geben, die normativ, richtig und gültig ist. Es gibt immer nur unterschiedliche Auslegungsversuche, verantwortet von unterschiedlichen Auslegern für ihre jeweiligen Leser oder Hörer.

Auslegung orientiert sich am Adressaten

Wir hatten schon festgestellt, dass die Verfasser biblischer Schriften ihre Texte auf konkrete oder auf vorgestellte Leser und Hörer hin formuliert haben. Diese Differenzierung war nötig, da im Römischen Reich die eine und gleiche Christusbotschaft unterschiedlichen Menschengruppen mit unterschiedlichem religiösen Hintergrund und für unterschiedliche Lebenssituationen nahegebracht werden musste. Ein biblisches Beispiel soll uns zeigen, dass von Beginn an für die gleiche Botschaft nicht nur unterschiedliche, sondern bisweilen sogar gegensätzliche Formulierungen gewählt werden mussten.

Der Apostel Paulus hat in immer neuen Zusammenhängen auszudrücken versucht, wie das Verhältnis zwischen christlichem Glauben und menschlichen Leistungen zu verstehen ist. Die menschlichen Leistungen, mit denen wir uns vor Gott als recht erweisen möchten, bezeichnet er als „Werke des Gesetzes". Damit meint er alle kultischen und moralischen Gebote, die dem jüdischen Menschen durch das Alte Testament und die nachfolgenden religiösen Regelungen vorgeschrieben sind. Darüber hinaus sind auch alle humanitären, charitativen, künstlerischen, geistigen oder sonstigen Bemühungen und Leistungen als „Werke" bezeichnet, mit denen wir uns durch unser eigenes Tun als gut und recht und liebenswürdig darstellen und vor Gott ausweisen möchten. Seine Gedanken zu dieser religiösen Grundfrage bündelt Paulus in dem Satz: „Wir halten fest: Gerecht wird der Mensch durch den Glauben, unabhängig von den Taten, die das Gesetz fordert" (Rö 3,28). Luther hat die Zielrichtung dieser Aussage zusätzlich verdeutlicht, indem er dem Textsinn gemäß noch ein „allein" hinzufügte: „So halten wir nun dafür, dass der Mensch gerecht wird, ohne des Gesetzes-Werke, *allein* durch Glauben". Für diese Zuspitzung ist er von römischer Seite gescholten worden. Heute sehen auch katholische Bibelwissenschaftler das verdeutlichende „allein" als sachlich gerechtfertigt an. Eine gute Übersetzung besteht ja nicht darin, für jedes Wort eines Textes ein entsprechendes Wort der anderen Sprache einzusetzen. Übersetzen heißt immer, ein ganzes Sinngefüge angemessen in der anderen Sprache zum Ausdruck zu bringen.

Der zitierte Satz des Paulus will ausdrücken, dass wir vor Gott nicht durch religiöse Eigenleistungen, sondern allein durch Glauben recht und gerecht werden können. Das kann leicht missverstanden werden, wenn man außer

Acht lässt, wie Paulus den christlichen Glauben versteht, von dem er hier ja redet. Glaube bedeutet für ihn, dem Gott, der sich uns in Jesus von Nazaret gezeigt hat, zu vertrauen, uns auf seine Gnade einzulassen, uns von der Liebe, die er uns schenkt, erfüllen zu lassen und aus dem Geist und der Kraft dieser göttlichen Liebe unser Leben zu gestalten und zu handeln. Der Apostel bindet also den Glauben als Geschenk der Liebe zusammen mit unserem Leben und Tun, das aus diesem Geschenk hervorgeht und sich deshalb selbst verschenken kann. Glaube ist für Paulus „allein der Glaube, der sich durch die Liebe als wirksam erweist" (Gal 5,6). Wo diese Liebe nicht im Tun sichtbar wird, da kann auch Glaube in diesem Verständnis nicht sein.

Paulus hat seine Briefe in den 50er Jahren des 1. Jahrhunderts geschrieben. Zwei Generationen später wird der Satz niedergeschrieben, „dass der Mensch aus Werken gerecht wird, nicht aus Glauben allein". Auch dieser Satz steht in der Bibel, und zwar im Jakobusbrief 2,25. Seinem Wortlaut nach sagt er genau das Gegenteil von der paulinischen Feststellung, nach der der Mensch allein durch Glauben gerecht wird und nicht durch eigenes Tun.

Wir wissen nicht, wer den Jakobusbrief verfast hat, können aber erschließen, dass er um 100 geschrieben sein kann. Aus dem Text geht hervor, dass sich der Verfasser an Christen vermutlich jüdischer Herkunft richtet, für die der christliche Glaube lediglich darin besteht, bestimmten Lehren über Gott und Christus zuzustimmen. Die Adressaten des Jakobusbriefs klammern also gerade das aus, was für Paulus wesentlich ist, nämlich die Einheit zwischen der geschenkten Liebe Gottes und der damit gegebenen Kraft, sie weiterzugeben. Diesen Menschen wird entgegengehalten: „Du glaubst, dass es einen einzigen Gott gibt? Da tust du recht – auch die Dämonen glauben das und schaudern!" (Jak 2,19). Ein vermeintliches Faktenwissen über Gott bedeutet nichts. Wo der Glaube auf Lehren oder Dogmen über Gott verkürzt wird, da fällt er zu einer toten, wertlosen und heillosen Weltanschauung zusammen. Intellektuelle und für das Leben folgenlose Weisheiten über Gott – sie mögen noch so klug sein – sind steril und nutzlos. Mit den Worten des Jakobusbriefes (1,17): „Glaube für sich allein, wenn er keine Werke vorzuweisen hat, ist er tot". Der Jakobusbrief versucht, seinen Adressaten zu verdeutlichen, dass sich christlicher Glaube nicht als Wortwissen vom menschlichen Leben und Handeln abkoppeln lässt, sondern zum Tun der Liebe führt. Der Versuch des Jakobusbriefes, das verkürzte Glaubensverständnis seiner Adressaten zu korrigieren und die innere Einheit von Glaube und menschlichem Tun wieder in den Blick zu bringen, gipfelt in der Formel „dass der Mensch aus Werken gerecht wird, nicht aus Glauben allein" (Jak 2,24). Offenbar empfindet der Verfasser selbst, dass diese einprägsame Kurzformel auch wieder als Aufforderung missverstanden werden könnte, neben dem Wortglauben doch wieder auf die Eigenleistung zu setzen. So sucht er die unauflösbare Einheit von Glaube und Werken mit dem Vergleich abzusichern: „Wie der Leib ohne Geist tot ist, so ist auch der Glaube ohne Werke tot" (Jak 1,25).

Ob dieser Korrekturversuch des Jakobusbriefes geglückt ist und erfolgreich war, mag hier offen bleiben. Das Beispiel macht aber deutlich, dass der Ausleger der christlichen Botschaft reagieren muss, wenn ein andersartiger Hintergrund seiner Adressaten das erfordert. Ein heutiger Ausleger steht gegenüber dem Satz des Paulus wie dem des Jakobusbriefes vor der gleichen Aufgabe. Er muss so auslegen, dass die gleiche theologische Botschaft des einen wie des anderes Satzes innerhalb der geistigen und religiösen Vorgaben seiner Adressaten hörbar wird. Deshalb wird sich die Auslegung für eine pietistische oder lutherische Leser-/Hörerschaft von der für eine traditionell römisch-katholische sehr unterscheiden und auch unterscheiden müssen.

Auslegungen werden von geistigen Strömungen mitbestimmt

Wie biblische Texte in geschichtliche Konstellationen eingebunden sind, also geschichtliche Texte sind, so sind auch Auslegungen geschichtliche Äußerungen. Sowohl der Deutende wie die Adressaten verstehen ihr Leben und die Welt in den Grundmustern ihres kulturellen Umfelds und leben daher bisweilen in unterschiedlichen geistigen Bezugssystemen. In meiner 28-jährigen Tätigkeit als theologischer Lehrer sind mir in den jungen Kollegen die jeweils aktuellen geistigen Strömungen wie Flutwellen entgegengekommen. Das waren zunächst fundamentalistische und evangelikale Positionen, später popularmarxistische und sozialpsychologische Ideologien, die Psycho-Esoterik- Sozial- und Ökowelle und andere kurzlebige Strömungen. Die Textauslegungen dieser Phasen waren durchweg von den Fragestellungen und Interessen der jeweiligen Strömungen geleitet und oft auch darauf beschränkt. Für die nichtstudentischen Hörer, die außerhalb dieser Strömung standen, waren diese Auslegungen fremd, oft ein Ärgernis, meistens nicht zugänglich.

In der zweiten Hälfte des 20. Jahrhunderts haben sich neben der historischen Wissenschaft aus den genannten Strömungen methodisch neue Zugänge zum Verständnis und zur Auslegung biblischer Texte entwickelt. Sie brachten bisher zu wenig beachtete Aspekte in den Blick. Drei dieser neuen Auslegungsmethoden sollen hier in ihren Ansätzen vorgestellt werden.

Die tiefenpsychologische Bibelauslegung

Unter den vielen psychologischen Schulen gab es entsprechend unterschiedliche Ansätze, die biblischen Texte auszulegen. Besonders hervorgetreten und auch wirksam geworden ist jene Auslegungsmethode, die aus dem psychologischen Konzept von C. G. Jung (1875 – 1961) entwickelt wurde. Sie hat durch ihren Hauptvertreter Eugen

Drewermann (geb. 1940) als „tiefenpsychologische Auslegungsmethode" eine gewisse Popularität erreicht. Auf dieses Konzept berufen sich die folgenden Ausführungen. Die tiefenpsychologische Methode geht von C. G. Jungs Archetypen-Lehre als einer empirisch gesicherten Faktenbasis aus. Danach bilden Archetypen „die in der Tiefe verborgenen Fundamente der bewussten Seele … Sie vererben sich mit der Hirnstruktur, ja sie sind deren psychischer Aspekt." „Der Archetypus … ist ein seelisches Organ, das sich bei jedem findet". Der Archetypus schildert in Bildern und Symbolen, wie die Seele Psychisches erlebt. Diese Bilder sind nicht starr festgelegt, sondern nur als Möglichkeiten in einem kollektiven Unbewussten angelegt, in welchem alle Menschen in Tiefstem miteinander verbunden sind. Archetypen bilden die „ältesten und allgemeinsten Vorstellungsformen der Menschheit."

Der Archetypus „spricht in Bildern, die allen Menschen gemeinsam sind und im schöpferischen Urgrund jeder Seele ruhen". Der Archetypus erscheint im menschlichen Bewusstsein als Symbol, das seine Anschauungsform als sinnliches Zeichen für eine übersinnliche Wahrheit der sinnlich wahrnehmbaren Welt entnimmt. Für das Christus-Verständnis folgt daraus: „Christus veranschaulicht den Archetypus des Selbst".

Drewermann verbindet die Archetypenlehre C. G. Jungs mit dessen Theorie der Traumdeutung. Für Jung gilt: „Das Reich der Träume ist … der psychische Ort, wo wir am häufigsten archetypischen Motiven begegnen". Drewermann geht weiter. Er versteht den Traum als den „Vater aller Dinge, die für die Religion belangvoll sind". Damit setzt er die biblischen Texte mit Träumen gleich und folgert: „Die Gleichheit der menschlichen Psyche zu allen Zeiten und Orten … erlaubt und gebietet nun die methodische Verknüpfung der Mytheninterpretation mit den Verfahren psychologischer Traumdeutung … Es zeigt sich nämlich, dass die gleichen Motive, die in der Bibel auftreten, zum Teil leicht verändert, zum Teil völlig identisch auch in rezenten Träumen wiederzufinden sind …" Deshalb „kann es für die Interpretation archetypischen Materials keine bessere Anweisung geben, als derartige Texte so zu behandeln, wie wenn man es mit aktuellen Träumen zu tun hätte …" So sind „in jedem Falle die Regeln der Traumdeutung ohne Ausnahme auch auf die Bibelinterpretation anzuwenden". Die Interpretation und Auslegung biblischer Texte wird damit zur Traumdeutung.

Jung sieht in den menschlichen Träumen nicht nur Vergangenheit repräsentiert, er sieht in ihnen auch Hinweise und Lösungen für die Zukunft des Träumers, in denen sich die Weisheit des Unbewussten als eine Stimme zu Wort meldet, die uns transzendiert. Nach Drewermann entspricht das, was Gott in Gestalt der Traumsymbole in der Seele aller Menschen angelegt hat, der biblischen Botschaft.

Wir müssen hier nicht die Frage beantworten, ob Jungs Theorie der Archetypen und Träume als durch Erfahrung gesichert gelten darf, wie ihr Erfinder meint. Drewermann jedenfalls nimmt Jungs Denkmodell als Faktenwissen und macht es zur Basis seiner Auslegungsmethode. Uns bleibt zu fragen, was durch diese Auslegungsmethode mit den biblischen Texten geschieht.

Als erstes wird deutlich, dass die historische Gestalt Jesu und sein konkretes Wirken unter Menschen seiner Zeit zu einem zeitlosen und geschichtslosen archetypischen Symbol verflüchtigt wird. Da Symbole ihrer Natur nach vieldeutig sind, ist der Willkür ihrer Auslegung Tür und Tor geöffnet. Darin sieht Drewermann offenbar einen großen Vorteil, denn „im Rahmen archetypischer Erzählungen öffnet sich hier ein Weg des Weiterträumens der uralten, ewigen Menschheitsträume …" Den neutestamentlichen Texten wird ihr inhaltliches Profil genommen, denn sie stellen sich nur noch als die Erscheinungsformen einer allgemeinen menschlichen Religiosität dar. Christlicher Glaube wird damit zu einer Spielart des Allgemeinmenschlichen, das sich in den archetypischen Symbolen äußert. Da die Archetypen in der allen Menschen gegebenen Hirnstruktur gründen, begegnen wir in den archetypischen Symbolen nur uns selbst und träumen mit ihnen nur unsere sehr menschlichen Träume weiter. Die

Versuche, menschliche Träume und göttliche Eingebungen gleichzusetzen, wurde nicht nur von antiken Denkern wie Aristoteles und Cicero zurückgewiesen, auch S. Freud (1856 – 1939) sieht die Träume nicht aus Gott, sondern aus infantilen Triebwünschen hervorgehen. Die Textauslegung nach Drewermanns tiefenpsychologischer Methode läuft darauf hinaus, sich mittels der Weisheit, die jeder Mensch mit den Archetypen in sich trägt, selbst zu erkennen und sich selbst zu erlösen.

In Verbindung mit einer nicht enden wollenden Polemik gegen die historische Bibelwissenschaft erklärt Drewermann die tiefenpsychologische Textauslegung zum einzigen Weg, der den heutigen Menschen zum Verständnis biblischer Texte führen kann. Mit diesem Anspruch tut Drewermann freilich genau das, was er der historischen Bibelwissenschaft zu Unrecht vorwirft: er blendet alle menschlichen Lebensbereiche aus, die nicht im Horizont seiner Theorie liegen, und reduziert letztlich christlichen Glauben auf psychische Prozesse. Methodisch ist sein Vorgehen überschaubar einfach: Mit der tiefenpsychologischen Auslegungsmethode lassen sich die Inhalte, die in dieser Methode bereits enthalten sind, auf wundersame Weise aus jedem Text erheben. So lässt sich jedem Text genau das entnehmen, was die tiefenpsychologische Auslegungstheorie in ihn hineinprojiziert.

Die materialistische Bibelauslegung

Die materialistische Auslegungsmethode ist nicht so eindeutig wie die tiefenpsychologische an einer einzigen Person festzumachen. Sie hat ihre Wurzeln in den lateinamerikanischen Freiheitsbewegungen und in Frankreich seit der Mitte des 20. Jahrhunderts. Im deutschen Sprachraum tritt sie seit den späten 70er Jahren mit unterschiedlichen Zielsetzungen und Akzenten hervor. Gemeinsam ist den Vertretern dieser Methode der geschichtsphilosophische Ansatz von Karl Marx (1818 – 1883) und Friedrich Engels (1820 – 1895). Danach sind

nicht die Ideen, sondern die wirtschaftlichen Verhältnisse die eigentlichen Triebkräfte der geschichtlichen
Wirklichkeit. Nach diesem ideologischen Konzept müssen die biblischen Texte von ihrem wirtschaftlichem und
sozialen Hintergrund her und zugleich als Ausdruck der
sozialen Konflikte und Interessenkämpfe ihrer Zeit verstanden werden.

Für die Bibelwissenschaft ist es selbstverständlich, den si-
tuativen Hintergrund biblischer Texte zu erhellen. Sie kann
nur gewinnen – und insofern ist es zu begrüßen – wenn
das sozio-ökonomische Umfeld der einzelnen Texte noch
genauer ermittelt wird. Dazu bedarf es freilich nicht der
marxistischen Klassen- und Konflikttheorie. Die materialistischen Auslegungsmethoden wollen sich selbst aber
nicht als Zuarbeiten für die historische Bibelwissenschaft
verstehen; sie gehen von einem anderen Jesusbild, von einem anderen Verständnis der biblischen Texte und auch
von einem anderen Ziel der Textauslegung aus.

Das Jesusverständnis der materialistischen Bibelauslegung
kann man bereits bei dem ehemaligen Privatsekretär von
Friedrich Engels, Karl Kautsky (1854 – 1938), dem Sozia-
listen und dem Hüter des orthodoxen Marxismus, finden.
Kautsky versteht Jesus als einen gescheiterten Sozialrevo-
lutionär und das Urchristentum als eine proletarisch-re-
volutionäre Bewegung. Die in den biblischen Texten er-
haltene Jesusüberlieferung bringe die sozio-ökonomischen
Zustände, Konflikte und Konfliktlösungsversuche jener
Zeit zum Ausdruck.

Die materialistischen Bibelausleger müssen gemäß ihrem
materialistischen Gottesverständnis die biblischen Texte
als Dokumentation der Leiden, Sehnsüchte und Befrei-
ungshoffnungen der Armen, Unterdrückten und Schwachen verstehen. Diese Texte sind demnach als Praxis jener
kulturellen und ideologischen Produktion parteilich gemeint und auch parteilich zu lesen. Sie decken die Grund-
widersprüche und die menschenfeindlichen Herr-
schaftspraktiken ihrer Zeit auf, fordern ein, was geändert
werden muss und ermutigen so, den Prozess der Befreiung weiterzuführen.

Das Ziel der Bibelauslegung ergibt sich aus diesem Bibelverständnis. Die Bibelauslegung soll unseren Blick auf die gegenwärtig bestehenden Herrschaftsverhältnisse und sozialen Konflikte richten, sie soll die sozialen Ungerechtigkeiten anprangern und sie soll uns zur Parteinahme und zur Solidarität für die Schwachen und Ausgebeuteten gewinnen und schließlich zum Kampf für die bessere Gerechtigkeit ermutigen.

Dieses Text- und Auslegungsverständnis ist dort angemessen, wo es der Text selbst inhaltlich nahelegt. Es wird aber zum ideologischen Instrument da, wo es Texten, in denen ganz anderes zur Sprache kommt, übergestülpt und aufgedrängt wird. Die materialistischen Ausleger berufen sich auf den Grundsatz: „Es gibt keine legitime Interpretation außerhalb der konkreten Verhältnisse der sozialen Kräfte". Gegen dieses kategorische Diktum materialistischer Bibellektüre darf man Skepsis und Widerspruch anmelden.

Die feministische Bibelauslegung

Viele Feministinnen betonen, dass feministische Bibelauslegung nicht als Ergänzung oder Korrektur zur historischen Bibelwissenschaft verstanden werden darf, sondern „als etwas völlig Anderes" zu sehen ist. Dieses völlig Andere ist freilich nicht als die eine feministische Theologie identifizierbar; es begegnet uns in Gestalt einer Vielzahl von Konzepten, die hier nicht dargestellt werden müssen. Lediglich einige jener gemeinsamen Züge, die für unsere Frage allen gemeinsam sind, sollen zur Sprache kommen. Die feministische Theologie als kleiner Zweig am Strauch des weltweiten Feminismus teilt das gemeinsame Ziel aller feministischen Varianten: Kampf gegen die ungerechte und ungleiche Behandlung der Frau (Sexismus), Kampf gegen jene geltende Norm, nach der alles Menschliche am Männlichen orientiert ist (Androzentrismus) und Kampf und Überwindung der vom Mann dominierten Strukturen der Herrschaft, des Eigentums und der Lebensordnungen, in denen die Frau entrechtet, versklavt und diskriminiert wird (Patriarchalismus). Diese Ziele, die ihre Wurzeln bereits in der Aufklärung und in der Frauenbewegung des 19. Jahrhunderts haben, werden im deutschen Sprachraum erst seit den 70er Jahren des 20. Jahrhunderts öffentlich artikuliert und in der Gesellschaft wahrgenommen.

Die feministische Bibelauslegung hält am Hauptziel des Feminismus, der Frauenbefreiung, konsequent fest. Aus ihrer Sicht ist die Bibel ein Dokument des Sexismus, des Androzentrismus und des Patriarchalismus. Der wissenschaftliche Zweig feministischer Bibelauslegung entwickelte im Rahmen historischer Forschungsmethoden eine nichtsexistische feministische Auslegung der Bibel. Sie weist auf die am Männlichen orientierte Sprache der Bibel hin, zeigt auf, dass die Frauen in der Jesusbewegung, in der Urgemeinde, in der Gemeindeleitung und in der Mission eine weitaus größere Rolle spielten, als das in den neutestamentlichen Texten zum Ausdruck kommt. Der Anteil der Frauen in der Frühgeschichte des Christentums wird erstmalig ausgeleuchtet und ins Bewusstsein gehoben. Mit großer Sensibilität werden in Jesu Verkündigung und Verhalten und in der Lebenspraxis der frühen Gemeinden jene Elemente aufgespürt, in denen die frauenbefreienden Kräfte des Evangeliums wirksam werden. Diese Elemente, die durch die Vorherrschaft der männlichen Sichtweise in den Texten zurückgedrängt und getilgt worden seien, sollen von der feministischen Bibelauslegung wieder freigelegt und rekonstruiert werden. Diese Forschungsziele der feministischen Bibelauslegung sind zu begrüßen und zu fördern.

Kritische Anfragen an feministische Bibelauslegungen sind aber dort zu stellen,

wo ideologische Thesen historische Forschungsarbeit dominieren,

wo Frauenbefreiung zum Zentrum christlicher Theologie erklärt wird,

wo feministische Forderungen in biblische Texte hineingelesenen werden, wo ideologiegeleitete Bibelauslegung für den eigenen Interessenkampf funktionalisiert wird,

wo feministischer Interessenkampf in den Rang göttlichen Handelns erhoben wird und an die Stelle des Christuszeugnisses tritt.

Auf jene feministischen Bibelverständnisse, die sich selbst aus dem ernsthaften wissenschaftlichen Dialog ausschließen, muss hier nicht näher eingegangen werden. Das sind Konzepte,

die sich selbst zur einzig gültigen Norm der Auslegung und biblischen Wahrheit erklären,

die zwischen der grammatischen Kategorie des Genus eines Wortes (der, die, das) und der biologischen Kategorie des Sexus (männlich, weiblich) nicht unterscheiden können,

die prähistorische Göttinnen-Kulte in der Bibel finden und wiederbeleben möchten,

die sich in esoterischen Spekulationen und schamanistischen Ritualen verlieren,

die ein ideologisch festgelegtes Bild von Weiblichkeit zur Norm für jede Bibelauslegung erklären,

die in einem wie immer definierten feministischen Befreiungskampf den Kern der biblischen Zeugnisse sehen,

die alle Aussagen der Bibel auf ihre feministische Frage reduzieren,

die biblische Texte für ihre eigenen Ziele und Aktivitäten funktionalisieren,

die Jesus zum ersten Feministen und Schüler der Frauen machen,

die Jesus jegliches Befreiungspotenzial für Frauen absprechen, da er als Sohn Gottes nicht Mensch, sondern nur Mann geworden sei,

die im Leidensweg Jesu vor allem den Leidensweg des Weiblichen abgebildet sehen,

die in der Bibel ein patriarchalisches Instrument zur Unterdrückung der Frauen erkennen und deshalb zum Auszug der Frauen aus dem Christentum aufrufen.

Die Auseinandersetzung mit den ideologisch getönten Konzepten dieser und ähnlicher Art darf man bei den Bibelwissenschaftlerinnen gut aufgehoben wissen.

Die historische Bibelwissenschaft als Basis jeder Auslegung

Jesus von Nazaret hat uns nichts Schriftliches hinterlassen. Die neutestamentlichen Schriften sind von konkreten Menschen für konkrete Adressatenkreise geschrieben worden. In diesen Texten wird das Leben und Wirken Jesu nicht protokollarisch festgehalten, sondern aus der Sicht derer gedeutet, die mit seiner Botschaft in Kontakt gekommen sind. Was wir über Jesus wissen, das haben wir nur in gebrochener Form, nämlich in Gestalt der Reaktion von Menschen auf Jesu Wirken und aus der Sicht jener Zeugnisse.

Sobald das erkannt und die unhistorische Lehre einer durch Gott wörtlich inspirierten Heiligen Schrift überholt war, begann man seit der Mitte des 18. Jahrhunderts, die biblischen Schriften mit allen jeweils verfügbaren Methoden historischer Wissenschaft und deren Hilfswissenschaften zu erforschen. Die Bibelwissenschaft erhebt nicht den Anspruch, letztgültige und ewige Wahrheiten zu liefern. Sie sagt uns nur, was sie mit ihren Methoden nach dem Stand ihres Wissens historisch erarbeitet hat. Kommen neue historische Aspekte in den Blick, wie z. B. durch die Fragen der materialistischen und der feministischen Schriftbetrachtung, so werden deren historische Elemente in die Forschung integriert und die ideologischen ausgeklammert. Für die nichtideologische Bibelauslegung bleiben die Erkenntnisse der historischen Bibelwissenschaft die unverzichtbare inhaltliche Basis ihrer Arbeit. Dieses Fundament der Textauslegung kann und darf weder durch fundamentalistische Wahrheitsansprüche noch durch geschichtslose psychologische Konzepte ersetzt werden.

Auslegung nötigt zu Entscheidungen

Die historische Bibelwissenschaft kann nach ihrem Selbstverständnis nur deutlich machen,wie die biblischen Texte gemeint waren, als sie verfasst wurden Sie sagt uns nichts darüber, wie die Botschaft dieser Texte in die Lebenssituation heutiger Menschen vermittelt werden könnte. Diese Transformation, für die hier das Wort „Auslegung" steht, ist ein eigener Prozess, der von jedem Interpreten und Verkündiger verantwortet werden muss, und zwar – wie schon ausgeführt – sowohl gegenüber dem Text als auch gegenüber seinen Adressaten. Biblische Geschichten wie Wundertexte sind nie eindimensionale Aussagen. Bei Wundergeschichten, die vorchristlichen oder außerchristlichen Mustern folgen, lässt sich am Vergleich deutlich machen, in welcher Weise und Richtung sie verändert und profiliert wurden, als man sie in die christliche Tradition einband. Manche Wundertexte finden wir in allen drei synoptischen Evangelien. Hier gilt es zu entscheiden, ob die älteste Textfassung, die wir am ehesten im Markus-Evangelium finden, zugrunde gelegt werden soll oder der zum Teil veränderte oder verkürzte Text im Evangelium des Matthäus oder Lukas, der durch seine Einbindung in ein anderes Gesamtkonzept einen neuen Aktzent erhalten hat.

Mehrdimensional sind biblische Texte auch insofern, als ihre Botschaften in unterschiedliche Lebensbereiche zielen: in Bereiche des persönlichen Lebens, des gemeinschaftlichen Lebens, des sozialen, politischen und wirtschaftlichen Lebens des Volkes und heute der globalen Weltgemeinschaft. Nicht alles ist für jeden Adressatenkreis jederzeit wichtig und aktuell. Der Interpret muss herausfinden, abwägen und entscheiden, in welchem Lebensbereich die Botschaft eines Textes seine konkreten Adressaten am besten erreichen kann. Für das Umsetzen der Botschaft in das Leben in heutiger Zeit muss auch auf Anregungen und auf nichtideologische Elemente der psychologischen, materialistischen und feministischen Schriftbetrachtung zurückgegriffen werden, freilich nur dort, wo es der Text nahelegt.

Vorausschau auf den Charakter der folgenden Auslegungen

Die in den folgenden Kapiteln dieses Buches vorgelegten Auslegungen können – anders als Predigten oder Auslegungen für bestimmte Gruppen oder Gemeindekreise – keine dem Verfasser bekannten Adressaten im Blick haben. Sie stellen vielmehr für konkrete Auslegungen, für Gruppengespräche und für die persönliche Meditation Basisinformationen bereit. Das soll nicht nach einem starren Schema erfolgen, sondern dem Charakter des jeweiligen Textes entsprechen. An dafür geeigneten Texten sollen auch unterschiedliche Akzente hervorgehoben und unterschiedliche Lebensbereiche in den Blick genommen werden. Dabei soll die Basis für die jeweilige Entscheidung bewusstgemacht und begründet werden. So bleibt es dem Leser freigestellt, den Text in andere, für ihn selbst oder für seine Adressaten und Gesprächspartner wichtigere Lebensbereiche hinein auszulegen und weiterzudenken.

Der bisherige Text bildet die Verständnisgrundlage für die folgenden Auslegungen, die inhaltlich nach fünf Gruppen gegliedert sind. Ihnen ist – wo nötig – als zusätzliche Verständnishilfe für die Auslegungen eine Einführung vorangestellt worden. Es ist davon auszugehen, dass die Auslegungen nicht hintereinander als lectio continua, sondern je nach Interesse und Bedarf als Einzeltexte gelesen werden. Die Einzelauslegungen wurden deshalb so verfasst, dass sie nicht die Lektüre der vorhergehenden Texte voraussetzen, sondern als Einzeltexte in sich verständlich sind. Für dieses leserfreundliche Konzept mussten Wiederholungen bewusst in Kauf genommen werden. Als deutsche Übersetzung wurde durchweg die Zürcher Bibel in der Fassung von 2007 zugrunde gelegt, die den griechischen Text außerordentlich genau wiedergibt.

Funktion und Hilfe der Bilder

Jeder Wundergeschichte ist in diesem Buch eine Ikone bei-
gegeben, die den Bibeltext ins Bild bringt. Protestanten,
insbesondere reformierte Christen, werden fragen, ob es
angesichts des alttestamentlichen Bilderverbots („Du sollst
dir kein Gottesbild machen" 2Mos 20,4) richtig und angemessen ist, biblische Texte bildlich darzustellen. Dazu
nur wenige Hinweise. Dem 5. Buch Mose ist zu entnehmen, was mit dem Bilderverbot gemeint ist. In 4,1 ff. wird
daran erinnert, wie sich Jahwe seinem Volk am Berg Ho-
reb offenbart hat: „Den Schall der Worte habt ihr gehört,
nur einen Schall, doch eine Gestalt habt ihr nicht gesehen"
(4,12). Israels Gott will in seinen Worten gegenwärtig sein,
nicht in einem *päsäl,* das heißt in einem figuralen Kultbild.
Deshalb die Mahnung: „Achtet darauf, dass ihr euch nicht
ein Gottesbild macht, das etwas darstellt" (4,23). Und
schließlich das ausdrückliche Verbot: „Du sollst dir kein
Gottesbild machen …" (5,8). Das ist kein allgemeines Verbot von Bildern, sondern das Verbot, sich von Jahwe ein
göttliches Kultbild zu machen und ihn in diesem Kultbild
zu verehren, wie das in den Kulten der Alten Welt üblich
war. Im Allerheiligsten des nach dem Exil (ab 520 v. Chr.)
wiedererbauten Tempels von Jerusalem gab es weder Bilder noch Skulpturen.

Das alttestamentliche Verbot eines göttlichen Kultbildes
war auch für die Christen verbindlich. Gegen szenische
Darstellungen des göttlichen Jesus gab es hingegen keine
theologischen Bedenken, denn: „Das Wort, der Logos,
wurde Fleisch und wohnte unter uns und wir schauten
seine Herrlichkeit" (Joh 1,14). In einem erst 1930 ent-
deckten Taufraum in Dura Europos wurden Wandmalereien aus dem Jahr 232 gefunden, darunter mehrere Darstellungen von Wundern Jesu. Ebenfalls aus dem 3. Jahrhundert sind uns in Roms Katakomben Wandmalereien
mit Darstellungen von Wundern Jesu erhalten geblieben.
In den Kirchen des Ostens hat sich die Regel durchgesetzt,
dass alles, was uns in den biblischen Texten als Wortsprache gegeben ist, auch in die Sprache des Bildes übersetzt

werden darf. Die Ikonenmalerei hält sich bis heute bei biblischen Themen streng an diese Regel und bleibt deshalb sehr nahe am biblischen Wortlaut. Die Reformatoren haben sich nicht generell gegen Bilder und biblische Darstellungen gewendet, sondern gegen den ausufernden Bilderkult der damaligen Kirche. Szenische Darstellungen biblischer Texte haben zu keiner Zeit ein theologisches Problem dargestellt. Im Gegenteil, sie waren willkommen, da sie allen vor Augen stellten, was nicht alle selbst lesen konnten.

Was unsere Wortsprache nur im Nacheinander von Sätzen aussagen kann, das vermag ein Bild in der Einheit von Raum und Zeit darzustellen. Eben dies strebt die Ikone an. Sie will nicht die persönliche Textauslegung des Malers sein, sondern nichts anderes tun als Wortlaut und Botschaft der Bibel so genau wie möglich ins Bild zu bringen. Mit dieser Grundeinstellung des Malers erinnert uns die Ikone nachdrücklich daran, dass biblische Texte weder als Spielmaterial für ideologisch vorgeprägte Meinungen missbraucht noch für eigene oder fremde Ziele und Zwecke funktionalisiert werden dürfen.

3 DAS ZEICHEN DES JONA

Vor dem öffentlichen Auftreten Jesu steht in den synoptischen Evangelien die Geschichte von Jesu Versuchung. Die Fassung von Mt 4,1ff. zeigt in anschaulichen Beispielen, wo Jesus in der Gefahr stand, sich selbst und seine Mission zu verraten. Der Versucher in der personifizierten Gestalt des Teufels formuliert das, was Menschen immer wieder an Jesus herantragen und von ihm erwarten werden: Gib uns ein Zeichen dafür, dass du tatsächlich der Sohn Gottes bist. Mache aus diesen Steinen Brot, stürze dich mit einem spektakulären Sprung von der Zinne des Tempels in die Tiefe und lass uns sehen, wie dich die Engel Gottes sanft zur Erde bringen. Solche Aktionen würden uns überzeugen. Jesus weist diese Art von Schauwundern zurück.

Als die Pharisäer und Sadduzäer von Jesus ein Zeichen vom Himmel forderten, verwies er sie auf das Zeichen des Jona (Mt 16,3f.). Was ist damit gemeint? In den Evangelien ist uns von Jesus eine Reihe von Wundern und Zeichen überliefert. Wie wären sie im Sinne Jesu zu verstehen? Es wird sich lohnen, den Schlüssel zu ihrem Verständnis im Buch des Propheten Jona zu suchen. Mir hat das Buch Jona nicht nur den Zugang zu den Wundergeschichten, sondern generell den Zugang zum Verständnis biblischer Texte erschlossen. Ich erinnere mich dieses dramatischen Umbruchs von einem naiven Bibelverständnis hin zu einem theologisch reflektierten und verantworteten Verstehen noch sehr genau.

Als Theologiestudent im ersten Semester hatte ich mir vorgenommen, alle biblischen Schriften nacheinander zu lesen, gleichviel ob ich sie verstand oder nicht und ob ich den Inhalten zustimmen konnte oder nicht. Mein Religionsunterricht, den ich weniger genossen als erlitten hatte, war noch ganz von der Vorstellung geprägt: Die Bibel hat doch Recht. Mit geringem theologischen Vorwissen hatte ich mich zuerst an die Lektüre der prophetischen Bücher gemacht und dort schon viele Verse unterstrichen.

Das Buch Jona überraschte mich. Zum einen enthielt es gar keine Worte dieses Propheten, sondern es erzählte seine Geschichte. Zum anderen wehrte ich mich gegen die Episode mit dem Fisch, in dessen Bauch Jona drei Tage und drei Nächte überlebt haben sollte. Das schien mir so unglaubwürdig, dass ich den Rest des Buches nur noch überflog. Neben dem Studium der hebräischen und griechischen Sprache hatte ich noch einige Einführungsvorlesungen belegt. Es ergab sich, dass einige Tage nach meiner missglückten Jona-Lektüre ein junger Dozent des Alten Testaments in einer einführenden Lehrveranstaltung einige Bemerkungen zum Jona-Buch machte, die mich aufhorchen ließen und die mir einen ganz neuen Blick eröffneten. Die erneute Lektüre des Jona-Buches wurde für mich jetzt zu einer spannenden Entdeckungsreise und zu einer Art von theologischem Schlüsselerlebnis. Eine Geschichte, die ich zunächst als naiv eingestuft hatte, entpuppte sich als ein tiefgründiger Text und erwies meine erste Lektüre als naiv. Ich wusste jetzt auch, dass das Studium der biblischen Sprachen sinnvoll war und dass es hilfreich war, die mancherorts verschmähte historisch-kritische Methode der Textauslegung handhaben zu lernen. Persönliche Erfahrungen sind nicht übertragbar, aber ich hoffe, dass sich den Lesern über der folgenden Auslegung des Jona-Buches mehr erschließt als nur das Verständnis dieses Textes, nämlich auch der Charakter biblischer Texte allgemein und ein Zugang, sie zu verstehen.

Das Buch Jona

1,1 Und das Wort des HERRN erging an Jona, den Sohn des Amittai: 2 Mach dich auf, geh nach Ninive, in die große Stadt, und rufe gegen sie aus, denn ihre Bosheit ist vor mir aufgestiegen. 3 Jona aber machte sich auf, um vor dem HERRN nach Tarschisch zu fliehen. Und er ging hinab nach Jafo und fand ein Schiff, das nach Tarschisch fuhr. Und er zahlte sein Fährgeld und stieg hinab in das Schiff, um mit ihnen nach Tarschisch zu fahren, weg vom HERRN.
4 Der HERR aber warf einen gewaltigen Wind auf das Meer, und über dem Meer zog ein schwerer Sturm auf, und das Schiff

drohte auseinander zu brechen. 5 Und die Seeleute fürchteten sich, und jeder schrie zu seinem Gott. Und die Ladung, die auf dem Schiff war, warfen sie ins Meer, um es davon zu erleichtern. Jona aber war hinabgestiegen in die hintersten Winkel des Schiffs und hatte sich niedergelegt und war eingeschlafen. 6 Da kam der Kapitän auf ihn zu und sagte zu ihm: Was ist mir dir? Du schläfst ja! Mach dich auf, rufe zu deinem Gott, vielleicht erinnert der Gott sich unser, und wir gehen nicht zugrunde. 7 Und sie sagten, ein jeder zu seinem Nächsten: Kommt und lasst uns Lose werfen, wir wollen erfahren, um wessen willen uns dieses Unglück trifft. Und sie warfen Lose, und das Los fiel auf Jona. 8 Da sagten sie zu ihm: Sag uns doch, um wessen willen uns dieses Unglück trifft. Was ist dein Gewerbe, und woher kommst du, welches ist dein Land, und aus welchem Volk bist du? 9 Und er sagte zu ihnen: Ich bin ein Hebräer, und ich fürchte den HERRN, den Gott des Himmels, der das Meer und das Trockene gemacht hat. 10 Da gerieten die Männer in große Furcht und sagten zu ihm: Was hast du da getan! Denn die Männer wussten, dass er vor dem HERRN floh, er hatte es ihnen gesagt. 11 Und sie sagten zu ihm: Was sollen wir mit dir machen, damit das Meer sich beruhigt und von uns ablässt?, denn das Meer wurde immer stürmischer. 12 Und er sagte zu ihnen: Packt mich und werft mich ins Meer, damit das Meer sich beruhigt und von euch ablässt! Denn ich weiß, dass dieser schwere Sturm meinetwegen über euch gekommen ist. 13 Die Männer aber ruderten verbissen, um das Schiff zurück ans Trockene zu bringen, aber sie schafften es nicht, denn das Meer wurde immer stürmischer gegen sie. 14 Da riefen sie zum HERRN und sprachen: Ach HERR, bitte lass uns nicht zugrunde gehen, wenn wir diesem Mann das Leben nehmen, und rechne uns unschuldiges Blut nicht an, denn du, HERR, hast gehandelt, wie es dir gefallen hat. 15 Dann nahmen sie Jona und warfen ihn ins Meer, und das Meer wurde still und tobte nicht mehr. 16 Da kam große Furcht vor dem HERRN über die Männer, und sie schlachteten ein Opfer für den HERRN und legten Gelübde ab.

2;1 Und der HERR ließ einen großen Fisch kommen, der Jona verschlingen sollte. Und drei Tage und drei Nächte lang war Jo-

na im Bauch des Fisches. 2 Und aus dem Bauch des Fisches betete Jona zum HERRN, seinem Gott, 3 und er sprach:

Als ich in Not war, rief ich zum HERRN,
und er hat mich erhört.
Aus dem Innern des Totenreichs rief ich um Hilfe,
du hast meine Stimme gehört.
4 Du hattest mich in die Tiefe geworfen,
mitten ins weite Meer,
und die Strömung umspülte mich,
all deine Wogen und deine Wellen gingen über mich hinweg.
5 Und ich, ich sprach: Ich bin verstoßen,
deinen Augen entzogen!
Doch ich werde wieder aufblicken
zu deinem heiligen Tempel!
6 Das Wasser stand mir bis zum Hals,
die Flut umspülte mich,
Schilf hatte sich um meinen Kopf gewickelt.
7 Zum Fuß der Berge war ich hinabgefahren,
die Erde – ihre Riegel schlossen sich hinter mir für immer.
Da hast du mein Leben aus der Grube gezogen,
HERR, mein Gott!
8 Als meine Lebenskraft sich mir versagte,
erinnerte ich mich des HERRN,
und mein Gebet kam zu dir
in deinen heiligen Tempel.
9 Die nichtige Götzen verehren,
lassen ihre Gnade fahren.
10 Ich aber will dir Opfer schlachten mit lautem Danken,
was ich gelobt habe, will ich erfüllen!
Die Hilfe ist beim HERRN!
11 Und der HERR sprach zum Fisch, und dieser spie Jona
aufs Trockene.

3;1 Und das Wort des HERRN erging zum zweiten Mal an Jona: 2 Mach dich auf, geh nach Ninive, in die große Stadt, und rufe ihr die Botschaft zu, die ich dir sage. 3 Und Jona machte sich auf, und dem Wort des HERRN gemäß ging er nach Ninive. Ninive aber war selbst für einen Gott eine große Stadt, man benötigte drei Tagesreisen, um sie zu durchque-

ren. 4 Und Jona begann die Stadt zu durchwandern, eine Tagesreise weit, und er rief und sprach: Noch vierzig Tage, dann ist Ninive zerstört! 5 Da glaubten die Menschen von Ninive an Gott und riefen ein Fasten aus und legten Trauergewänder an, ihre Größten wie ihre Kleinsten. 6 Und das Wort gelangte zum König von Ninive, und er erhob sich von seinem Thron und legte seinen Mantel ab. Dann hüllte er sich in ein Trauergewand und setzte sich in den Staub. 7 Und er ließ in Ninive ausrufen und sprach: Auf Befehl des Königs und seiner Großen: Mensch und Tier, Rind und Schaf sollen nichts zu sich nehmen, nicht weiden und kein Wasser trinken. 8 Und sie sollen sich in Trauergewänder hüllen – Mensch und Tier – und mit Inbrunst zu Gott rufen, und sie sollen sich abkehren, ein jeder von seinem bösen Weg und von der Gewalt an ihren Händen. 9 Wer weiß: Der Gott könnte umkehren, es könnte ihm leidtun, und er könnte sich abkehren von seinem glühenden Zorn. Dann gehen wir nicht zugrunde. 10 Und Gott sah, was sie taten, dass sie zurückgekehrt waren von ihrem bösen Weg. Und Gott tat das Unheil leid, das über sie zu bringen er angekündigt hatte, und er führte es nicht aus.

4;1 Da kam großer Unmut über Jona, und er wurde zornig. 2 Und er betete zum HERRN und sprach: Ach, HERR, war nicht eben das meine Rede, als ich in meiner Heimat war? Darum bin ich zuvor nach Tarschisch geflohen! Denn ich wusste, dass du ein gnädiger und barmherziger Gott bist, langmütig und reich an Gnade, und einer, dem das Unheil leidtut.
3 Und nun, HERR, bitte nimm mir mein Leben, denn besser als mein Leben ist mein Tod. 4 Da sprach der HERR: Ist es recht, dass du zornig bist? 5 Und Jona ging aus der Stadt, und östlich der Stadt ließ er sich nieder. Und dort baute er sich eine Hütte, und er saß darin im Schatten, bis er sehen würde, was in der Stadt geschah. 6 Und der HERR, Gott, ließ einen Rizinus wachsen, und dieser wuchs über Jona empor, um seinem Kopf Schatten zu geben und ihn von seinem Unmut zu befreien. Und Jona freute sich sehr über den Rizinus.
7 Als aber am nächsten Tag der Morgen dämmerte, liess Gott einen Wurm kommen, und dieser stach den Rizinus, und er

verdorrte. 8 Und als die Sonne aufgegangen war, liess Gott einen sengenden Ostwind kommen, und die Sonne stach Jona auf den Kopf, und er brach zusammen. Da wünschte er zu sterben und sprach: Besser als mein Leben wäre mein Tod.
9 Gott aber sprach zu Jona: Ist es recht, dass du des Rizinus wegen zornig bist? Und er sagte: Es ist recht, dass ich zornig bin bis auf den Tod! 10 Da sprach der HERR: Dir tut es leid um den Rizinus, um den du dich nicht bemüht und den du nicht großgezogen hast, der in einer Nacht geworden und in einer Nacht zugrunde gegangen ist. 11 Und da sollte es mir nicht leidtun um Ninive, die große Stadt, in der über hundertzwanzigtausend Menschen sind, die nicht unterscheiden können zwischen ihrer Rechten und ihrer Linken, und um die vielen Tiere?

Wir werden diesen langen Text nicht in allen seinen Details ausleuchten, sondern uns nur auf das konzentrieren können, was für unseren Zusammenhang wesentlich ist. Bei dem Versuch, den Sinn dieser Geschichte zu erfassen, werden wir – wie bei anderen Texten auch – von unseren eigenen Beobachtungen ausgehen und uns dort, wo es nötig ist, von der Bibelwissenschaft helfen lassen. Deren Forschung hat zum Beispiel ergeben, dass das Gebet 2,3–10 erst nachträglich in die Erzählung eingefügt wurde.
Das Jona-Buch finden wir in der Bibel unter den prophetischen Schriften. Propheten sind uns bekannt als Persönlichkeiten, denen Gott eine Botschaft anvertraut. Von dieser Botschaft sind sie so erfüllt, dass sie diese selbst unter Einsatz ihres Lebens den Adressaten überbringen. Jona hingegen tut alles, um sich dem Botendienst zu entziehen. Ist er überhaupt ein Prophet? Was wissen wir von ihm? Im Jona-Buch erfahren wir nur seinen Namen, aber er wird nirgendwo als Prophet bezeichnet. Und das, was er schließlich widerwillig als Botschaft sagt, besteht aus nur einem einzigen Satz: „Noch vierzig Tage, dann ist Ninive zerstört!" Das Jona-Buch enthält also gar nicht die Worte eines Propheten Jona, sondern es erzählt die verschlungene Geschichte einer göttlichen Botschaft verknüpft mit einem Mann namens Jona.

Wir erfahren nicht einmal, wo die Geschichte beginnt. Es wird auch nichts über die Zeit gesagt, in der sie spielt. Die Bibelwissenschaft kann uns lediglich sagen, wann das Buch geschrieben worden ist. Die Sprache weist in die Zeit nach dem babylonischen Exil, also in das 5. Jahrhundert vor Christus. Das war für den Rest der im Lande verbliebenen Israeliten und für die aus der Deportation wieder Zurückgekehrten eine schwere Zeit. Jerusalem lag in Trümmern, das Land war von 539–333 v. Chr. persische Provinz. Es wurde von persischen Beamten verwaltet und die fremde Großmacht gab den Ton an. Spannungsgeladen war auch die soziale Situation. Während der Zeit des Exils (586–538 v. Chr.) waren nämlich in das entvölkerte Land viele nichtjüdische Gruppen eingewandert. Zwischen ihnen sowie den im Lande verbliebenen Juden mussten mit den Rückkehrern aus dem Exil Auseinandersetzungen wegen der Besitzverhältnisse entstehen. Dazu kam, dass die eingewanderte nichtjüdische Bevölkerung für die Juden auch zu einem religiösen Problem wurde, denn es kam zu Mischehen, die das geschlossene Leben der jüdischen Gemeinde aufbrachen. Die heidnische Nachbarschaft in Gestalt der persischen Besatzer und der Eingewanderten, in der man sich jetzt vorfand, wurde als Bedrohung des eigenen Glaubens und der eigenen Identität erlebt. Dieser national und religiös verunsicherte Rest des jüdischen Volkes, besonders die Frommen unter ihnen, begann sich von der heidnischen Umwelt abzugrenzen und sich abzuschotten. Man verachtete die Religion der Eindringlinge und mit deren Religion nicht nur die heidnischen Nachbarn, sondern die ganze heidnische Welt. Man wollte als die reine Gemeinde Jahwes unter sich bleiben. Über die verachteten Heiden sehnte man das Gottesgericht herbei.

In dieser Situation, in der sich die jüdischen Frommen eingeschüchtert, verbittert und resigniert auf sich selbst zurückzogen, erschloss sich einem von ihnen ein alter israelischer Glaubenssatz ganz neu. Vielleicht kam der Anstoß von einem Psalm, den er sicher schon oft gebetet hatte. In Psalm 103,8 heißt es:

„Barmherzig und gnädig ist der Herr,
langmütig und reich an Güte.

Galt das, so fragte er, nur für die Angehörigen der jüdischen Gemeinde? War denn Jahwe, der einzige Gott, nicht der Herr der ganzen Welt? Und wenn er der Schöpfer und Herr aller Völker ist und sie alle seine Geschöpfe sind, dann musste er doch allen ein barmherziger und gnädiger Gott sein.

Diese neu gewonnene Gewissheit wollte jener uns unbekannte Gläubige mit allen Konsequenzen, die sie enthielt, seinen Glaubensgenossen mitteilen. Er wusste freilich, dass diese Botschaft für die Bunkermentalität seiner Landsleute wie ein Sprengsatz wirken musste. Aber er wollte nicht zerstören, sondern einen neuen Horizont öffnen. Ihm war auch bewusst, dass Botschaften, die Israel zur Umkehr riefen, auf taube Ohren stießen, wenn sie in der Gestalt von Mahnworten daherkamen. Die herkömmliche prophetische Sprachform schien ihm für seine Botschaft nicht geeignet. Er musste eine andere Form wählen. Unser Text weist seinen Verfasser als einen gebildeten Mann aus. Er kannte die große Welt und die großen Weltstädte. Er hatte Erfahrung mit Schiffswesen und Schifffahrt. Er kannte die Heiligen Schriften seines Volkes und auch die Göttergeschichten anderer Völker. Darüber hinaus war er auch ein künstlerisch begabter Mann. Und so formulierte er seine Botschaft nicht abstrakt und nicht in gewohnter Sprache sondern gab ihr eine dichterische Gestalt. Literarisch betrachtet hat das Jona-Buch alle Merkmale einer Novelle. Sie erzählt äußerst knapp nur das, was für den Fortgang der Handlung wichtig ist. Jedes Detail ist daher bewusst gestaltet und mit Bedeutung geladen. Das Sinnganze erschließt sich dem, der die einzelnen Töne erhorcht und sie behutsam zu einem Akkord zusammenführt.

Zunächst ein Blick auf die Hauptperson. Für seine Novelle leiht sich der Verfasser eine Gestalt aus der Geschichte Israels, nämlich den Propheten Jona. Alles, was von diesem Propheten überliefert ist, finden wir in einem einzigen Vers: 2 Kö 14,25. Danach war Jona der Sohn eines

Amittai. Er stammte aus Gat-Chefer, einem kleinen Ort wenige Kilometer nordöstlich von Nazaret. Er lebte im 8. Jahrhundert vor Christus zur Zeit des Königs Jerobeam II im Nordreich Israel und wirkte dort als Heilsprophet. Offenbar war er einer jener Heilspropheten, die der Prophet Amos so leidenschaftlich bekämpfte, weil sie den nationalen Hochmut anheizten, den Mächtigen nach dem Munde redeten und das Volk in trügerischer Selbstgefälligkeit und Sicherheit wiegten. Nach dem Urteil des Amos war Jona alles andere als ein Prophet nach dem Willen Gottes. Vielleicht waren es gerade diese Züge, die den Verfasser des Jona-Buches dazu veranlassten, auf jene Prophetengestalt zurückzugreifen, die vor mindestens 300 Jahren gelebt hatte, also in dunkler Vergangenheit.

Noch bemerkenswerter ist aber eine andere Beobachtung. Unser Verfasser verzichtet sogar auf die wenigen bekannten Details der geschichtlichen Jona-Gestalt und entleiht sich allein dessen Namen: Jona, Sohn des Amittai. Er sagt damit, dass er seinen Jona nicht als geschichtliche Gestalt verstanden wissen möchte, sondern als einen zeitlos gültigen Typus. Sein Jona soll jedem gleichzeitig sein, der die Geschichte hört oder liest, allen voran seinen Zeitgenossen.

Wen aber verkörpert dieser Jona? Sein Name bringt uns auf die Spur. Das hebräische Wort *jona* bedeutet „die Taube". Mit einer Taube vergleicht der Prophet Hosea sein Volk. Aber in welchem Sinn? Er sagt: „Efraim ist wie eine Taube, leicht zu betören und ohne Verstand. Sie rufen die Ägypter zu Hilfe und laufen nach Assur" (Hosea 7,11). Das will sagen: Opportunistisch sucht dieses Volk Hilfe bei diesen und bei jenen. Wankelmütig, furchtsam und ohne klare Linie sind sie wie eine Taube, die unentschlossen und ängstlich hin- und herflattert. Sie sind so, weil sie das feste Fundament eines in Jahwe begründeten Glaubens verloren haben. Israels verängstigter Rest, des Verfassers Zeitgenossen, sollen sich in Jona, der Taube, wiedererkennen. Die Novelle handelt also nicht von irgend einer Phantasiefigur, die sich der Verfasser für seine Geschichte ausgedacht hat; sie spricht sehr konkret und gezielt, aber in verschlüsselter Form von dem verunsicherten Häuflein, das sich angesichts der erdrückenden heidnischen Umwelt anschickt, in die innere Emigration zu gehen. Und wenn Jona als Typus verstanden ist, in dem sich jeder Leser erkennen soll, so lautet die Gleichung nicht nur Jona = die fromme nachexilische Gemeinde in Israel. Die Jona-Geschichte wird dann auch zum Spiegel für eine christliche Kirche und Gemeinde, die abgeschirmt von der Welt ihr frommes Eigenleben führen möchte.

Wir werden uns wie die jüdischen Gläubigen freilich auch daran erinnern, dass die Taube in der Bibel noch eine ganz andere Rolle spielt. Nach der Sintflut schickte Noah die Taube aus (1. Mose 8,8 ff.). Sie kam schließlich mit einem Ölblatt zurück und brachte mit diesem Lebenszeichen die Botschaft, dass die Zeit des göttlichen Zorns vorbei sei. Gott will mit den Menschen neu anfangen und eröffnet neues Leben und Zukunft. In der Gesamtdarstellung der Jona-Geschichte werden wir diesen hoffnungsfrohen Ton mithören dürfen. So erweist sich schon der Name der Hauptperson als ein Programm.

Nun zur Handlung. Jona bekommt von Gott einen Auftrag: „Mach dich auf, geh nach Ninive, in die große Stadt und rufe gegen sie aus, denn ihre Bosheit ist vor mir aufgestiegen." (1,2). Ninive war die Hauptstadt des Assyrerreiches. Als das Jona-Buch geschrieben wurde, existierte die Stadt längst nicht mehr, denn sie war schon 612 mit dem Großreich untergegangen. Demnach meint der Verfasser auch mit Ninive nicht eine bestimmte Stadt seiner Zeit, sondern ein Gemeinwesen, das für bestimmte Merkmale steht. Es heißt: „Ninive aber war selbst für einen Gott eine große Stadt, man benötigte drei Tagereisen, um sie zu durchqueren." (3,3). Das historische Ninive hatte einen Durchmesser von nur 5 km. Die Überzeichnung verdeutlicht das Zeichenhafte. Ninive stand außerdem exemplarisch für Bosheit und Schlechtigkeit. In der Tat war diese Stadt als das Zentrum des Assyrerreiches auch das Zentrum der übelsten Brutalitäten, die im alten Orient je ausgedacht und verübt wurden. Die Assyrer hatten Streitwagen, mit denen man Menschen in Massen töten konnte, sie hatten die unmenschlichsten Techniken, um Menschen hinzurichten, sie praktizierten auch die übelsten Methoden bei der Deportation. Das blieb über Jahrhunderte im Gedächtnis derer, die – wie die Israeliten – solche Praktiken erlitten hatten. Das historische Ninive lag am Ufer des Tigris. Das war für einen damaligen Israeliten das äußerste Ende der bekannten Welt. Zu einem solchen Ziel sollte sich Jona auf den Weg machen: in ein Labyrinth, in dem er sich nicht auskannte, in die Höhle des Löwen, an das Ende der Erde – wo immer das sein mochte in der großen Welt der Völker, und dies mit einer gefährlichen Botschaft, die ihn in Gefahr bringen konnte.

Der Verfasser des Jona-Buches hatte erkannt, dass die Botschaft vom gnädigen Gott allen gilt und dass sie nicht in einem religiösen Ghetto eingeschlossen bleiben dürfte. Mehr noch: Das Volk Israel, die Jahweglaubigen selbst sollten die Boten dieser guten Nachricht für alle Welt und zu allen Völkern sein. Was aber war die Realität?

Jona hatte, seit er seinen Auftrag kannte, nur noch einen einzigen Gedanken: Flucht! Er raffte seine Barschaft zusammen und eilte hinunter in die Hafenstadt Jafo, den Seehafen von Jerusalem. Dort suchte er ein Schiff, das ihn nach Tarschisch bringen sollte. Warum gerade dorthin? Die Stadt Tarschisch wird man im Südwesten Spaniens suchen müssen. Steht Ninive für das östliche Ende der Welt, so ist mit Tarschisch das extrem entgegengesetzte westliche Ende bezeichnet. In Jes 66,19 ist Tarschisch auch als eine der Städte genannt, die noch nichts von Jahwe gehört und seine Herrlichkeit noch nicht gesehen hatten. Jona wollte also so weit wie nur möglich weg vom Zielort seines Auftrags. Er strebte an einen Ort, wo er sich nicht mehr unter den Augen Jahwes glaubte und wo ihn niemand und nichts mehr an seinen Auftrag erinnern konnte. Dafür gab er bereitwillig sein Erspartes: „Er zahlte sein Fährgeld und stieg hinab in das Schiff, um mit ihnen nach Tarschisch zu fahren, weg vom HERRN". Bis zu seiner Ankunft wollte er nichts mehr sehen und auch nicht mehr gesehen werden. Deshalb war er sofort „hinabgestiegen in den hintersten Winkel des Schiffes und war eingeschlafen". In Jonas Flucht konnten die Hörer dieser Geschichte wie in einem Spiegel ihre eigene Flucht erkennen. Jona emigrierte in die Ferne. Die Israeliten hingegen waren dabei, sich in die Fluchtburg der frommen Gemeinschaft zurückzuziehen; sie emigrierten nach innen. Wie Jona, so entzogen auch sie sich ihrem Auftrag an die Welt, nämlich dem Auftrag, lebendige Zeugen für den lebendigen Gott zu sein.

Für den Fortgang der Novelle bedient sich der Verfasser nun einer der Seemannsgeschichten, wie sie in vielen Varianten unter seefahrenden Völkern umliefen. Auf hoher See erhob sich ein Sturm, der das Schiff in Seenot brachte. Die Matrosen taten, was sie tun konnten. Nach damaliger Gepflogenheit rief jeder seinen Gott an. Außerdem warfen sie die Ladung über Bord, um das Schiff zu entlasten. Nichts half. Da entdeckte der Kapitän den schlafenden Jona und flehte ihn an: Tu auch du, was alle getan haben und rufe deinen Gott an, vielleicht kann er uns erretten. Es wird nicht erzählt, dass Jona seinen Gott angerufen hat. So griff man zu einer letzten Maßnahme. Das Los sollte an den Tag bringen, um wessen Missetat willen das Meer so wütete. Das Los fiel auf Jona. Nun wollte man von ihm alles wissen: Herkunft, Religion, Beruf. Geht es uns deinetwegen so übel? Was ist mit dir los? Dazu Jona: „Ich bin ein Hebräer und ich fürchte den HERRN, den Gott des Himmels, der das Meer und das Trockene gemacht hat" (1,9). Jona, der doch vor Jahwe fliehen wollte, musste sich vor den Heiden öffentlich zu seinem Gott bekennen.

Welch eine Verkehrung! Die Heiden, von denen sich die jüdischen Zeitgenossen aus religiösem und nationalem Hochmut absetzten, erwiesen sich selbst in dieser lebensbedrohlichen Situation als höchst menschlich, ja sogar als großmütig. Sie entledigten sich nicht kurzerhand der Ursache ihrer Lebensgefahr, sondern sie setzten noch einmal alle ihre Kraft daran, um durch Rudern das Land zu erreichen. Jona selbst sagte ihnen: Werft mich ins Meer, so wird es ruhig werden. Die Heiden riefen Jahwe um Vergebung an, ehe sie das taten. Und als das Meer sich daraufhin beruhigte, „da kam große Furcht vor dem HERRN über die Männer und sie schlachteten ein Opfer für den HERRN und legten Gelübde ab." (1,16). So also erfahren „die Völker" sogar durch ein unfreiwilliges Bekenntnis etwas von Jahwe, dem barmherzigen Gott.

Die Geschichte mit Jona ist damit nicht zu Ende. Ein großer Fisch verschlingt ihn und speit ihn nach drei Tagen vor der Stadt aus, in die er doch unter keinen Umständen gehen wollte. Der Verfasser, der hier ein Sagen- und Märchenmotiv aufnimmt, muss sich keine Gedanken darüber machen, wie ein Fisch vom Mittelmeer an die Ufer des Tigris kommen kann, er muss auch nicht fragen, wie ein Mensch drei Tage lang in einem Fisch überleben kann, so als säße er wohlbehütet in einem Tiefseefahrzeug. Derartige Märchenmotive haben mit Wundern gar nichts zu tun. Es ist auch unerheblich, ob Menschen damals für möglich gehalten haben, dass so etwa tatsächlich geschehen kann. Märchenmotive dieser Art sind in aller Welt und zu allen Zeiten Stilmittel, die auf anschauliche Weise eine Botschaft vermitteln. Diese Botschaft lautet hier sehr klar: Gott hat den widerspenstigen Ausreißer eben dort hingebracht, wovor er fliehen wollte. Direkt gesagt: Israel kann und soll sich seinem göttlichen Auftrag an die Völkerwelt nicht entziehen. In der Geschichte kann nun Jahwe seinen Auftrag an Jona (mit dem Blick auf Israel) erneuern: Gehe in die Stadt und predige: „Noch vierzig Tage, dann ist Ninive zerstört" (3,4). Jona ging jetzt und predigte, was ihm aufgetragen war. Da geschah das absolut Unerwartete. Er wurde nicht verlacht und auch nicht aus der Stadt gejagt. Das Volk horchte auf und nahm seine Botschaft ernst. Der König selbst stieg von seinem Thron und legte sein Herrschergewand ab. Mit diesen Insignien seiner Macht trennte er sich von seiner bisherigen Lebenshaltung. Er hüllte sich in Sackleinen, das Gewand der Buße, und er setzte sich in die Asche, ein altes Symbol für den Willen, sich zu läutern und umzukehren. Ganz Ninive sollte umkehren und sich von seinem bösen Tun abwenden. Deshalb ließ der König als Ausdruck der Trauer und der Buße ein Fasten ausrufen. Alles Volk sollte wie er in Sack und Asche gehen und sich von aller Gewalttat lossagen. Der Hörer verstand: Ein Aufhorchen und ein Umkehren dieser Art hatte man von Israels Königen und auch vom Volk nie gehört, trotz der vielen Propheten, die ihre Stimme erhoben hatten. Im Gegenteil. Als man einst dem König von Juda die Gerichtsworte des Propheten Jeremia vorlas, ließ er sie Satz für Satz von der Schriftrolle abschneiden und ins Feuer werfen. Die gefürchteten Heiden von Ninive beschämen das Volk Gottes und zeigen ihm, wie Gottes Ruf gehört werden möchte.

An der Umkehr Ninives wird deutlich, dass der Jona-Text weder hier noch an anderen Stellen als die Reportage eines realen Geschehens gelesen werden möchte. Das heidnische Ninive, das hier gezeichnet wird, ist ein prophetisch geschautes Gegenbild zu Jerusalem. Ninives Umkehr soll Israel zu gleicher Offenheit und Umkehr ermutigen.

Zusammen mit dieser Ermutigung bringt der Verfasser auch seine Gewissheit zum Ausdruck, dass Jahwe allen Völkern ein gnädiger und barmherziger Gott ist. Denn als Jahwe sah, dass Ninive umkehrte und sich von seinen bösen Taten abwandte, da „tat Gott das Unheil leid, das über sie zu bringen er angekündigt hatte, und er führte es nicht aus" (3,10).

Als gläubiger Israelit weiß der Verfasser, dass seine Landsleute Gottes Barmherzigkeit für die eigene Person und Glaubensgemeinschaft gerne und selbstverständlich in Anspruch nehmen – aber eben exklusiv, für sich allein und für die eigene Glaubensgemeinschaft. In der Gestalt des Jona stellt er ihnen nun vor Augen, wie sie reagieren und darüber denken, wenn sich Jahwe, den sie doch als den Herrn des Himmels und der Erde bekennen, auch anderen gegenüber als barmherzig erweist. Jona nämlich missfiel die Barmherzigkeit gegenüber Ninive sehr, und er wurde zornig und sprach: „Ach HERR, war nicht eben das meine Rede, als ich in meiner Heimat war? Darum bin ich zuvor nach Tarschisch geflohen! Denn ich wusste, dass du ein gnädiger und barmherziger Gott bist, langmütig und reich an Gnade, und einer, dem das Unheil leidtut" (4,2). Die Botschaft, dass

Gott Ninive zerstören wollte, bestätigte Jona, dass Gott an seinen Feinden Rache nehmen wollte. So war es ihm recht. Für den frommen Egoismus aller Zeiten wie für jedes starre Gottesverständnis ist es aber unerträglich, dass Gott auf Rache verzichtet und jenen Menschen neues Leben schenkt, die sich seinem Wort und damit seinem Geist öffnen und sich davon wandeln lassen. Die Unheils- und Drohworte der Bibel sind eben nicht wie eine Bombendrohung zu verstehen, bei der der Zeitzünder fest programmiert ist und bis zur Explosion unerbittlich tickt. Die Drohworte der Bibel sind Einladungen zum Leben, zu einem neuen Leben. Sie erfüllen sich da, wo sie als diese Einladung gehört werden und Menschen zur Umkehr bewegen. Im Gleichnis vom verlorenen Schaf (Lk 15,7) ist das zugespitzt so formuliert: „So wird man sich auch im Himmel mehr freuen über einen Sünder, der umkehrt, als über neunundneunzig Gerechte, die keiner Umkehr bedürfen". War Jona über Gottes Barmherzigkeit zu Recht zornig, oder zeigte sein Zorn nicht vielmehr an, dass es für ihn Zeit war, Buße zu tun? Die Frage geht über Jona an jeden, der wie er Gottes Barmherzigkeit nur für sich und die Seinen reklamiert und die anderen davon ausgeschlossen sehen möchte.

Der Jona unserer Novelle ließ sich nun vor Ninive im Schatten eines Laubdaches nieder, „bis er sehen würde, was in der Stadt geschah" (4,5). Es scheint, als hoffte er immer noch, dass die angedrohte Vernichtung Ninives bald stattfindet. Der Verfasser komponiert daher eine Art Zeichenhandlung, in der Jahwe dem Jona verdeutlicht, weshalb er selbst mit einer Stadt wie Ninive so langmütig und barmherzig sein musste. Jahwe, so heißt es, ließ in einer Nacht einen Rizinusstrauch über Jona wachsen. Der freute ihn, denn er spendete ihm Schatten. Am nächsten Tag schickte Jahwe einen Wurm. Der nagte den Strauch an, so dass er verdorrte. Dazu bot Jahwe einen heißen Ostwind auf, der Jona bis zur Ohnmacht ermatten ließ. Und wieder erzürnte Jona so sehr, dass er sich sogar den Tod wünschte. Eine Schlussfrage Jahwes deckt die Grundhaltung Jonas auf. Sie zeigt, dass Jonas Gedanken nur um die eigene Person kreisen. Gott sagt ihm: Jona, du bejammerst den einen Rizinusstrauch, den du doch nicht gepflanzt und nicht großgezogen hast. Jetzt, da er eingegangen ist, bist zu zornig, so als hätte man dir den berechtigten Anspruch auf seinen Schatten weggenommen. Und mich sollte nicht die große Stadt jammern mit ihren vielen tausend Menschen und Tieren, die alle meine Geschöpfe sind! Ist es denn nicht recht, dass ich mit ihnen barmherzig umgehe, da sie sich doch von ihrem bösen Tun losgesagt haben! Die Geschichte endet also mit einer Frage an Jona. Das ist konsequent. Denn Jona ist ja nicht als historische Gestalt dargestellt, über die man distanziert reden kann; er will als Typus verstanden werden, in dem sich die Hörer und Leser wiedererkennen sollen. So richtet sich die Frage, wie es Jona mit dem Gott hält, der sich allen Menschen gegenüber als barmherzig erweisen will, im Grund an jeden Hörer und Leser dieser Geschichte. Der zeitlose Typus Jona kann auf die letzte Frage keine Antwort geben. Antworten kann nur jeder für sich selbst, der diese Frage als an sich gerichtet hört. Das galt für die Zeitgenossen des Verfassers ebenso wie es für uns heute gilt. Wir haben gesehen, dass uns die Botschaft des Jona-Buches literarisch betrachtet in der Form einer Novelle begegnet, in die verschiedene Sagen- und Märchenmotive aufgenommen wurden. Dem Inhalt und der Absicht nach ist diese Novelle ein aufrüttelndes prophetisches Mahnwort und eine Art Lehrtext. In den Gestalten des Jona, der heidnischen Matrosen und der gefürchteten Gewalttäter von Ninive werden wir mit uns selbst und mit unserem Gottesverständnis konfrontiert. Wir werden herausgefordert, unser Verhältnis zu denen neu zu klären und neu zu ordnen, die eine andere Weltsicht, einen anderen Glauben und auch andere Wertmaßstäbe haben als wir. Jesus hat die Forderung seiner Zeitgenossen schroff zurückgewiesen, ein Zeichen zu geben, an dem man objektiv erkennen kann, ob Gott im Spiel ist. Jesus sagt: Es wird uns „kein anderes Zeichen gegeben werden als das

Zeichen des Propheten Jona" (Mt 12,39). Damit meint er nicht jene ungewöhnlichen Vorgänge in der Jona-Geschichte, sondern deren Botschaft. Das Zeichen des Jona ereignet sich für uns erfahrbar da, wo wir uns in dem facettenreichen Spiegel des Jona-Buches selbst ansehen und uns – wie die Menschen von Ninive – zu einem neuen Leben aus Gottes Geist wandeln lassen. Wo das geschieht, da werden auch wir zu glaubwürdigen Zeugen und Zeichen für die Wirklichkeit Gottes in unserer Welt.

4 DÄMONENAUSTREIBUNGEN

Dämonenglaube als Verständnishintergrund

Der Glaube an Dämonen ist kein konstitutives Element von Religion oder gar des christlichen Glaubens, sondern in unserem Kulturkreis eine alte Denkfigur des Weltverstehens. In der gesamten Antike, zu der auch das Alte und das Neue Testament gehören, ist der Dämonenglaube ein selbstverständlicher Modus, die Welt und das Leben zu begreifen. Religiöse Aussagen in dieser Zeit werden daher im Verstehenshorizont des Dämonenglaubens zum Ausdruck gebracht.

Wollen wir die in den Dämonenvorstellungen codierten religiösen Botschaften angemessen verstehen, so ist das nur innerhalb jener weltanschaulichen Vorgaben und Denkmuster möglich, in denen sie verfasst sind. Dabei mag sich erweisen, ob sie Botschaften enthalten, die uns auch dann noch etwas zu sagen haben, wenn wir den Dämonenglauben der Verfasser nicht teilen.

Keine Kultur vermag Lebensprozesse unabhängig und frei von zeitbedingten Modellen des Weltverstehens zu erfassen und auszudrücken. Es wäre daher nicht nur überheblich, sondern unprofessionell, jene Botschaften, die im Denkschema des Dämonenglaubens konzipiert sind, schon deshalb als „erledigt" oder als „märchenhaft" abzutun, weil wir heute unsere Welt nicht im Modell von Dämonenwirkungen, sondern in anderen Denkmustern artikulieren.

Die Menschen der Antike sehen die für sie unerklärbaren Ereignisse der Welt und des persönlichen Lebens als durch gute und böse übermenschliche Mächte verursacht. Für die negativen Ereignisse und Widerfahrnisse werden im Volksglauben dämonische Mächte verantwortlich gemacht. Den Dämonen werden schädigende Funktionen zugeschrieben. Auf ihre Einwirkungen werden vor allem Krankheiten zurückgeführt, und zwar besonders die Geistes- und Gehirnkrankheiten. Aber auch Abnormitäten wie Stummheit, Blindheit, Lähmungen oder Starrheit, bei denen keine erkennbaren Verletzungen vorliegen, gehören dazu.

Hippokrates von Kos (etwa 460–370 v. Chr.) und seine Nachfolger haben bereits versucht, Krankheiten aus ihren natürlichen Ursachen zu erklären und im Rahmen natürlicher Prozesse zu behandeln. Sie gerieten damit freilich in eine heftige Konkurrenz zu den Wunderheilern ihrer Zeit, die sie für Scharlatane hielten, von denen sie allerdings ihrerseits als Nichtskönner und Ausbeuter der Kranken bezeichnet wurden.

Dämonen galten als machtvolle widergöttliche Wesen. Der Kampf gegen sie und gegen ihr Schaden stiftendes Wirken war daher stets ein Kampf gegen das Widergöttliche in der Welt, eine Auseinandersetzung mit dem Bösen, ein ultimativer Kampf auf Leben und Tod. Dieser weite endzeitliche Horizont wird bei den Texten zu den Dämonenaustreibungen durch Jesus stets zu beachten sein.

Jesus heilt einen Besessenen (Mk 1,21–28)

1,21 Und sie kommen nach Kafarnaum. Und sogleich ging er am Sabbat in die Synagoge und lehrte. 22 Und sie waren überwältigt von seiner Lehre, denn er lehrte sie wie einer, der Vollmacht hat, und nicht wie die Schriftgelehrten. 23 Und sogleich war da in ihrer Synagoge einer mit einem unreinen Geist, der schrie laut: 24 Was haben wir mit dir zu schaffen, Jesus von Nazaret! Bist du gekommen, uns zu vernichten? Ich weiß, wer du bist: der Heilige Gottes! 25 Und Jesus schrie ihn an und sprach: Verstumme und fahr aus! 26 Und der unreine Geist zerrte ihn hin und her, schrie mit lauter Stimme und fuhr aus. 27 Und sie erschraken alle so sehr, dass einer den andern fragte: Was ist das? Eine neue Lehre aus Vollmacht? Selbst den unreinen Geistern gebietet er, und sie gehorchen ihm. 28 Und die Kunde von ihm drang sogleich hinaus ins ganze Umland von Galiläa.

Mit dieser Geschichte eröffnet das Markus-Evangelium die lange Reihe der Wundertaten Jesu. In diesem ältesten Evangelium (geschrieben nach 70) spielen Dämonenaustreibungen und Krankenheilungen eine große Rolle. Im Konzept des Markus-Evangeliums bringen sie zum Ausdruck, was Jesu göttlicher Auftag in dieser Welt ist und worin seine göttliche Vollmacht besteht.

Ort und Situation

Die Szene wird in die Synagoge von Kafarnaum gelegt. Die Stadt liegt am Nordufer des Sees Gennesaret. Hier begann Jesus öffentlich zu wirken und hier hatte er Simon/Petrus und Andreas, seine ersten Jünger, berufen. In Kafarnaum besuchte er am Vormittag des Sabbats die Synagoge, das jüdische Lehrhaus der Stadt. Die wesentlichen Elemente in den opferlosen jüdischen Versammlungen bestanden aus Gebet, Segen und den Schriftlesungen aus der Thora oder den Prophetenbüchern. Die Schriftlesung wurde aus dem Hebräischen in das Aramäische, die Volkssprache in Galiläa, übersetzt, und es folgte eine Auslegung. Zu dieser Schriftlesung mit Übersetzung und Auslegung konnten die Gemeindevorsteher jede dafür vorgebildete Person auffordern. Jesus hatte also in der jüdischen Gemeinde von Kafarnaum keine offizielle Funktion. Er war zu Schriftlesung und Auslegung aufgefordert worden.

Jesus lehrte mit Vollmacht

Über den Inhalt der Rede Jesu wird nichts gesagt. Hervorgehoben wird lediglich die Reaktion der Zuhörer: „Sie waren überwältigt von seiner Lehre". Sie horchten auf, „denn er lehrte ... nicht wie die Schriftgelehrten". Schriftgelehrte trugen vor, was sie von ihren Lehrern übernommen hatten. Sie sprachen nicht im eigenen Namen, sondern beriefen sich auf die Autoritäten ihrer religiösen Tradition und zitierten, was dieser oder jener Rabbi gesagt hatte. Ihr Vortrag kam nicht aus der eigenen Begegnung mit Gott, sondern aus dem Wissensfundus jüdischer Religion. Die Worte Jesu wurden von den Zuhörern deshalb als überwältigend anders empfunden, weil er wie Israels

Propheten aus der unmittelbaren Begegnung und Einheit mit Gott zu ihnen sprach. Das schlägt sich in dem Urteil nieder: „Er lehrte wie einer, der Vollmacht hat". Jesus wird durch die Reaktion der jüdischen Hörer als einer erkannt und den Lesern vorgestellt, der in göttlicher Vollmacht handelt. Damit ist im Blick auf die dann folgende Dämonenaustreibung bereits der Einwand entkräftet, dass hier ein Scharlatan am Werk sein könnte. So wird Jesus mit dieser Hinführung, noch ehe er handelt, durch die Kraft seines Wortes ausgewiesen. Sein folgendes Handeln soll im Licht dieser göttlichen Vollmacht gesehen werden.

Rein und unrein

Die Geschichte von der Dämonenaustreibung wurde zunächst wohl ohne dieses Vorspiel in der Synagoge überliefert und erst von Markus mit dieser verbunden. In der Synagoge befindet sich ein Mensch, der einen unreinen Geist hat. Das bedarf für heutige Leser der Klärung. Das Begriffspaar „rein/unrein" ist im jüdischen Denken keine Kategorie der Hygiene; es bezeichnet vielmehr ein Wesenselement jüdischer Religion. Mit rein und unrein wird die Beziehung ausgedrückt, die eine Person, ein Gegenstand oder ein Vorgang zum Heiligsten, zu Gott, hat. Rein ist, was Gott gemäß, Gott nahe ist und seinen Segen hat. Unrein sind Wesen, Gegenstände, Vorgänge und Handlungen, die von Gott ausschließen, von ihm trennen, ja, gegen ihn gerichtet sind. Zu den Wesen, die sich von Gott entfernt haben, also selbst unrein sind und andere dazu bringen, sich von Gott zu entfernen und unrein zu werden, gehören die Dämonen. Als die widergöttlichen Mächte verkörpern diese Geister geradezu die Unreinheit.

Die unreinen Geister

Ein „unreiner Geist", so berichtet Markus, war in einen Menschen gefahren, der sich an diesem Tag in der Synagoge von Kafarnaum aufhielt. Es wird zunächst nicht gesagt, was er in diesem Menschen angerichtet hat. Generell gilt, dass der unreine Geist für den Zustand eines Menschen steht, der seiner selbst nicht mehr mächtig ist, sondern sich in seinem Leben und Tun wie von einer fremden Macht gesteuert erfährt und tun muss, wozu diese Macht ihn drängt. Von einem fremden Willen beherrscht zu sein, wird unter dem Stichwort „Besessenheit" zusammengefasst. Es kann hier offen bleiben, was medizinisch im Einzelnen darunter zu verstehen ist. Krankheitssymptome werden nicht genannt. Sie stehen offenbar nicht im Mittelpunkt. Für den Fortgang der Geschichte ist zunächst wesentlich, wozu der unreine Geist diesen Besessenen treibt.

Dämonen spüren den Stärkeren

Der unreine Geist schreit mit der Stimme des Besessenen laut: „Was haben wir mit dir zu schaffen, Jesus von Nazaret! Bist du gekommen, uns zu vernichten? Ich weiß, wer du bist: Der Heilige Gottes". Bisher war die Rede von einem einzigen unreinen Geist. Dieser Eine spricht aber jetzt in der Mehrzahl, d. h. im Namen aller dämonischen Mächte. Er erkennt, dass Jesus gekommen ist, um den Teufel und sein gesamtes Heer (die unreinen Geister) zu vernichten. So ruft er in der jüdischen Synagoge das aus, was nach der Überzeugung der christlichen Gemeinde der Sinn von Jesu Kommen und Wirken ist, nämlich die Welt von den widergöttlichen Mächten der Finsternis zu befreien. Dahinter steht die Vorstellung, dass die Dämonen als die Gegenspieler Gottes das Göttliche erkennen. Indem sie ihr Wissen hinausschreien, machen sie unfreiwillig offenbar, wer Jesus ist, nämlich „der Heilige Gottes", und wozu er gekommen ist, nämlich um die widergöttlichen Mächte zu vernichten und das Reich Gottes heraufzuführen. Es folgt eine für die gesamte Antike typische Exorzismus-Szene. Der Exorzist, hier Jesus, fährt den unreinen Geist an: „Verstumme und fahr aus". Das muss dieser wohl tun, doch nicht, ohne sich noch einmal destruktiv bemerkbar zu machen. Er zerrt den Besessenen hin und her und fährt dann erst mit Geschrei aus. In dem Hin-und Herzerren mag man so etwas wie einen epileptischen Anfall sehen. Demonstriert werden soll damit vor allem die Macht des Dämons über den Menschen. Außer dem Befehl Jesu an den Dämon werden hier keine weiteren exorzistischen Praktiken genannt. Der böse Geist wird allein durch Jesu Wort überwunden. Der Erzähler drückt damit aus, dass Jesus souverän heilt, ohne dass er durch spektakuläre exorzistische Handlungen nachhelfen muss.

Sehen und doch nicht verstehen

Die in der Synagoge Versammelten sind von der Vollmacht Jesu über die Dämonen am meisten beeindruckt. Sie haben verstanden, dass hier ein Kampf gegen die widergöttlichen Mächte gewonnen wurde. Ihr Blick ist aber voll-

kommen auf die Heilungstat gerichtet. Das offenbarende Wort der Dämonen über den Heilenden: „Du bist der Heilige Gottes" haben sie nicht wahrgenommen. Sie haben lediglich das Mirakel gesehen. Sie haben aber nicht erkannt, dass in diesem Sieg des Heiligen Gottes über das Satanische die Herrschaft Gottes bereits angebrochen ist. Obwohl das Heilungswunder vor aller Augen geschah, ist das Größere, das sich darin ereignete, verborgen geblieben.

Bereits im ersten öffentlichen Wirken Jesu deutet sich ein typisches Thema des Markus-Evangeliums an: Sehen und doch nicht verstehen. So hat sich wohl auch nur die Kunde von der spektakulären Heilung des Besessenen im Tempel von Kafarnaum im Umland verbreitet. Die Botschaft, dass in diesem Ereignis des Heilens das Reich Gottes bereits geschehen und erfahrbar geworden ist, blieb vom Volk ungehört.

Das Ereignis weist über sich hinaus

Alle historischen Hinweise sprechen dafür, dass Jesus kranke Menschen geheilt hat. Über den Umfang seiner Heiltätigkeit haben wir aber keine historischen Beweise. Wir wissen ebenfalls nicht, ob die Heilung eines Besessenen in Kafarnaum tatsächlich stattgefunden hat und ob sie im Zusammenhang mit einem Synagogengottesdienstes so geschehen ist, wie sie hier dargestellt wird. Sie hätte überall stattfinden können. Dem Text ist jedenfalls zu entnehmen, dass es nicht darauf ankommt, lediglich einen sensationellen Vorfall zu schildern. Der Autor transportiert vielmehr mit dieser für die Antike nicht ungewöhnlichen Heilungsgeschichte eine Botschaft, die über das faktische Ereignis – ob geschehen oder nicht – hinausweist. Er richtet den Blick gerade nicht auf den Vorfall in der Synagoge, sondern darüber hinaus auf die Botschaft vom Anbrechen des Gottesreiches, das dort Gestalt gewinnt, wo Menschen in einem umfassenden Sinn „heil" werden. Für diese Ebene der Gotteswirklichkeit sollen dem Leser die Augen geöffnet werden. Im Hören und Lesen soll sich das Wunder des Verstehens ereignen.

Jesus heilt den besessenen Gerasener
(Mk 5, 1–20; Mt 8,28–34; Lk 8, 27–39)

5,1 Und sie kamen ans andere Ufer des Sees in das Gebiet der Gerasener. 2 Und kaum war er aus dem Boot gestiegen, lief ihm sogleich von den Gräbern her einer mit einem unreinen Geist über den Weg. 3 Der hauste in den Grabhöhlen, und niemand mehr vermochte ihn zu fesseln, auch nicht mit einer Kette. 4 Denn oft war er in Fußfesseln und Ketten gelegt worden, doch er hatte die Ketten zerrissen und die Fußfesseln zerrieben, und niemand war stark genug, ihn zu bändigen. 5 Und die ganze Zeit, Tag und Nacht, schrie er in den Grabhöhlen und auf den Bergen herum und schlug sich mit Steinen. 6 Und als er Jesus von weitem sah, lief er auf ihn zu und warf sich vor ihm nieder 7 und schrie mit lauter Stimme: Was habe ich mit dir zu schaffen, Jesus, Sohn des höchsten Gott-

es? Ich beschwöre dich bei Gott: Quäle mich nicht! 8 Er hatte nämlich zu ihm gesagt: Fahr aus, unreiner Geist, aus dem Menschen! 9 Und er fragte ihn: Wie heißt du? Und er sagt zu ihm: Legion heiße ich, denn wir sind viele. 10 Und sie flehten ihn an, sie nicht aus der Gegend zu vertreiben. 11 Nun weidete dort am Berg eine große Schweineherde. 12 Da baten sie ihn: Schick uns in die Schweine, lass uns in sie fahren! 13 Und er erlaubte es ihnen. Da fuhren die unreinen Geister aus und fuhren in die Schweine. Und die Herde stürzte sich den Abhang hinunter in den See, an die zweitausend, und sie ertranken im See.

14 Und ihre Hirten ergriffen die Flucht und erzählten es in der Stadt und auf den Gehöften. Und die Leute kamen, um zu sehen, was geschehen war. 15 Und sie kommen zu Jesus und sehen den Besessenen dasitzen, bekleidet und bei Sinnen, ihn, der die Legion gehabt hat. Da fürchteten sie sich. 16 Und die es gesehen hatten, erzählten ihnen, wie es dem Besessenen ergangen war, und die Sache mit den Schweinen. 17 Da baten sie ihn immer dringlicher, aus ihrem Gebiet wegzuziehen.

18 Und als er ins Boot stieg, bat ihn der Besessene, bei ihm bleiben zu dürfen. 19 Aber er ließ es nicht zu, sondern sagt zu ihm: Geh nach Hause zu den Deinen und erzähle ihnen, was der Herr mit dir gemacht hat und dass er Erbarmen hatte mit dir. 20 Und der ging weg und fing an, in der Dekapolis kundzutun, was Jesus mit ihm gemacht hatte. Und alle staunten.

Die Geschichte von der Heilung des Besessenen in Gerasa ist in allen drei synoptischen Evangelien (Matthäus, Markus, Lukas) enthalten, allerdings mit bemerkenswerten Varianten. Die im Markus-Evangelium enthaltene Geschichte wirft so viele Fragen auf, dass sie eine *crux interpretum*, ein Problemfall für die Interpreten, genannt wird. Gerade deshalb eignet sie sich besonders gut als Einstieg für unsere Auslegungen. Vieles, was uns an Wundergeschichten Verständnisschwierigkeiten bereitet, kann bereits hier zur Sprache kommen. Wir werden deshalb einige Details genauer betrachten, als es für das Verständnis der Geschichte unbedingt erforderlich wäre.

Die Ortsangabe

Markus nennt Gerasa als Ort des Geschehens, eine Stadt in der Dekapolis (5,20), jenem Gebiet der „Zehn Städte", das südlich des Sees Gennesaret und östlich des Jordans lag. Die Stadt Gerasa lag allerdings 55 km südöstlich des Sees landeinwärts, verträgt sich also nur schlecht mit der Vorstellung von Mk 5,1, wonach Jesus ans Ufer trat und sich im Gebiet von Gerasa befand. Der Verfasser des Markus-Evangeliums, ein Mann nichtjüdischer Herkunft, war mit der Geographie Palästinas nicht gut vertraut. Der Verfasser des Matthäus-Evangeliums, Jude von Geburt und mit besserer Ortskenntnis ausgestattet, versetzte das Geschehen von Gerasa nach Gadara (Mt 8,28), einen Badeort, dessen heiße Quellen zu jener Zeit bereits von wohlhabenden Römern aufgesucht wurden. Auch dieser Ort lag aber vom Südufer des Sees noch nahezu 10 km entfernt. Bei Lukas und in der späteren Überlieferung setzt sich der Name Gergesa durch, womit man einen Landstrich am Südufer des Sees Gennesaret bezeichnet sah. An dieser Uneinheitlichkeit der Ortsnamen zeigt sich, dass geographische Angaben nicht unbedingt historische Erinnerungen enthalten, sondern von den Verfassern der Evangelien eingefügt oder verändert werden konnten. Die einzige Ortsangabe von Belang ist der Hinweis auf das Territorium der Dekapolis, das vorwiegend von Nichtjuden, also, nach damaligem Sprachgebrauch, von Heiden bewohnt war. Dieser Hinweis stimmt mit der Geschichte insofern überein, als Juden der Genuss von Schweinefleisch verboten ist und daher im jüdischen Land große Schweineherden wohl kaum anzutreffen waren.

Typisches und Abweichendes zum antiken Exorzismus

Antike Texte von Dämonenaustreibungen haben einen charakteristischen Aufbau, der auch dieser Geschichte zugrunde liegt.
Exorzist (Dämonenaustreiber) und Dämonen begegnen einander.
Das durch die Dämonen verursachte Leiden wird anschaulich geschildert.

Der Dämon spürt den Exorzisten.

Der Exorzist beschwört die Dämonen.

Die Dämonen verlassen oft mit demonstrativen Aktionen den Menschen.

Reaktionen der Zuschauer und die Zeugen des Geschehens. Abweichend von diesem antiken Schema finden wir in unserer Geschichte keine Austreibungsformel. Mk 5,8 erweist sich als ein Nachtrag, der diese Lücke füllt.

Ungewöhnlich ist das Ausmaß der Krankheit: Der Besessene hauste in Grabhöhlen, hat bisher alle Ketten zerrissen, mit denen man ihn zu bändigen suchte, schrie Tag und Nacht, schlug und verletzte sich mit scharfen Steinen. Verständlich wird das erst, als sich herausstellt, dass nicht nur ein einziger Dämon, sondern eine ganze Legion von Dämonen in diesem Menschen haust.

Der Leser wird auch überrascht sein, dass diese Division von Dämonen den Kampf mit seinem Gegenüber Jesus nicht aufnimmt, sondern sich ihm beim ersten Anblick sofort unterwirft und ihn um Schonung anfleht. Dahinter steht die Vorstellung, dass Dämonen ihren Bezwinger sofort erkennen, sich geschlagen geben und nur noch zu retten versuchen, was zu retten ist.

Von dem Wundertäter Apollonius von Tyana wird berichtet, er sei einmal einem besessenen jungen Mann begegnet. „Als ihn nun Apollonius scharf anblickte, schrie der Dämon furchtsam und zornig auf, wie wenn er gebrannt und gefoltert würde, und versicherte unter Schwüren, dass er den Jüngling loslassen und nie wieder einen Menschen befallen werde".

In antiken Dämonenaustreibungen wird auch berichtet, dass Exorzisten die Dämonen gepeinigt haben. In unserer Geschichte flehen die Dämonen mit der Stimme des Besessenen: „Quäle mich nicht!" Nach jüdischer Vorstellung werden die Dämonen am Ende dieses Äons der ewigen Qual verfallen. Hier flehen sie Jesus offenbar an, sie nicht sofort dieser ewigen Qual zu übergeben. Darin klingt der Gedanke an, dass die Dämonen in Jesu Wirken das Anbrechen des neuen Äons spüren.

Dämonen und Krankheit

Wir sprechen heute über Krankheiten in diagnostischen Fachbegriffen: XY hat Krebs, Parkinson, Osteoporose, Demenz. Eine Erzählung zählt nicht Fachbegriffe auf, sie schildert Symptome. Eine antike Erzählung schildert, was Dämonen bei einem Menschen anrichten, wie ein Mensch sich unter der Herrschaft von Dämonen erlebt und was das für ihn und für seine Mitmenschen bedeutet. Dämonen werden nirgendwo dargestellt. Sie zeigen sich nur in dem, was sie im Menschen bewirken. Der Besessene „hauste in den Grabhöhlen". Was kommt darin zum Ausdruck? Gräber und Tote galten im Judentum als unrein. Das ist, wie schon gehört, keine Kategorie von Sauberkeit. Im Kontrast von rein und unrein wird vielmehr ein soziales Ordnungssystem festgeschrieben, das religiös verankert ist. „Rein" ist alles, was Gott gemäß und Gott nahe ist und was für den Menschen und die menschliche Gemeinschaft gut ist. Unrein benennt den Bereich, der Gott fern und dem Leben feindlich ist. Es bezeichnet im weitesten Sinne den Bereich des Todes. Der Besessene, der in den Grabhöhlen haust, ist ein Mensch, der durch die dämonischen Mächte aus der Gemeinschaft Gottes und der Menschen gedrängt wurde. Er wurde damit zugleich sich selbst entfremdet und irrte nun fern von Gott und der menschlichen Gemeinschaft in der Zone des Todes umher. Die Dämonen hatten den Besessenen nicht nur von dessen Lebensgemeinschaft abgeschnitten: er durchstreifte ziellos die Grabeshöhlen und Berge. Die destruktiven Tendenzen, die ihn beherrschten, richteten sich auch gegen sein eigenes Leben: Er schlug sich mit Steinen, verletzte sich selbst.

Im Griff der Dämonen

Alle menschlichen Bemühungen, den Besessenen wieder in die Gemeinschaft und in deren Lebensordnungen einzubinden und ihn vor sich selbst zu schützen, erwiesen sich als vergeblich. „Denn oft war er in Fußfesseln und Ketten gelegt worden, doch er hatte die Ketten zerrissen und die Fußfesseln zerrieben.". Gewaltanwendung, die von der Gemeinschaft als nötig erkannt wird, kann vielleicht manches Unheil verhindern, sie vermag aber den Zerstörungsdrang, von dem ein Mensch beherrscht wird, nicht zu überwinden. Das Ja zum Leben und zur menschlichen Gemeinschaft lässt sich nicht erzwingen.

Die Personalisierung des Dämonischen

Die Bilder unseres Textes veranschaulichen konkrete Lebenswirklichkeiten. Das gilt auch für die Darstellung der Dämonen. Diese zeigen sich nicht als leibhaftige Einzelwesen, die man wie Läuse haben aber auch wieder loswerden kann. Die Vorstellung von Dämonen steht für die Erfahrung, wie von einer fremden Macht erfüllt und beherrscht und von ihr fremdbestimmt zu sein. Das Böse, das Menschen zu lebensfeindlichem Tun antreibt, wird von den Menschen der Alten Welt in personifizierter Gestalt erlebt. Der Mensch weiß, dass er dieser Dämon nicht selbst ist, aber er erfährt, dass sein Selbst wie von einer fremden Macht besetzt ist. Vielleicht schrie der Besessene diese unentwirrbare Spannung Tag und Nacht aus sich heraus.

Auf diese Erfahrung des Widergöttlichen und Bösen in uns kommt auch der Apostel Paulus in seinem Brief an die Römer ausführlich zu sprechen und fasst zusammen: „Nicht das Gute, das ich will, tue ich, sondern das Böse, das ich nicht will, das treibe ich voran" (Rö 7,19). Auch er spricht hier nicht von einem persönlichen psychischen Problem, sondern von einer elementaren Erfahrung, die für unser Menschsein charakteristisch ist. Er ordnet das theologisch so ein: „Wenn ich aber gerade das tue, was ich selbst nicht will, dann bin nicht mehr ich es, der handelt, sondern die Sünde, die in mir wohnt." (Rö 7,20). Sünde nennt Paulus jene in uns wirkende widergöttliche und todbringende Macht, die man sich in seiner Zeit personifiziert als ein Heer von Dämonen vorstellte.

Die Übermacht des Dämonischen

Unsere Geschichte veranschaulicht die Übermacht des Widergöttlichen mit der Antwort auf die Frage Jesu: „Wie heißt du, unreiner Geist?" Dieser gibt sich zu erkennen: „Legion heiße ich". In Palästina, das in neutestamentlicher Zeit von Römern besetzt war, wusste man sehr genau, was mit „Legion" gemeint war, nämlich Entmündigung und fremde Besatzung. Der Zusatz: „Wir sind viele" deutet an, dass Menschen gegen diese Übermacht keine Chance haben. Eine Legion bestand unter Kaiser Augustus aus 6100 Mann Fußtruppen; dazu kamen 726 Reiter, weitere leichte Truppen und Hilfstruppen. Auf diese überlegene dämonische Machtballung weist die Bemerkung hin: „Niemand war stark genug, ihn (den von Dämonen Besessenen) zu bändigen".

Viele Indizien machen deutlich, dass es in dieser Geschichte nicht um das Schicksal eines Einzelnen, sondern um Größeres und Grundsätzlicheres geht. In diesem einen Menschen begegnet uns ein ganzes Heer von Dämonen. Das erklärt auch die unbändigen Kräfte des Besessenen, die jedes menschliche Maß sprengten. Die 2000 Schweine, die als Ausweichquartier für die Dämonen eine Rolle spielen, unterstreichen die Dimension des hier versammelten Widergöttlichen, dem keine menschliche Macht gewachsen sein konnte.

Wo Gott ist, weichen die Dämonen

Nach antiker Vorstellung sieht, spürt und spricht die unkörperliche dämonische Großmacht durch den Besessenen. Als dieses Dämonenheer Jesus erblickt, ereignet sich Außergewöhnliches. Das wird in der Geschichte durch die Reaktionen des Besessenen ausgedrückt: „Als er Jesus von weitem sah, lief er auf ihn zu und warf sich vor ihm nieder und schrie mit lauter Stimme: Was habe ich mit dir zu schaffen, Jesus, Sohn des höchsten Gottes? Ich beschwöre dich bei Gott: quäle mich nicht!" In unsere Sprache übersetzt heißt das: Das widergöttliche Böse hat bereits beim Anblick des Göttlichen ausgespielt. Es kommt zwischen beiden erst gar nicht zum Kampf. Wo das Göttliche ins Spiel kommt, da fällt das Widergöttliche in sich zusammen. Anders gesagt: Die Liebe ist stärker als der Tod. Von Anfang an. Das Böse hat nur dort seine Chance, wo sich der Mensch aus der Gemeinschaft und der Nähe zu Gott entfernt und sich so an widergöttliche Strebungen verliert. Das theologisch Wesentliche ist damit gesagt. Nach Markus erspüren die Dämonen in Jesus die Gegenwart Gottes. Sie erkennen, dass in ihm der neue Äon, die Herrschaft Gottes bereits anbricht, in der alles widergöttlich Böse überwunden wird und sein Ende findet.

Diese sehr allgemeine theologische Aussage enthält für jeden Leser oder Hörer eine konkrete Zusage. Sie lautet:

Du magst von lebensfeindlichen Tendenzen bestimmt, von bösen Gedanken erfüllt und in todbringenden Verhaltensweisen gefangen sein. Das spürst du und das kannst du auch selbst erkennen. Du sollst aber wissen, dass dies nicht so bleiben muss. Zwar kannst du dich selbst aus dem Teufelskreis des Bösen mit eigener Kraft nicht befreien und auch pädagogische Maßnahmen und moralische Appelle werden da nichts bewirken. Es wird aber ohne dein Zutun da passieren, wo du dich der Liebe Gottes aussetzt und dich von ihr erfüllen lässt, jener Liebe, die in der Person Jesu sichtbar und erfahrbar geworden ist.

Wer das an sich erfahren hat, der kann auch heute noch in der alten Bilderwelt singen: „Jesus ist kommen, nun springen die Bande, Stricke des Todes, die reißen entzwei". Diese Bilder stehen für eine Lebenswirklichkeit, für die alle unsere Worte und Begriffe zu klein, zu ungenau und zu zeitverhaftet sind.

Die Austreibung der Dämonen wird veranschaulicht
Unsere Geschichte folgt in ihrer Bilder- und Vorstellungswelt dem Schema antiker Heilungsgeschichten. Die Erzählung enthielt ursprünglich wohl keinen Austreibungsbefehl Jesu, denn die Dämonen hatten sich ja bereits bei seinem Anblick unterworfen und ihr bevorstehendes Ende selbst erkannt. Sie betteln nur noch um einen Aufschub: Vertreibe uns nicht ganz, „schick uns in die Schweine!". Jesus erlaubt ihnen das. Die große Zahl der Schweine veranschaulicht noch einmal die Vielzahl der dämonischen Mächte. Das Hineinfahren der Dämonen in die Schweineherde macht deutlich, dass sie den von ihnen besetzten Menschen verlassen haben. Die Schweineherde stürzt sich in den nahen See „und sie ertranken im See". Bei alledem geht es nicht um die Schweine und um den hohen materiellen Verlust. In der Logik der Geschichte geht es darum, den Untergang der Dämonen sichtbar zu machen.

Die Austreibung der Dämonen wird beglaubigt

Die Begegnung zwischen dem Widergöttlichen und dem Göttlichen spielt sich nicht vor Zuschauern ab. Aber die Reaktion der Zuschauer auf die Wunder ist ein festes Element der antiken Wundergeschichte. Die Rolle der indirekten Zeugen wird hier den Schweinehirten übertragen, die in Stadt und Land von dem Untergang der Herde erzählen. Jetzt können sich auch die herbeigeeilten Menschen des Umlandes davon überzeugen, dass der ehemals Besessene ordentlich „bekleidet und bei Sinnen" dasitzt. „Da fürchteten sie sich". Das ist die Reaktion der Menschen und eine Art Beglaubigung des Wunders. Das griechische Wort für „fürchten" bezeichnet ein Erschaudern angesichts eines Geschehens, dessen Besonderheit man ahnt, das man aber nicht einzuordnen weiß. Deshalb bittet man Jesus, die Gegend zu verlassen. Die Verse 5,18 – 20 enthalten einen zweiten Schluss. Darin wird der Geheilte aufgefordert, das an ihm Geschehene unter seinen Landsleuten, den Heiden, zu verbreiten.

Jesus heilt einen epileptischen Knaben (Mk 9,14–29)

9,14 Und sie kamen zu den Jüngern und sahen eine große Menge um sie herum und Schriftgelehrte, die mit ihnen stritten. 15 Und sobald die Menge ihn sah, entsetzten sich alle, liefen herbei und grüßten ihn. 16 Und er fragte sie: Was streitet ihr mit ihnen? 17 Einer aber aus der Menge antwortete: Meister, ich habe meinen Sohn hergebracht zu dir, der hat einen sprachlosen Geist. 18 Und wo er ihn erwischt, reißt er ihn; und er hat Schaum vor dem Mund und knirscht mit den Zähnen und wird starr. Und ich habe mit deinen Jüngern geredet, dass sie ihn austreiben sollen, und sie konnten's nicht. 19 Er aber antwortete ihnen und sprach: O du ungläubiges Geschlecht, wie lange soll ich bei euch sein? Wie lange soll ich euch ertragen? Bringt ihn her zu mir!

20 *Und sie brachten ihn zu ihm. Und sogleich, als ihn der Geist sah, riss er ihn. Und er fiel auf die Erde, wälzte sich und hatte Schaum vor dem Mund.* 21 *Und Jesus fragte seinen Vater: Wie lange ist's, dass ihm das widerfährt? Er sprach: Von Kind auf.* 22 *Und oft hat er ihn ins Feuer und ins Wasser geworfen, dass er ihn umbrächte. Wenn du aber etwas kannst, so erbarme dich unser und hilf uns!* 23 *Jesus aber sprach zu ihm: Du sagst: Wenn du kannst – alle Dinge sind möglich dem, der da*

glaubt. *24* Sogleich schrie der Vater des Kindes: Ich glaube; hilf meinem Unglauben! *25* Als nun Jesus sah, dass das Volk herbeilief, bedrohte er den unreinen Geist und sprach zu ihm: Du sprachloser und tauber Geist, ich gebiete dir: Fahre von ihm aus und fahre nicht mehr in ihn hinein! *26* Da schrie er und riss ihn sehr und fuhr aus. Und der Knabe lag da wie tot, sodass die Menge sagte: Er ist tot. *27* Jesus aber ergriff ihn bei der Hand und richtete ihn auf, und er stand auf.

28 Und als er heimkam, fragten ihn seine Jünger für sich allein: Warum konnten wir ihn nicht austreiben? 29 Und er sprach: Diese Art kann durch nichts ausfahren als durch Beten (und durch Fasten).

Ein Text kann viele Facetten haben

In christlichen Gemeinden hat sich im Wechselspiel zwischen Predigern und Predigthörern die Vorstellung herausgebildet, dass uns jede biblische Geschichte eine bestimmte Botschaft mitteilt, und zwar nur eine einzige! Kirchliche Hörer sind dann irritiert, wenn sie in unterschiedlichen Predigten unterschiedlichen Auslegungen begegnen. Für das Verständnis der Evangelientexte ist es hilfreich, sich daran zu erinnern, dass diese Texte oft schon über Jahrzehnte mündlich überliefert worden sind, ehe man sie schriftlich festhielt. Aus eigener Erfahrung weiß jeder, dass sich Geschichten beim Erzählen verändern. Auch geschriebene Texte werden noch verändert. Sie werden ausgeschmückt oder gekürzt, durch Erklärungen ergänzt, mit zusätzlichen Gedanken angereichert, in neue Zusammenhänge gestellt oder sogar mit anderen Geschichten zu einer neuen Einheit zusammengefügt. Spuren solcher Veränderungen sind in manchen Texten erhalten geblieben. Der aufmerksame Leser kann sie erkennen und er kann daraus viel über die Geschichte des Textes und über dessen inhaltliche Veränderungen erfahren. Der vorliegende Text Mk 9,14–29 lädt dazu ein, uns auf Spurensuche zu begeben. Wir beginnen dabei nicht mit irgendwelchen literarischen Theorien oder theologischen Thesen, sondern fragen zunächst ganz unbefangen, was uns an diesem Text als „irgendwie nicht stimmig" auffällt.

Auslegung beginnt mit genauem Lesen

Die Eingangs-Szene schildert eine Gruppe von Jüngern in heftigem Disput mit einer Volksmenge und mit Schriftgelehrten. Die Diskussion war entstanden, weil die Jünger einen kranken Jungen nicht heilen konnten. Es fällt auf: Der Junge wird von Jesus geheilt, aber eine positive Reaktion der Menge oder der Schriftgelehrten auf diese Heilung wird nicht erwähnt.– Das Volk, das nach Mk 9,14 schon versammelt war, strömt nach Mk 9,25 erst herbei. – Zweimal wird erwähnt, dass der kranke Junge zu Jesus gebracht wird. Einmal (Mk 9,17) geht die Initiative vom Vater aus, das andere Mal (Mk 9,19) wird er auf den Befehl Jesu zu ihm gebracht. –Die Krankheit des Jungen wird sogar dreimal geschildert. Einmal vom Vater (Mk 9,17f.), das zweite Mal wird der Krankheitsanfall beschrieben (Mk 9,20), und das dritte Mal schildert der Vater die Krankheitsgeschichte (Mk 9,22). – Die Krankheitssymptome weisen auf Epilepsieanfälle hin. Der Vater spricht aber auch von einem stummen Geist (Mk 9,17) und Jesus treibt einen stummen und tauben Geist aus (Mk 9,25).

In der Diskussion zu Beginn der Geschichte ging es um die Frage, weshalb die Jünger den Dämon nicht austreiben konnten. Den Jüngern wird in einer Schlussbemerkung unter Ausschluss der Öffentlichkeit eine Antwort gegeben: „Diese Art lässt sich nicht anders austreiben als durch Gebet" (Mk 9,29), und einige Handschriften fügen später hinzu: „und durch Fasten". Offen bleibt, wer hier beten und fasten müsste: der Heilung Suchende oder der Exorzist.

Was hat Dämonenaustreiben mit Beten und Fasten zu tun?

Die Jünger konnten nach Mk 9,18 den Dämon aus dem Kind nicht austreiben, denn – so wird das 9,29 erklärt – diese Art sei nur durch Beten und Fasten auszutreiben. Jesus hingegen vermochte den Dämon auszutreiben, obwohl nirgendwo berichtet wird, dass er zuvor gebetet und gefastet hat. So steht dieser Hinweis auf Beten und Fasten beziehungslos neben der Geschichte. Auf wen könnte das Beten und Fasten bezogen sein? Nach jüdischer Vorstellung geben Beten und Fasten Macht über die Dämonen. Es ist aber unwahrscheinlich, dass hier die Gebete und die Fastenzeiten als vorbereitendes Ritual für den Exorzismus gemeint sind, denn exorzistische Praktiken werden in den biblischen Heilungsgeschichten zurückhaltend bis skeptisch gesehen. Von den Besessenen können beten und fasten ohnehin nicht verlangt werden, da sie die widergöttlichen Mächte von Gott trennen und sie auch daran hindern, sich gegen das Widergöttliche selbst zur Wehr zu setzen. Die Bibelwissenschaft hat deutlich gemacht, dass die Verse Mk 9,28f. der Geschichte später angefügt worden sind. Matthäus und Lukas kannten diese Verse offenbar noch nicht, denn in ihren Texten fehlen sie. Für den heutigen Ausleger können sie ebenfalls außerhalb der Betrachtung bleiben.

Wie sind die Dubletten zu erklären?

Gut erzählte Geschichten enthalten kein Wort zu viel. In unserem Text aber wird der Kranke zweimal herbeigebracht, seine Krankheit wird dreimal ausführlich dargestellt, und der Vater bittet zweimal um Hilfe. Die Bibelwissenschaft ist sich darin einig, dass im vorliegenden Markus-Text zwei Heilungsgeschichten miteinander verbunden und ineinander verschränkt worden sind.

Für den Ausleger tun sich danach drei Möglichkeiten auf: Er könnte sich dafür entscheiden, nur die erste Geschichte auszulegen, die in den Versen Mk 9,14–20 vorliegt. In ihr wird die Vollmacht Jesu der Ohnmacht der Jüngergemeinde gegenübergestellt. Die Erwartung, dass die Jünger mit der gleichen Vollmacht wie Jesus zu heilen vermögen, hatte sich nicht erfüllt, und das gab offenbar Anlass zu heftigen Diskussionen. Der Ausleger hätte sich hier mit der Frage auseinanderzusetzen, ob und wie sich Heilwerden von Menschen nach Jesu Tod in den Gemeinden und durch Gemeinden ereignet. In welcher Weise ist die Vollmacht Jesu in seinen Jüngern und Gemeinden heute noch gegenwärtig?

Dabei wird es schwierig werden, den unwilligen Ausruf Jesu (Mk 9,19) zu integrieren: „Du ungläubiges Geschlecht. Wie lange muss ich noch bei euch sein, wie lange muss ich euch noch ertragen?" Es ist nicht eindeutig auszumachen, wer mit den Ungläubigen gemeint ist: die Menge, der Vater oder die Jünger. Der Interpret wird sich hier auch mit einem Jesusbild auseinandersetzen müssen, das zwar in gnostischen Kreisen propagiert wurde, aber dem urgemeindlichen Jesusverständnis fremd ist. Jesus wird nämlich durch diesen Ausruf als eine Art Erlöser gezeichnet, der nur für eine begrenzte Zeit in Menschengestalt aus dem Himmel herabgestiegen ist und sich nun ungeduldig in den Himmel zurücksehnt.

Die zweite Geschichte (Mk 9,21 – 27) entspricht in ihrem Aufbau hellenistischen Wundertexten. Gleich zu Beginn wird dargestellt, wie schwer die Krankheit des Kindes und wie groß die Lebensgefahr ist, in die es durch die Krankheit immer wieder gebracht wurde. Auf die Bitte des Vaters hin wird das Kind durch den gottmenschlichen Heiler (*theios anér*) von der Last seiner Krankheit befreit. Schwerpunkt dieser Geschichte ist allerdings ein Fremdkörper in diesem hellenistischen Schema, nämlich die Grundhaltung des Vaters. Der Vater bittet Jesus um Hilfe für sein Kind, obwohl er ihm die Fähigkeit dazu nicht so recht zutraut: „Wenn du etwas vermagst, so hilf uns" (9,22). Die Auslegung könnte hier ansetzen. Die Grundhaltung des Vaters entspricht dem Verhältnis des heutigen Menschen zu Gott und zum christlichen Glauben. Wir erwarten von Gott und dem christlichen Glauben Großes, aber wir setzen nicht wirklich darauf. Immerhin könnte ja etwas daran sein. Dieser Glaube unter Vorbehalt wird durch Jesu Wort als Unglaube aufgedeckt: „Alles ist möglich dem, der glaubt" (Mk 9,23), nicht aber dem, der nur etwas ohne das Risiko des vollen Vertrauens für möglich hält. Glaube im biblischen Sinn ist mehr als „es könnte ja sein", mehr als „es kann sicher nicht schaden", mehr als ein Wortglaube an Lehren. Diesen Formen des Als-ob-Glaubens stellt Jesus den Glauben gegenüber, der in vorbehaltlosem Vertrauen gründet. Der Vater des kranken Kindes scheint erkannt zu haben, dass seinen Erwartungen dieses vorbehaltlose Vertrauen fehlt. Deshalb (9,24) sein Schrei: „Hilf meinem Unglauben!" Er scheint erfasst zu haben, dass sich vorbehaltloses Vertrauen nicht willentlich herstellen lässt, sondern nur im Wagnis als Geschenk empfangen werden kann. Die Heilung des Jungen bildet in dieser Geschichte den Hintergrund und den Rahmen dafür, dass sich der Vater im Gespräch mit Jesus für das Geschenk des vorbehaltlosen Glaubens öffnet. Der Reifungsprozess des Glaubens wird hier in eine familiäre Krisensituation eingebunden. Das ist ein deutlicher Hinweis darauf, dass ein Glaube, der im Leben trägt, nicht wie ein bestimmtes Pensum von Wortwissen gelernt werden kann, sondern in Krisen- und Grenzerfahrungen des Lebens in den Blick kommt und dort gewagt werden muss. Eine dritte Entscheidungsmöglichkeit für den Ausleger liegt darin, beide Geschichten in der von Markus komponierten Form zugrunde zu legen. Dabei tritt der zum vollen Vertrauen gewandelte Glaube des Vaters dem Kleinglauben der Jünger gegenüber und wird für diese einerseits zum Tadel und andererseits auch zum Vorbild. Das Wort Jesu an das „ungläubige Geschlecht" wäre somit auf die damaligen Jünger wie auch auf die heutige Gemeinde zu beziehen. Heil verkündigen und das Heilen von Unheil und Krankheit wären eng verknüpft zu sehen und im Sinne des Markus-Konzeptes als endzeitliches Geschehen zu verstehen.

Nimmt man noch die Erwägungen und die Entscheidungen dazu, die ein Prediger zu treffen hat, wenn er den Text auf der einen Seite für Alte und Kranke oder auf der anderen Seite in einem Schulgottesdienst auslegt, so wird deutlich, dass jede Auslegung dieser einen Geschichte legitim und notwendig unterschiedliche Akzente setzen muss, um die jeweiligen Hörer zu erreichen.

Die Bearbeitungen durch Matthäus und Lukas

Die vielen Doppelungen und Ungereimtheiten im Markustext sind wohl schon Matthäus und Lukas aufgefallen. Beide übernehmen den Text, bearbeiten ihn aber auf unterschiedliche Weise, und zwar so, dass er sich in ihr Evangelienkonzept einfügt. Matthäus (17,14–21) lässt die Diskussionsszene am Beginn der Geschichte ganz weg und kürzt die ausführlichen und wiederholten Schilderungen der Krankheit des Jungen auf die knappe Feststellung: „Er ist mondsüchtig". Er teilt nur mit, dass die Jünger das Kind nicht heilen konnten. Nach dem Wort über das ungläubige Geschlecht bedroht Jesus den Dämon. Dieser fährt aus und der Junge ist geheilt. Der Glaube des Vaters wird nicht erwähnt. Das Versagen der Jünger wird daher ohne den Blick auf den Vater mit deren Kleinglauben erklärt. Diese Zuspitzung auf den Glauben der Jünger weist darauf hin, dass in den Gemeinden, an die Matthäus schreibt, das Ausbleiben von Heilungen zum Problem geworden war und zu Fragen Anlass gab. Die Schlussworte ermutigen deshalb die Leser zu einem Glauben, der Berge versetzen kann.

Auch Lukas (9,38 – 43) verändert den Markustext. Den kranken Jungen erklärt er zum „einzigen" Sohn der Familie und hebt auf diese Weise das soziale Ausmaß der Krankheit hervor. Die zweite Geschichte des Markus (Mk 5,20 – 28) streicht er völlig. Das Wort über das ungläubige Geschlecht bleibt erhalten, aber im Gegensatz zu Matthäus wird der Kleinglaube der Jünger nicht weiter erwähnt. Markus stellt vor allem heraus, dass Jesus souverän heilte. Das bringt er auch mit der Reaktion der Umstehenden zum Ausdruck: „Alle waren überwältigt von der Größe Gottes" (Lk 9,43).

Eine Erzählung – viele Botschaften

Die Analyse des Markustextes konnte vor Augen führen, dass die Fassung, die wir im ältesten Evangelium vorfinden, schon eine längere Entwicklungsgeschichte hinter sich hat. Die Bearbeitungen dieses Markustextes durch Matthäus und Lukas haben gezeigt, dass Evangelientexte noch gegen Ende des ersten Jahrhunderts keineswegs als von Gott eingegeben oder gar diktiert betrachtet wurden, sondern als Material für eigene Evangeliums-Kompositionen benutzt und darin mit neuen Pointen versehen werden konnten. Diese Einbindung in ein anderes Gesamtkonzept gibt einem Text selbst dann, wenn er wortwörtlich übernommen wird, eine andere Sinnrichtung, die zu beachten ist, wenn man ihn innerhalb seines neuen Kontextes angemessen verstehen und auslegen will.

Jesus heilt die besessene Tochter einer Heidin
(Mk 7,24–30; Mt 15,21–28)

Mk 7,24 Von dort aber brach er auf und begab sich in das Gebiet von Tyrus. Und er ging in ein Haus hinein und wollte, dass niemand es erfahre. Doch er konnte nicht verborgen bleiben, 25 sondern sogleich hörte eine Frau von ihm, deren Töchterchen einen unreinen Geist hatte. Die kam und warf sich ihm zu Füssen. 26 Die Frau aber war Griechin, Syrophönizierin von Herkunft. Und sie bat ihn, den Dämon aus ihrer Tochter auszutreiben. 27 Da sagte er zu ihr: Lass zuerst die Kinder satt werden, denn es ist nicht recht, den Kindern das Brot wegzunehmen und es den Hunden hinzuwerfen. 28 Sie aber entgegnet ihm und sagt: Herr, die Hunde unter dem Tisch fressen ja ohnehin von dem, was die Kinder fallen lassen. 29 Und er sagte zu ihr: Um dieses Wortes willen geh, der Dämon ist aus deiner Tochter ausgefahren. 30 Da ging sie nach Hause und fand das Kind auf dem Bett liegen, und der Dämon war ausgefahren.

Mt 15,21 Und Jesus ging von dort weg und zog sich in die Gegend von Tyrus und Sidon zurück. 22 Und da kam eine kanaanäische Frau aus jenem Gebiet und schrie: Hab Erbarmen mit mir, Herr, Sohn Davids! Meine Tochter wird von einem Dämon furchtbar gequält. 23 Er aber antwortete ihr mit keinem Wort. Da traten seine Jünger zu ihm und baten: Stell sie zufrieden, denn sie schreit hinter uns her! 24 Er antwortete: Ich bin nur zu den verlorenen Schafen des Hauses Israel gesandt. 25 Doch sie kam, fiel vor ihm nieder und sagte: Herr, Hilf mir! 26 Er antwortete: Es ist nicht recht, den Kindern das Brot wegzunehmen und es den Hunden hinzuwerfen. 27 Sie sagte: Stimmt, denn die Hunde fressen ja ohnehin von den Brotbrocken, die vom Tisch ihrer Herren fallen. 28 Darauf antwortete ihr Jesus: Frau, dein Glaube ist groß! Dir geschehe, wie du willst. Und von Stund an war ihre Tochter geheilt.

Eine in mehrfacher Hinsicht außerordentliche Geschichte

Der Jesus, der uns hier begegnet, will so gar nicht zu der sanften und allzeit hilfsbereiten Person passen, die wir aus der kirchlichen Verkündigung und aus der westlichen Kunst kennen. Hier weist er die Bitte einer verzweifelten Mutter für ihr Kind in schroffer, ja in beleidigender Weise zurück. Überraschend ist auch, dass die Bitte um eine Dämonenaustreibung zwar der Anlass der Geschichte ist, dass aber ihre Botschaft an ganz anderer Stelle liegt. Schließlich eröffnet uns diese Geschichte, die uns bei Markus und Matthäus in zwei verschiedenen Fassungen vorliegt, einen lehrreichen Einblick in die Entwicklungsgeschichte von biblischen Texten.

Der außerordentliche Ort des Geschehens

Die Situation vor unserer Geschichte spielt sich nach Markus in Gennesaret ab. Fromme und schriftgelehrte Juden hatten Jesus zur Rede gestellt, weil seine Jünger sich vor dem Essen nicht die Hände gewaschen und damit gegen die jüdischen Kultgebote verstoßen hatten. Sie forderten damit von Jesus, er möge darauf achten, dass die kultischen Ordnungen der jüdischen Religion eingehalten werden. Einen solchen nur formalen Gesetzesgehorsam weist Jesus zurück, indem er an eine Weissagung des Propheten Jesaja erinnert: „Dieses Volk ehrt mich mit den Lippen, ihr Herz aber hält sich fern von mir. Nichtig ist, wie sie mich verehren; was sie an Lehren vortragen, sind Satzungen von Menschen" (Mk 7,6f.). Jesus sagt den Vertretern der jüdischen Religion, dass nicht die Gesetze einer Religion verbindlich sind, sondern die Gebote Gottes.

Zu den Regeln der jüdischen Religion gehörte auch das Gesetz, den Kontakt mit nichtjüdischen Personen zu meiden. Eben diese Regel verletzt Jesus bereits, wenn es heißt: „Von dort (nämlich Gennesaret) brach er auf und begab sich in das Gebiet von Tyrus" (Mk 7,24) „und Sidon" (Mt 15,21). Die alte phönizische Hafenstadt Tyrus lag nördlich von Galiläa, also außerhalb des jüdischen Siedlungsgebietes. Die Hafenstadt Sidon befand sich noch weiter nördlich und damit noch tiefer im damals „heidnischen" Bereich. Indem Jesus das jüdische Gebiet verlässt, setzt er sich bewusst der Begegnung mit heidnischen Menschen aus. Wir halten fest, dass wir es hier mit der einzigen Dämonenaustreibung Jesu außerhalb des jüdischen Bereichs zu tun haben.

Eine außerordentliche Bittstellerin

Jesus und seine Jünger wollten im heidnischen Land unerkannt bleiben. Aber das konnte nicht gelingen; „er konnte nicht verborgen bleiben" (Mk 7,24), selbst auf fremdem Boden nicht. Eine Frau erkennt in ihm den göttlichen Gesandten und weiß, dass sie von ihm Hilfe bekommen kann. Diese Frau wird von Markus als „Griechin" und „Syrophönizierin" und von Matthäus als „Kanaanäerin" gekennzeichnet. Aus jüdischer Sicht galten Syrophönizier und Griechen als judenfeindlich und Kanaanäer als Götzendiener; sie waren demnach beide zu meiden. Die Heidin sieht diesen Graben nicht und erkennt ihre Chance. Sie wirft sich Jesus zu Füßen und bittet ihn, den Dämon auszutreiben, der ihre Tochter quält. Man darf nicht realistisch fragen, woher die Kanaanäerin von Jesu Vollmacht weiß. Man darf erst recht nicht fragen, wie die Heidin dazu kommt, Jesus (nach Mt 15,22) als „Sohn Davids" anzureden, was ja außerhalb der jüdischen Kultur keinen Sinn ergibt. Diese als selbstverständlich vorausgesetzten Kenntnisse drücken aus, dass eine Heidin außerhalb Israels das tut, was die frommen Juden verweigern, nämlich Jesus als Heilbringer zu erkennen und das Heil in Anspruch zu nehmen, das er geben konnte. So beschämt die Heidin mit ihrem unerschütterlichen Glauben an die göttliche Vollmacht Jesu viele Kinder Israels. Das wird durch ihre beharrlichen Bitten noch betont. Wir halten fest: Diese Frau ist die einzige Heidin, die sich im heidnischen Land mit einer Bitte an Jesus wendet.

Die außerordentliche Reaktion Jesu

Nach jüdischer Ordnung hat ein frommer Jude auf die Bitten einer Heidin gar nicht einzugehen. Das ist auch die erste „ordentliche" Reaktion Jesu: „Er aber antwortete ihr mit keinem Wort" (Mt 15,23). Die Jünger möchten die lästige Bittstellerin nur abschütteln und schlagen Jesus vor „Stell sie zufrieden" oder „Schicke sie fort!" Jesus lehnt die Bitte der Heidin mit der Begründung ab: „Ich bin nur zu den verlorenen Schafen des Hauses Israel gesandt" (Mt 15,24). Historisch trifft es zu, dass Jesus im Rahmen der jüdischen Glaubensgemeinschaft gewirkt hat. Ziel seiner Sendung war es, das Gottesvolk angesichts des anbrechenden Gottesreiches zu sammeln. Dieses Gottesvolk war für ihn zunächst nur Israel. Das drückt sich sehr deutlich in der Anweisung an die Jünger aus: „Nehmt nicht den Weg zu den Heiden und betretet keine Samaritanische Stadt. Geht vielmehr zu den verlorenen Schafen des Hauses Israel" (Mt 10,5f.). Seine Tätigkeit als Wanderprediger beschränkte sich im Wesentlichen auf ein kleines jüdisches Gebiet im nördlichen Umfeld des Sees Gennesaret, und zwar in der Zeit von Anfang 29 bis zum Frühjahr 30.

Die im damaligen Judentum übliche Sicht auf die Heiden klingt in der Bemerkung Jesu unverblümt nach, mit der er die Bitte der Heidin abweist: „Es ist nicht recht, den Kindern (Israels) das Brot wegzunehmen und es den Hunden (Heiden) hinzuwerfen" (Mt 7,27). Die Heidin lässt sich aber weder von der abwertenden Sicht der Juden noch von dem Schimpfwort „Hunde" abschrecken. Sie nimmt sogar die Rolle der Hunde an, die von den Brotstücken leben, welche die Kinder fallen lassen. Ihr unbeirrbares Vertrauen in den als Heiland erkannten Jesus ignoriert die von jüdischer Seite errichtete Grenze zwischen Heiden und Juden.

Die Frage ist hier nicht, ob Jesus das heidnische Kind heilen kann, sondern ob er das will. Angesichts des menschlichen Rufs um Erbarmen überspringt Jesus die Ordnungen und die Grenzen seiner Religion. So ist die Szene ein Paradigma dafür, dass es gilt, dem Gebot der Liebe mehr zu folgen als den menschlichen Satzungen der Religion. Sie zeigt auch, dass Jesus im jüdischen Denken nicht gefangen bleibt, sondern jene Barmherzigkeit praktiziert, die der Schöpfer seiner gesamten Schöpfung gegenüber zeigt und dabei keine Grenzen gelten lässt, die Menschen gegeneinander errichten. Der unbeirrbare Glaube der Heidin bringt am Ende hervor, dass sich die Sendung Jesu nicht nur auf das Heil Israels richtet, sondern auf das Heil für alle Welt. Damit profiliert sich diese Geschichte gegenüber den anderen Dämonenaustreibungen, denn sie klärt, wem das Wirken und die Botschaft Jesu gilt.

Jesu Botschaft weist und drängt über das Judentum hinaus

Die Gemeinden hatten sich schon bald nach Jesu Tod (im Jahr 30) mit der Frage auseinanderzusetzen, wer überhaupt zu einer christlichen Gemeinde gehören kann. Für die Gemeinde, die sich in Jerusalem bildete, war das noch kein Thema. Hier waren alle jüdischer Herkunft. Die christliche

Gemeinde entstand als Gruppe innerhalb der Synagoge. Sie blieb im jüdischen Verband und beachtete selbstverständlich die jüdischen Gesetze. An einem Punkt unterschieden sich die Jesus-Anhänger allerdings deutlich von ihren jüdischen Glaubensgenossen. Sie sahen den von allen Juden erwarteten Messias in Jesus als bereits gekommen. Als später auch Nichtjuden für den christlichen Glauben gewonnen wurden, war die Frage zu klären, ob und in welchem Maße für diese nichtjüdischen Menschen, die sich der Gemeinde anschlossen, die jüdischen Religionsgesetze gelten sollten und von ihnen einzuhalten waren. Die Praxis und die Diskussion dieses Problems lassen sich am Beispiel der Gemeinde von Antiochia in Syrien verdeutlichen. Antiochia war damals nach Rom und Alexandria die drittgrößte Stadt im römischen Reich, bewohnt von Menschen aus aller Herren Länder. Eine christliche Gemeinde gab es hier schon im ersten und zweiten Jahrzehnt nach Jesu Tod. Dieser Gemeinde, die sich im Umfeld der jüdischen Synagoge gebildet hatte, schlossen sich nicht nur Menschen jüdischer Herkunft, sondern auch Nichtjuden aus unterschiedlichen Religionen an. Das Besondere der antiochenischen Gemeinde bestand darin, dass man von den Heiden, die sich zu Christus bekannten, nicht verlangte, die jüdischen Gesetze einzuhalten. Menschen heidnischer Herkunft mussten sich also weder beschneiden lassen noch die jüdischen Speisegebote beachten. Diese Freiheit führte allerdings zu Spannungen mit der judenchristlichen Gemeinde in Jerusalem, in der es als selbstverständlich galt, dass ein Christ das jüdische Gesetz praktizierte. Als Paulus nach Antiochia kam und von dieser Spannung erfuhr, machte er sich mit Barnabas und Titus nach Jerusalem auf, um mit den Leitern der dortigen Gemeinde, Petrus, Jakobus(dem Bruder Jesu) und Johannes die Frage zu klären, ob Christen an das jüdische Gesetz gebunden sind. Das Ergebnis der Unterredung fasst Paulus in Gal 2,6–10 so zusammen: „Mir jedenfalls haben die Angesehenen nichts auferlegt … im Gegenteil: Als sie sahen, dass mir das Evangelium für die Unbeschnittenen anvertraut ist so wie dem Petrus das für die Beschnittenen

… und als sie die Gnade erkannten, die mir geschenkt war, da gaben Jakobus, Kephas (Petrus) und Johannes, die Angesehenen, die als ‚Säulen' gelten, mir und Barnabas die rechte Hand zum Zeichen ihres Einverständnisses. Wir sollten zu den Heiden, sie aber zu den Beschnittenen gehen. Einzig an die Armen sollten wir denken." Von den Heiden, die sich der Gemeinde anschlossen, wurde nicht verlangt, die Gesetze der jüdischen Religion einzuhalten. Das war der historisch zu nennende Beschluss dieses Aposteltreffens. Die Heidenmission sollte sich gesetzesfrei entwickeln können. Das Christentum wurde damit an entscheidender Stelle vom Judentum abgekoppelt. Die Differenzen zwischen den Heidenchristen (Hellenisten) von Antiochia und den Judenchristen von Jerusalem waren damit freilich nicht beigelegt, da nicht alle Judenchristen Jerusalems den von Paulus geschilderten Beschluss mittrugen. Der Konflikt brach erneut auf, als Jahre später Petrus die Gemeinde von Antiochia besuchte. Gemäß der Absprache von Jerusalem aß er zunächst zusammen mit den Heidenchristen. Als aber eine weitere Delegation mit Anhängern des Jakobus hinzukam, die darauf bestand, dass alle Christen das jüdische Gesetz einzuhalten hatten, zog sich Petrus aus der Mahlgemeinschaft mit den Heidenchristen zurück. Paulus kritisierte dieses Verhalten des Petrus und bezeichnete es öffentlich als Heuchelei (Gal 2,13). Für das Gemeindeleben in Antiochia mit Christen jüdischer und heidnischer Herkunft wurde nach diesem Vorfall ein Kompromiss gefunden, der sich in Apg 15,28f. niedergeschlagen hat. Danach sollten sich die Heidenchristen im Zusammenleben mit den Judenchristen von Götzenopferfleisch fernhalten, d. h. kein Fleisch essen, das aus Schlachtungen heidnischer Kulte stammte oder stammen könnte. Bei gemeinsamen Mahlzeiten sollte nur Fleisch gegessen werden, das nach den kultischen Regeln des jüdischen Gesetzes geschlachtet (d. h. geschächtet) wurde. Offenbar galt diese Regelung nur für die Gemeindepraxis in Antiochia, denn in den Briefen des Paulus an seine vielen heidenchristlichen Gemeinden werden diese Auflagen nirgendwo erwähnt. Im Gegenteil: In seiner Auseinandersetzung mit den Bemühungen der judenchristlichen Gruppe um Jakobus, allen Christen das jüdische Gesetz aufzuerlegen, schreibt Paulus an die Gemeinde in Galatien: „Zur Freiheit hat uns Christus befreit. Steht also fest und lasst euch nicht wieder in das Joch der Knechtschaft einspannen … In Christus gilt weder Beschnittensein noch Unbeschnittensein, sondern allein der Glaube, der sich durch die Liebe als wirksam erweist. … Das ganze Gesetz hat seine Erfüllung in dem einen Wort gefunden: „Liebe deinen Nächsten wie dich selbst" (Gal 5,1f, 6,14).In der Geschichte von der Heilung der besessenen Tochter einer Heidin wird anschaulich, wie durch die Bitten der Heidin in Jesu Verhalten die Grenzen der jüdischen Religionsgesetze gesprengt und um der Liebe willen übersprungen werden. In gleicher Weise zeigt Jesus durch die Mahlgemeinschaft, die er mit Zöllnern und Sündern hält (Mk 2,13–17), dass dort, wo es um das Heil von Menschen geht, religiöse Barrieren weichen müssen. Nicht nur die Heiden, auch die Zöllner galten pauschal als Sünder, weil man unterstellte, dass sie das jüdische Gesetz nicht beachteten und zudem mit den Heiden kollaborierten. Paulus, von Geburt Jude und jüdischer Schriftgelehrter, hat die über das Judentum hinausweisenden universalistischen Impulse Jesu erspürt und die christlichen Gemeinden von den Fesseln der jüdischen Religionsgesetze und damit grundsätzlich aus den Zwängen religiöser Menschensatzungen befreit. Hätte er den Kern der christlichen Liebesbotschaft theologisch und praktisch nicht so konsequent gegen den religiösen Ritualismus durchgesetzt, so wäre das Christentum eine religionsgeschichtliche Episode innerhalb des Judentums geblieben und wäre – wie die judenchristlichen Gemeinden – schon bald ohne Spuren aus der Geschichte ausgeschieden. Die befreiende Botschaft von der gesetzesfreien Liebe Gottes, wie sie Jesus gelebt und gelehrt hat, hätte Europa wohl nie erreicht.

Der Blick in die Gegenwart

Die Dämonenaustreibung Jesu im Heidenland erweist sich als ein Schlüsseltext für den Weg des Evangeliums in die hellenistische Welt und damit auch nach Europa und in unsere Gegenwart. Es täte den christlichen Kirchen gut, ihre ausgrenzenden religiösen Satzungen im Lichte jener alle Grenzen sprengenden Liebe Gottes zu überprüfen, die an Jesu Wirken im Heidenland so eindrucksvoll deutlich wird. Die protestantischen Kirchen haben 1973 eine Jahrhunderte gültige Barriere weggeräumt und mit der Leuenberger Konkordie die Mahlgemeinschaft für alle Christen ausgerufen. Die römisch-katholische Kirche hat im 2. Vatikanum (1962–1965) erneut bekräftigt, dass allein jene Eucharistie dem Mahlverständnis Jesu entspricht und exklusiv gilt, die von Amtsträgern ausgeführt wird, welche in der Weihetradition der apostolischen Sukzession und in Gemeinschaft mit dem römischen Papst stehen. Die Päpste Johannes Paul II und Benedikt XVI haben bis in ihre jüngsten apostolischen Verlautbarungen eingeschärft, dass es keine Abendmahlsgemeinschaft geben kann, solange es keine kirchliche Gemeinschaft zwischen den Konfessionen und keine gemeinsame Eucharistie im römischen Sinne gibt. Deshalb bleibt Protestanten die Teilnahme an der römisch-katholischen Mahlfeier untersagt, und Katholiken dürfen an protestantischen Mahlfeiern nicht teilnehmen. Der katholische Theologieprofessor Gotthold Hasenhüttl stellt zur Eucharistiepraxis seiner Kirche bitter fest: „Selbst das Einheits- und Hingabsymbol Eucharistie wird bis heute zur Trennung von Gruppen und Menschen genutzt." Liebe, die aus dem Geist Gottes hervorgeht, stellt keine Bedingungen, sie geschieht bedingungslos.

5 KRANKENHEILUNGEN

Der Verständnishintergrund von Krankheit und Heilung

Krankenheilungen und Dämonenaustreibungen sind nicht streng voneinander zu trennen, da die Antike in allen Krankheiten Dämonen, widergöttliche Mächte, am Werk sieht. Der Exorzist oder Heiler setzt nach dem Denkmodell des Dämonenglaubens Mittel und Techniken ein, um die Dämonen in ihre Schranken zu weisen, ihr zerstörerisches Wirken zu beenden und sie aus den Kranken zu vertreiben. Bei Besessenheit ist der Befehl des Exorzisten an den Dämon/die Dämonen das entscheidende Kampfmittel: „Fahr aus!/Fahrt aus!" Die Wirkung dieses Befehls beweist allen Zeugen, dass der Exorzist auf der Seite Gottes steht und in dessen Auftrag handelt. Bei der Heilung von körperlichen Gebrechen wie Blindheit, Stummheit, Taubheit, Lähmungserscheinungen oder Aussatz werden vom Heiler Kontaktgesten, verschiedene Techniken oder auch nur das Wort eingesetzt, um der Dämonen Herr zu werden und um den Schaden zu beseitigen, den sie angerichtet haben. Davon wird im Einzelnen zu sprechen sein.

Das dämonistische Weltverständnis des Judentums und die darin üblichen Heilungspraktiken waren der selbstverständliche Hintergrund für die Krankenheilungen durch Jesus. Deshalb ist das dämonistische Weltbild hier nicht zu problematisieren, sondern als gegeben vorauszusetzen und nach der jeweiligen Botschaft zu fragen, die innerhalb dieses Denkmusters zum Ausdruck gebracht wird.

Jesus heilt einen Taubstummen
(Mk 7,31–37)

31 Und wieder kam er, als er das Gebiet von Tyrus verlassen hatte, durch Sidon an den See von Galiläa mitten hinein in das Gebiet der Dekapolis. 32 Da bringen sie einen Taubstummen zu ihm und bitten ihn, ihm die Hand aufzulegen. 33 Und er nahm ihn beiseite, weg aus dem Gedränge, legte die Finger in seine Ohren und berührte seine Zunge mit Speichel, 34 blickte auf zum Himmel und seufzte, und er sagt zu ihm: Effata! Das heißt: Tu dich auf! 35 Und sogleich taten seine Ohren sich auf, und das Band seiner Zunge löste sich, und er konnte richtig reden. 36 Und er befahl ihnen, niemandem etwas zu sagen, doch je mehr er darauf bestand, desto mehr taten sie es kund. 37 Und sie waren völlig überwältigt und sagten: Gut hat er alles gemacht, die Tauben macht er hören und die Stummen reden.

Das Modell eines antiken Wunderberichtes

Der reine Wundertext (Mk 7,32–37), der uns hier begegnet, unterscheidet sich in nichts von den hellenistischen Wunderberichten der gleichen Zeit.

V 32a: Ein Kranker wird zum Wunderheiler gebracht. Kranker und Heiler begegnen einander.

V 32b: Die Bitte um Heilung wird ausgesprochen.

V 33/34a: Der Heilgestus wird dargestellt.

V 34b: Ein Heilwort beschließt die Heilhandlung.

V 35: Der Heilerfolg wird festgestellt.

V 36: Die Heilung wird vor dem Volk demonstriert und hier mit dem Gebot verknüpft, das Geschehen geheim zu halten.

V 37: Der Wundertäter wird vom Publikum gepriesen.

Nach diesem Schema sind in der hellenistischen Welt schon lange vor Jesus Heilungswunder berichtet worden. Wenn nun nach dem gleichen Schema eine Heilung durch Jesus dargestellt wird, so lässt sich daraus Folgendes erschließen:

1. Die Geschichte stammt aus dem Bereich der hellenistischen Kultur.
2. Jesus wird in seinem heilenden Handeln einem hellenistischen Therapeuten gleichgestellt. Die Therapeuten genossen ein hohes Ansehen. Dieses Ansehen wird damit auch Jesus zugesprochen.
3. Wenn Jesu heilendes Handeln dem körperlichen Heilen zugeordnet und darauf begrenzt wird, nimmt man ihm allerdings die Sinndimension, auf die das körperliche Heilen verweist. Davon wird noch zu sprechen sein.

Die Heilhandlung

Das Wunder wirkende Handeln Jesu wird in diesem Text ungewöhnlich breit und im Detail dargestellt, so als sollte die Aufmerksamkeit des Lesers und Hörers eben darauf gerichtet werden. Jesus wird nur gebeten, dem Taubstummen die Hand aufzulegen, ihn also zu berühren. Die Kraft, die von dem Heiler ausgeht, stellte man sich dinglich vor als eine Art von magischer Übertragung heilender Kräfte oder der Gesundheit selbst. Durch die Berührung, so meinte man, übertrage der Heiler seine numinose Potenz auf den Kranken, welche die Krankheit hinwegnimmt. Die Heilwirkung durch Berührung kennt jeder aus seiner Kindheit, wenn die Mutter auf den gequetschten Finger ihre Hand gelegt oder den verwundeten Finger gestreichelt hat. Die gleiche Vorstellung von einer geheimnisvollen Kraftübertragung steht hinter der Berührung von Reliquien oder von besonderen Menschen, ja selbst von deren Kleidern. Das Handauflegen im Sinne einer realen Übertragung von Segen, eines Amtscharismas oder einer sonstigen Vollmacht gehört bis heute zum Gestenrepertoire religiöser Handlungen.

In unserem Text wird das therapeutische Handeln sehr genau dargestellt. Jesus legt seine Hand nicht behutsam auf die Ohren des Tauben, sondern er stößt seine Finger (wie es im Griechischen heißt) kraftvoll in die Ohren des Kranken, so als wollte er die Sperren durchbrechen, die ihn aus der Welt der Laute und Töne ausschließen.

Der Speichel als Heilmittel

Wer taub ist, kann von sich aus die Lautsprache nicht erlernen; er bleibt also aus lautsprachlicher Sicht stumm. Das Heilhandeln muss deshalb auch die Zunge lösen, die durch dämonische Mächte gebunden ist. Jesus berührt die Zunge des Stummen mit seinem Speichel, dem eine antidämonische Wirkung zugesprochen wurde. Speichel galt in der Antike wie Blut generell als Träger von „Mana", jener übermenschlichen und übernatürlichen Kraft, die uns vor Unheil und Krankheit bewahren kann. In unserer Kultur galt das dreimalige Ausspucken ebenfalls als Abwehrgestus gegen Unheil. Im altchristlichen Taufritus berührte der Priester Nase und Ohren des Täuflings mit seinem Speichel, um beide vor dem Eindringen böser Geister zu schützen. Beim menschlichen Heiler wirkt nicht nur die dem Speichel zugesprochene Heilkraft, er ist noch zusätzlich aufgeladen mit der numinosen Heilkraft der heilenden Person. Bei diesem Verständnishintergrund galt in der Antike der Speichel als Mittel der Medizin. Das wird noch anschaulicher in Joh 9,6f, wo Jesus aus Speichel und Erde einen Teig anrührt und diesen auf die Augen eines Blindgeborenen aufstreicht. Als dieser den Teig am Teich Schiloach abwäscht, kann er sehen.

Das Wort als Heilmittel

Die Heilhandlung erfolgt in unserer Geschichte durch ein Wort. In der Antike konnten das Zauberformeln oder magische Worte in einer unverständlichen Sprache sein. Das hier von Jesus ausgesprochene Wort „*effata*" ist aramäisch. Es entstammt also einer Sprache, deren Dialekte in der Gegend gesprochen werden. Im Matthäus-Evangelium, das wie das gesamte Neue Testament in Griechisch geschrieben ist, wird „*effata*" für den Leser sofort übersetzt: „Tu dich auf!" Es soll also nicht als geheimnisvolle Zauberformel verstanden werden, sondern eindeutig als ein verständlicher Befehl. Bleibt man im Horizont der reinen Wunderheilung, so ist es ein Befehl an die Ohren: Der sprachliche Singular zeigt bereits, dass Jesu Befehl nicht nur den kranken Ohren, sondern dem ganzen Menschen gilt.

Vor dem entscheidenden Befehlswort blickt Jesus zum Himmel auf und seufzt. Dieser Gestus deutet an, dass der Heiler sich der Hilfe „von oben" versichert. Im Verständnis Jesu wäre damit zum Ausdruck gebracht, dass das, was hier geschieht, aus dem Geist göttlicher Liebe geschieht und keine menschliche Leistung ist, vielmehr im Kontext seiner Sendung verstanden werden muss. Damit betreten wir bereits eine andere Ebene der Deutung.

Nimmt man diesen Text als reinen „Wundertext", so sagt er über Jesus nur: Er konnte körperliche Gebrechen heilen wie andere hellenistische Heiler auch. Das darf man als pauschale historische Feststellung stehen lassen. Aber es gibt im Text Hinweise auf eine Deutungsebene, die über das reine Verständnis eines körperlichen Heilungswunders hinausweist.

Eine andere Verständnisebene

Die Antike kannte viele Arten von Heilern: Magier, Zauberer, Schamanen, Charismatiker, Exorzisten. Für einige von ihnen war das große Publikum ein wichtiges Forum ihrer Heilungen, weil durch die Öffentlichkeit des Geschehens der Ruhm und der Ruf des Heilers verbreitet wurden. Unsere Geschichte beginnt mit der Feststellung, Jesus „nahm ihn (den Taubstummen) beiseite, weg aus dem Gedränge" (Mk 7,33a). Was geschehen sollte, entzieht Jesus der Öffentlichkeit. Damit werden gleich mehrere Missverständnisse abgewiesen, so die Vorstellung, dass es hier um ein Schauwunder oder um eine spektakuläre Demonstration geht, und auch die Absicht, dass sich ein Heiler werbend in Szene setzen will. Der Taubstumme soll nicht Objekt einer Vorstellung sein. Jesus schafft eine Begegnung unter vier Augen. Nach der Heilung befiehlt er denen, die mit diesem bisher Stummen nun sprechen können, „niemandem etwas zu sagen" (Mk 7,36a).

Markus erzählt diese Geschichte nicht zum Ruhm des Wundertäters Jesus. In seinem Evangelium stellt er Jesus als die Schlüsselfigur dar, durch deren Wirken und Lehren das Reich Gottes anbricht. Krankenheilungen sind für antikes Verständnis stets Siege über die dämonischen Mächte. In jedem Sieg Jesu über die Dämonen zeigt sich bereits das anbrechende Reich Gottes. Inwiefern dies nicht nur eine abstrakte Feststellung ist, sondern die menschliche Lebenswirklichkeit betrifft, soll im Folgenden wenigstens angedeutet werden.

Wundergeschichten als Bausteine einer Gesamtbotschaft

Eine biblische Wundererzählung will nicht als ein Hergangsprotokoll verstanden werden. Das ist schon deshalb nicht angebracht, weil es hier keinen Berichterstatter gibt, der den Vorgang als distanzierter Zeuge beobachtet haben könnte. Die Heilungsgeschichte ist als überkommenes Traditionsgut von Markus in sein Evangelium aufgenommen worden, freilich nicht als ein additives Element in eine Sammlung von Fakten, sondern als Baustein für das Gesamtkonzept seines Evangeliums.

Die literarische Gattung „Evangelium" gibt es vor Markus nicht. Mit seinem Werk, das er nach 70 geschrieben hat, schafft Markus erst diese literarische Gattung und führt dafür auch den Begriff „Evangelium" ein. Was ist ihr Sinn, ihre Absicht, ihr Ziel? Auszuschließen ist die Absicht, das vergangene Wirken Jesu zu dokumentieren, nur um es als historische Erinnerung festzuhalten. Markus schreibt nicht für ein künftiges Archiv, sondern für konkrete christliche Gemeinden. Er bearbeitet das ihm vorliegende Material so, dass es dem Leser vergegenwärtigt, was Jesu Wirken, Reden und Leiden für ihn bedeutet. Der Weg Jesu soll verstanden werden als unser Weg zu einem neuen Horizont, der uns durch Jesus eröffnet wird. Das, was Jesus getan und gelehrt hat, soll diesen neuen Horizont erfahrbar und anschaubar machen. Die Texte sollen als transparente Hinweise für eine Lebenswirklichkeit gelesen werden, zu der wir durch Jesus befreit und eingeladen sind. Die Wundererzählungen werden damit zu verweisenden Zeichen auf diese neue Wirklichkeit. Aus vermeintlichen „Episoden" werden Paradigmen für das anbrechende Reich Gottes.

Zurück zu unserer Geschichte. Vergegenwärtigen wir uns die Lebenswirklichkeit eines taubstummen Menschen. Unsere menschliche Welt, unsere Kommunikation, unsere Kultur bauen wir im Medium unserer Wortsprache auf, die im Normalfall die Lautsprache ist. Der Gehörlose ist vom entscheidenden Kommunikationsmedium abgeschnitten und damit von den differenziertesten Elementen des geistigen Austausches und der menschlichen Entwicklung ausgeschlossen. Es gab in der Antike keine Spezialförderung für Taubstumme, die es diesen ermöglicht hätte, am Kommunikationsfluss der Wortsprache ihrer Gemeinschaft und an deren kulturellen Standards teilzuhaben. Sie waren als Einzelne inmitten von Menschen ausgegrenzt, sie lebten wie „gefangen in sich selbst".

Wer nicht hören kann, der erlernt ohne Hilfe die Lautsprache nicht. Der Taube kann sich daher in jenen Bereichen nicht äußern, die nur über das Wort zu unserer Verfügung stehen und nur auf diesem Weg ausgetauscht werden können. Dazu gehören weite Bereiche des Zwischenmenschlichen und der gesellschaftlichen Kultur. Der Ausfall des Gehörs ist also keineswegs nur ein Organschaden, für den heute der HNO-Arzt zuständig ist. Die Taubheit ist in ihren vielfältigen Auswirkungen eine schwere Schädigung des gesamten Menschen.

Jesu heilendes Handeln ist nicht das eines medizinischen Organheilers. Es richtet sich stets auf den ganzen Menschen. Wenn auch Jesus im Volk als Wunderheiler gefragt war, so hat die christliche Gemeinde in seinem heilenden Handeln sehr viel mehr gesehen. Das kommt in drei Aussagen des letzten Satzes unseres Textes zum Ausdruck: „Sie waren völlig überwältigt und sagten: Gut hat er alles gemacht, die Tauben macht er hören und die Stummen reden" (Mk 7,37). Überwältigt waren die Zeugen des Geschehens nicht von der isolierten Organheilung, denn die betraf ja nur den Einen. Sie waren überwältigt, weil sie darin Größeres erkannt hatten. Um das anzudeuten, wird die Schöpfungsgeschichte herangezogen, in der es abschließend heißt: „Sieh, es war sehr gut" (Gen 1,31). Was dort von Gott gesagt wurde, das wird hier auf Jesus übertragen: „Gut hat er alles gemacht". Er hat die im Taubstummen beschädigte Schöpfung wieder hergestellt. Er hat den Taubstummen als Menschen ganz gemacht, ihn in seine Gemeinschaft zurückgeholt und damit auch die gestörte Gemeinschaft ganzheitlich geheilt. Mit seiner Schlussbemerkung ordnet Markus das Geschehen in die Heilsgeschichte ein. Wörtlich nimmt er Sätze aus Jes 35, 35f. auf, in denen die Zeit des Heils verheißen wird: „Die Tauben macht er hören und die Stummen reden". Er identifiziert und bekennt damit Jesus als den angekündigten Messias, der die Verheißungen der Endzeit einlöst und das Reich

Gottes heraufführt. In dem Heilwerden des Einen leuchtet bereits auf, was unter dem Reich Gottes zu verstehen ist, nämlich das Heilwerden von Mensch und Gemeinschaft, so wie diese als Schöpfungen Gottes gemeint sind. Die Verheißungen der Propheten gelten Israel. Die Christen sehen deren Verheißungen und die Zeichen des Heils in Jesus von Nazaret eingelöst. Für wen? Die Antwort gibt unser Text mit seinem Einleitungssatz (Mk 7,31): „Und wieder kam er, als er das Gebiet von Tyrus verlassen hatte, durch Sidon an den See von Galiläa mitten hinein in das Gebiet von Dekapolis". Nach dieser Notiz zieht Jesus außerordentlich weiträumig in heidnischem Gebiet umher, und zwar von der Hafenstadt Tyrus in das nördlicher gelegene Sidon und von dort in das südöstlich vom See Gennesaret gelegene Territorium der „Dekapolis", dem hellenistischen Verband der „zehn Städte". Das in der Heilung der Taubstummen zeichenhaft anbrechende Reich Gottes ereignet sich hier an einem Heiden in einem heidnischen Land. Unauffälliger und zugleich unmissverständlicher kann man gar nicht zum Ausdruck bringen, dass Gottes Reich nicht allein den Juden verheißen ist, sondern sich im Wirken Jesu bereits erfahrbar und sichtbar mitten im Heidenland ereignet, also nicht auf das jüdische Land begrenzt ist.

„Reich Gottes", von Matthäus auch „Himmelreich" genannt, ist nach Jesu Verständnis keine jenseitige und keine zukünftige Größe, sondern ein Ereignis, das in den Heilungen und Dämonenaustreibungen bereits jetzt sehr konkret geschieht. In Mt 12,28 heißt es: „Wenn ich durch den Geist Gottes Dämonen austreibe, dann ist das Reich Gottes zu euch gelangt". Daraus geht hervor, dass nicht an ein kosmisches Ereignis gedacht wird, sondern an ein Leben hier und jetzt, in welchem die Liebe Gottes, die sich in Jesu Wirken bereits punktuell vollzieht, von Menschen gelebt wird. Vor diesem Hintergrund und auf ihn hin sind alle Heilungswunder des Neuen Testaments zu lesen.

Unsere Geschichte von der Heilung eines Taubstummen will zwar als ein konkretes Geschehen in unserer Welt verstanden werden, sie weist aber zugleich über den konkreten Vorgang hinaus und wird zu einem beispielhaften Geschehen. Der Taubstumme steht für ein Leben, das von der menschlichen und kulturellen Kommunikation ausgeschlossen ist. Da dem Tauben auch die Lautsprache fehlt, kann er selbst die Isolation, in der er sich befindet, anderen nicht einmal mitteilen. Die Heilung des Taubstummen durch Jesus bedeutet demnach mehr als seine körperliche Wiederherstellung. Der Taubstumme wird aus seiner Isolation befreit und erhält wieder Anschluss an seine Gemeinschaft. In einer Predigt oder in einem Gespräch wäre jetzt detailliert auszuführen, wo und wodurch Menschen in unserer Gesellschaft heute aus der Kommunikationsgemeinschaft ausgeschlossen werden oder sich selbst ausschließen. Die Botschaft unseres Textes geht darüber hinaus. Sie sagt uns, dass da, wo wir einander mit Liebe begegnen, keiner wie ein Taubstummer außerhalb der Kommunikationsgemeinschaft stehen muss.

Das Hören hat über die menschliche Fähigkeit zur Kommunikation und zur Teilhabe an der menschlichen Gemeinschaft in den biblischen Texten noch eine weitere Sinndimension. Diese wird in den oft wiederholten Worten angedeutet: „Wer Ohren hat zu hören, der höre" (Mk 4,9 u. ö.). Es geht dabei stets darum, in den menschlichen Worten die Botschaft Gottes zu vernehmen, sie zu verstehen und sie in sich aufzunehmen. Unsere Geschichte steht für die Botschaft: Wo die Liebe Gottes im Zusammenleben gewagt und getan wird, da wird niemand ausgegrenzt, da werden Ausgegrenzte in die Gemeinschaft zurückgeholt. Und wo das geschieht, da ist Gottes Reich bereits gegenwärtig.

Das Schweigegebot

Im Markus-Evangelium begegnet uns nach Dämonenaustreibungen regelmäßig die Aufforderung Jesu, niemandem etwas über das Geschehene zu sagen. So auch hier: „Er befahl ihnen, niemandem etwas zu sagen" (Mk 7,36). Über dieses Schweigegebot wurde und wird in der Bibelwissenschaft viel gerätselt. Das soll hier nicht vertieft werden. Es gilt nur zu zeigen, was der Hintergrund für dieses Gebot ist. Was soll denn verschwiegen werden? Das „Petrusbekenntnis" in Mk 8, 27–30 bringt uns auf die Spur. Hier fragt Jesus seine Jünger, für wen ihn die Leute halten. Diese nennen Johannes den Täufer, Elia, einen der Propheten. Da fragt er weiter: „Für wen haltet ihr mich?" Petrus antwortet für alle: „Du bist der Messias (=*christos* = Gesalbte)". „Da schärfte er ihnen ein, niemandem etwas über ihn zu sagen" (Mk 8,29f.). Es soll also nicht kund werden, dass er der Messias ist. Warum eigentlich nicht?

In der ältesten Überlieferungsschrift der synoptischen Überlieferungen wird Jesus nirgendwo als Messias bezeichnet. Nichts spricht dafür, dass sich Jesus selbst als Messias verstanden oder so bezeichnet hat. Es ist noch nicht einmal eindeutig zu klären, ob Jesus zu Lebzeiten von seinen Anhängern als Messias gesehen wurde. Wahrscheinlich nicht. Erst die nachösterliche Gemeinde hat sein Kommen, Leben, Wirken und Sterben im Sinne der alttestamentlichen Messiaserwartung verstanden und gedeutet. Das heißt, die Texte, in denen er als Messias dargestellt wird, sind in nachösterlicher Zeit entstanden oder im Sinne der Messiasdeutung bearbeitet worden. Das erwähnte Messiasbekenntnis des Petrus ist als eine nachösterliche Gemeindebildung zu verstehen. Seinen Ursprung darf man wohl in der palästinensischen Urgemeinde suchen, wo Petrus als Begründer und Leiter der Gemeinde galt und höchste Autorität genoss.

Nicht zufällig ist gerade diese Petruspassage des Markus-Evangeliums von Matthäus um eine auf Petrus bezogene Aussage erweitert worden: „Du bist Petrus. Und auf diesen Felsen werde ich meine Kirche bauen" (Mt 16,18). Dieser Zusatz, Jesus in den Mund gelegt, ist nur im Matthäus-Evangelium zu finden, das erst zwei bis drei Jahrzehnte nach dem Markus-Evangelium von einem judenchristlichen Verfasser für judenchristliche Kreise geschrieben wurde. Mitte des dritten Jahrhunderts hat sich ein römischer Bischof, nämlich Stephan I., zum ersten Mal auf diese Formulierung berufen, um damit zu begründen, dass der römische Bischof als Nachfolger des Petrus über die römische Kirchenprovinz hinaus einen rechtlichen Vorrang genießt.

Zurück zum Schweigegebot. Martin Dibelius hat das Markus-Evangelium als das „Buch der geheimen Epiphanien" charakterisiert. Epiphanie bedeutet in der hellenistischen Kultur das Erscheinen oder Sichtbarwerden einer Gottheit. Markus ist überzeugt, dass Jesus der von Gott gesandte Messias ist und dass Gott in diesem Messias erscheint. Zugleich ist er sich sicher, dass die Messianität Jesu nicht aus dem abgeleitet werden kann, was Augenzeugen sehen können. Die göttliche Dimension und damit die Messianität Jesu erschließen sich nur dem, der für ihren Hinweischarakter offen ist, theologisch gesprochen: dem es Jesus offenbart. Für die anderen gilt, was mit dem Blick auf die Gleichnisse gesagt wird: „Denen, die draußen sind, wird alles in Gleichnissen zuteil, damit sie sehend sehen und nicht erkennen, und hörend hören und nicht verstehen" (Mk 4,11f.). Offen bleiben kann, ob hier auch die in Rö 9–11 geäußerte Theorie im Hintergrund steht, wonach Gott selbst große Teile des erwählten Volkes eine Zeitlang verstockt hat und gar nicht will, dass sie die Botschaft Jesu verstehen und annehmen.

Markus, der aus nachösterlicher Sicht Jesus als Messias versteht, möchte nicht, dass seine Texte, die ja nur das Darstellbare abbilden können, als Tatsachenbeweise für Jesu Göttlichkeit genommen werden. Sie können freilich Epiphanien nur denen sein, die sie nicht als Faktenwissen nehmen, sondern sie in ihrer Gesamtheit als Hinweise auf das Wesen Jesu lesen lernen.

Jesus heilt einen Blinden
(Mt 20,29–34; Mk 10,46–52; Lk 18,35–43)

Mt 20, 29 Und als sie aus Jericho hinauszogen, folgte ihm viel Volk. 30 Und da saßen zwei Blinde am Weg und hörten, dass Jesus vorbeizog, und sie riefen laut: Hab Erbarmen mit uns, Herr, Sohn Davids! 31 Die Leute fuhren sie an und hießen sie schweigen. Sie aber riefen noch lauter: Hab Erbarmen mit uns, Herr, Sohn Davids! 32 Und Jesus blieb stehen, rief sie zu sich und sprach: Was soll ich für euch tun? 33 Sie sagen zu ihm: Herr, mach, dass unsere Augen sich auftun! 34 Da fühlte Jesus Mitleid, und er berührte ihre Augen; und auf der Stelle sahen sie wieder, und sie folgten ihm.

Mk 10, 46 Und sie kommen nach Jericho. Und als er und seine Jünger und etliches Volk von Jericho weiterzogen, saß Bartimäus, der Sohn des Timäus, ein blinder Bettler, am Weg. 47 Und als er hörte, dass es Jesus von Nazaret sei, begann er laut zu rufen: Sohn Davids, Jesus, hab Erbarmen mit mir! 48 Da fuhren ihn viele an, er solle schweigen. Er aber rief noch viel lauter: Sohn Davids, hab Erbarmen mit mir! 49 Und Jesus blieb stehen und sprach: Ruft ihn her! Und sie rufen den Blinden und sagen zu ihm: Sei guten Mutes, steh auf! Er ruft dich. 50 Da warf er seinen Mantel ab, sprang auf und kam zu Jesus. 51 Und Jesus wandte sich ihm zu und sagte: Was soll ich für dich tun? Da sagte der Blinde zu ihm: Rabbuni, mach, dass ich wieder sehen kann. 52 Und Jesus sagte zu ihm: Geh, dein Glaube hat dich gerettet. Und sogleich sah er wieder und folgte ihm auf dem Weg.

Lk 18,35 Es geschah aber, als er in die Nähe von Jericho kam, dass ein Blinder am Wegrand saß und bettelte. 36 Als der das Volk vorbeiziehen hörte, erkundigte er sich, was da los sei. 37 Man sagte ihm, Jesus von Nazaret gehe vorbei. 38 Da rief er: Jesus, Sohn Davids, hab Erbarmen mit mir! 39 Und die vorausgingen, fuhren ihn an, er solle schweigen. Er aber rief noch lauter: Sohn Davids, hab Erbarmen mit mir! 40 Da blieb Jesus stehen und befahl, man möge ihn zu ihm führen. Als er näher kam, fragte er ihn: 41 Was soll ich für dich tun? Er sagte: Herr, mach, dass ich wieder sehen kann! 42 Und Jesus sagte zu ihm: Du sollst wieder sehen! Dein Glaube hat dich gerettet. 43 Und auf der Stelle sah er wieder, und er folgte ihm und pries Gott. Und das ganze Volk sah es und lobte Gott.

Ein Text in mehreren Versionen

Die Erzählung von der Heilung des Blinden ist in den Evangelien des Matthäus, Markus und Lukas enthalten, allerdings nicht wortgleich, sondern mit textlichen Unterschieden und Besonderheiten. Diese Textunterschiede sind nicht zufällig entstanden, sondern bewusst gestaltet worden. Ihnen ist zu entnehmen, worauf die einzelnen Evangelisten ihr Augenmerk richten und den Schwerpunkt legen. Zum besseren Verständnis seien einige bibelwissenschaftliche Fakten in Erinnerung gerufen. Das Markus-Evangelium als das älteste und erste Evangelium ist kurz nach 70 verfasst worden. Matthäus und Lukas haben ihre Evangelien zwischen 80 und 100 geschrieben. Beide haben das Markus-Evangelium zugrunde gelegt, ferner eine weitere Sammlung von Texten benutzt und schließlich zusätzliche Texte aufgenommen, die nur dem einen oder dem anderen zur Verfügung standen. Von diesem Entstehungsprozess kann man sich leicht überzeugen, wenn man eine Zusammenschau (Synopse) dieser drei Evangelien ansieht, wie sie oben vorliegt. Wegen ihrer textlichen Verwandtschaft und der Möglichkeit, sie im Nebeneinander „zusammenzuschauen", nennt man die ersten drei Evangelien die „synoptischen Evangelien".

Die Evangelisten bearbeiten überlieferte Texte

Die Evangelisten waren nicht nur Sammler. Jeder von ihnen hat die ihm vorliegenden Texte, wie es ihm erforderlich schien, entsprechend seinem Gesamtkonzept bearbeitet. Dieser Vorgang soll zu Beginn verdeutlicht werden, ehe wir uns auf die Auslegung der Blindenheilung nach der Fassung des Lukas-Evangeliums konzentrieren.

Ort des Geschehens ist Jericho. Bei Markus und Matthäus spielen sich die Ereignisse auf dem Weg von Jericho nach Jerusalem ab, bei Lukas hingegen auf dem Weg nach Jericho. **Markus** nennt den Namen des Blinden, „Sohn (bar) des Timäus" (= aram.: *Bartimäus).* Der Name sagt, dass der blinde Bettler ein Jude ist. Dieser redet Jesus (Mk 10,51) auch mit dem nicht übersetzten jüdischen Titel „Rabbuni" (mein Herr) an. Markus lässt die Jünger – allesamt Juden

– am Geschehen teilnehmen und erwähnt sogar den Ortsnamen der jüdischen Stadt Jericho zweimal. Diese insgesamt vier Hinweise auf den jüdischen Kontext zeigen, dass Markus das Geschehen im jüdischen Land verankert sehen möchte und seine Aussagen auf das Judentum bezieht. Der eine Blinde, der den vorüberziehenden Jesus als den Messias erkennt, wird den vielen jüdischen Glaubensgenossen gegenübergestellt, die zwar mit ihm ziehen, aber Jesu wahres Wesen nicht erkennen. Das ist deutlich an jene jüdischen Zeitgenossen gerichtet, die Jesus vielleicht als Wundertäter schätzen, ihn aber als den verheißenen Heiland nicht erkennen wollen.

Matthäus streicht im Markustext nicht nur die eben genannten Details, sondern darüber hinaus auch andere Einzelheiten, die ihm für einen Wunderbericht entbehrlich scheinen. An die Stelle des namentlich eingeführten Blinden setzt er zwei namenlose Blinde. Während bei Markus die Gestalt des Blinden und damit dessen Glaube im Mittelpunkt stehen, wird bei Matthäus durch den Wunderbericht der Wundertäter hervorgehoben. Diesen Schwerpunkt betont Matthäus noch dadurch, dass er der Wunderhandlung hinzufügt: „Da fühlte Jesus Mitleid und berührte ihre (der Blinden) Augen" (Mt 20,34).

Lukas, der für hellenistische Leser schreibt, streicht alle Details, die speziell auf das Judentum weisen. Jericho wird nur einmal erwähnt, der jüdische Name des Bettlers wird weggelassen, die jüdische Anrede „Rabbuni" wird durch das hellenistische „Kyrie" (Herr) ersetzt. Der Text stellt jetzt Juden und Heiden, das heißt allen Lesern, die Frage, ob sie in Jesus von Nazaret nicht nur einen antiken Wundertäter, sondern den verheißenen Heiland erkennen wollen. Im Folgenden soll die Textfassung des Lukas-Evangeliums genauer betrachtet werden.

Religiöse Sprache ist metaphorisch
Aus der Alltagssprache wissen wir, dass „blindsein" und „sehen" nicht nur für körperliche Defizite und Fähigkei-

ten stehen, sondern auch menschliche Zustände, Befindlichkeiten und Haltungen ausdrücken. Wer „mit Blindheit geschlagen" ist, will bestimmte Begebenheiten nicht anerkennen. Ebenso verhält sich ein Mensch, der „seine Augen verschließt". Man kann „auf einem Auge blind" sein, d. h. mit zweierlei Maß messen oder von Vorurteilen gelenkt werden. „Liebe oder Angst machen blind", und zwar Dingen gegenüber, die wir nicht wahr haben wollen. Es gibt „blinden Gehorsam", „blindes Vertrauen", „blinde Wut", „blinde Flucht", „blinden Eifer", „blinden Aktionismus", „blinde Blindenführer", „seelische Blindheit", „Herzensblindheit" und viele andere Metaphern. Metaphern sind für religiöse Texte geradezu konstitutiv. Sie weisen über das Faktische und Sichtbare hinaus.

Im **Lukas-Evangelium** ist oftmals vom Blindsein und Sehendwerden die Rede, aber nicht von der organischen Blindheit und Heilung, sondern von der seelisch-geistigen Blindheit für das Erkennen der Gegenwart des Göttlichen. Dem Zöllner Zachäus gingen die Augen auf, als ihm Jesus zurief: „Heute muss ich in deinem Haus einkehren" (Lk 19,5). Den beiden Jüngern, die sich am Karfreitag deprimiert in ihr altes Leben nach Emmaus zurückschleppten, gingen die Augen für den Mitwandernden erst auf, als dieser am Abend im Haus das Brot nahm, den Lobpreis darüber sprach, das Brot brach und es ihnen reichte. „Da wurden ihnen die Augen aufgetan und sie erkannten ihn" (Lk 24,31). Sehend machen für die Gegenwart Gottes, die uns zu einem neuen Leben befreit, das kündigt Jesus als seinen Auftrag bei seiner ersten öffentlichen Predigt in der Synagoge von Nazaret an (Lk 4,17ff.). Er schlug das Buch des Propheten auf und verlas daraus:
„Der Geist des Herren ruht auf mir,
weil er mich gesalbt hat,
Armen das Evangelium zu verkündigen.
Er hat mich gesandt
Gefangenen Freiheit
und Blinden das Augenlicht zu verkündigen,
Geknechtete in die Freiheit zu entlassen" (Jes 61,1).

Jesus fügt hinzu: „Heute ist dieses Schriftwort erfüllt" – wir könnten ergänzen: „und zwar in seiner Person"! Lukas bezieht diese Worte nicht mehr exklusiv auf die jüdischen Hörer, sondern auf alle Menschen und Völker, denn das ist für ihn, den Griechen, bereits selbstverständlich.

Der Einzelne im Sinnganzen

Die Wundertexte sind auch bei Lukas keine Episoden, die um ihrer selbst willen erzählt werden oder die Jesus nur als Wundertäter auszuweisen suchen. Sie sind Berichte von Ereignissen, in denen das Reich Gottes als ein befreiendes Geschehen aufscheint. Aus der körperlichen Blindheit zum Sehen befreit zu werden, das weist als Metapher auf das Sehendwerden für jene Gegenwart Gottes, die wir in vielen Formen zwar längst vor unseren leiblichen Augen haben, aber als Gottesgegenwart nicht erkennen.

Wundertexte für sich genommen können nur sagen, dass da etwas Außerordentliches auf diese oder jene Weise passiert ist. Ihre besondere Botschaft erhalten sie erst dadurch, dass sie in ein geistiges Konzept eingeordnet werden. Deshalb gibt uns die Position, an der ein Wundertext innerhalb des Evangeliums steht, Auskunft darüber, auf welche Botschaft hin er ausgerichtet ist und welche Facette durch den Evangelisten hervorgehoben wird.

Die Blindenheilung von Jericho ist die einzige ihrer Art im Lukas-Evangelium. Sie ist sehr bewusst hinter die dritte Leidensankündigung Jesu gestellt. Diese beginnt mit dem Satz: "Wir ziehen jetzt hinauf nach Jerusalem" (Lk 18,31). Das ist der Weg, der Jesus in Leiden und Tod führt. Jesus stellt das zu Erwartende seinen Jüngern realistisch vor Augen. „Doch sie verstanden nichts von alledem ... und sie begriffen das Gesagte nicht" (Lk 18,34). Die Jünger blieben blind.

Diesem Text über das Unverständnis und die Blindheit der Jünger folgt nun unsere Geschichte von der Heilung des Blinden. Sie sagt: Der Eine wird sehend, während die Vielen, die mit Jesus zogen, bisher blind geblieben waren. Dieser Kontrast wird erzählerisch in Szene gesetzt. Der Blinde sitzt am Weg und bettelt. Betteln war für die Blin-

den jener Zeit die einzige Möglichkeit, zu überleben. Der Blinde spürt die Erregung der vorüberziehenden Menge und fragt, was los sei. Als er erfährt, dass Jesus, der Nazoräer, vorübergeht, weiß er, dass dies die Stunde ist, seiner Finsternis zu entkommen. Er schreit: „Jesus, Sohn Davids, hab Erbarmen mit mir!" Damit fällt er vollkommen aus der Rolle eines Blinden, die darin bestand, um elementare irdische Güter zu betteln. An der Reaktion der Menge zeigt sich deren Blindheit. Sie empfindet sehr wohl, dass der Blinde mit diesem Ruf die ihm zugewiesene Rolle verlässt. Darin sieht sie nicht nur eine Störung der Ordnung; sie will auch Jesus eine Störung ersparen. So fährt man den Blinden an, er solle schweigen. Aber sein völliges Vertrauen darauf, dass mit Jesus der Heiland seines Lebens in seine Nähe und in sein Leben getreten ist, lässt ihn nur noch lauter um Erbarmen rufen. Und Jesus lässt sich stören, gegen alle Befürchtungen seiner Begleiter. Aus der Szene geht hervor, dass Jesus auf seinem Weg von einem Kreis engster Vertrauter umgeben gewesen zu sein scheint, die ihn vor unliebsamen Überraschungen abzuschirmen suchen, so wie man Könige und Staatsmänner durch Sicherheitsleute bis heute vor dem allzu engen Kontakt mit dem Volk abschirmt. Über diese „Sicherheitsmaßnahmen" setzt sich Jesus hinweg und befiehlt, den Rufer zu ihm zu führen. Er hebt damit die Distanz auf, die von Menschen offenbar schon sehr früh um ihn aufgebaut worden ist. Der Blinde soll jetzt seine Bitte präzisieren, und dieser bittet, von seiner Blindheit und damit aus seiner Gefangenschaft in der Finsternis und aus der Rolle des Bettlers befreit zu werden.

Sinnfindung durch synoptischen Vergleich

Gegen alle Regeln einer antiken Wunderheilung wird jetzt keinerlei Wunderhandlung berichtet: keine Berührung der Augen, kein Einsatz von Speichel, kein Zauberwort, nicht einmal ein Heilungswort, sondern nur die Ankündigung: „Du sollst wieder sehen!"und der Befehl: „Sieh wieder!" Also keinerlei spektakuläre Machtdemonstration der Person Jesu. Der Blick wird ganz auf das Vertrauen dieses Blinden gerichtet: „Dein Glaube hat dich gerettet" (Lk 18,42). Gemeint ist nicht der Glaube an die eigene Kraft, sondern das Vertrauen, ja die Gewissheit, dass ich nicht in Finsternis bleiben muss, wenn ich mich dem anvertraue, in dem Gott gegenwärtig ist und der in Jes 42 mit den Worten angekündigt wird: „Ich habe meinen Geist auf dich gelegt … um blinde Augen zu öffnen, um Gefangene herauszuführen aus dem Gefängnis und aus dem Kerker, die in Finsternis sitzen". Sein bedingungsloses Vertrauen zu dem, der das Wesen Gottes als Liebe vergegenwärtigt, fasst der Blinde am Straßenrand in den Anreden „Sohn Davids" und „Herr" zusammen.

Die Erzählung endet in ihrer Urfassung und auch bei Matthäus und Markus mit der Feststellung: Der sehend Gewordene „folgte ihm (Jesus) auf dem Weg"(Mk 10,52). Hier wird schon deutlich, dass es um mehr geht als um die Heilung der Augen. Der Geheilte geht nicht in eine Welt zurück, um sich darin als Sehender seine neue Rolle zu suchen. Dem bisher Blinden sind vielmehr die Augen für eine neue Art zu leben aufgegangen, und zwar für ein Leben aus dem Geist der Liebe und des Erbarmens, das ihm in Jesus begegnet ist. Lukas fügt dem noch einen Lobpreis hinzu. Aber nicht der Wundertäter Jesus wird bewundert und gelobt, sondern der sehend gewordene ehemalige Blinde preist Gott und „das Volk lobte Gott". Das Göttliche an diesem Wunder sieht Lukas demnach nicht in der Heilung eines Organs, sondern im Heilwerden eines Lebens, angedeutet durch den Schritt in die Nachfolge. Das also ist das Wunder, dass einer, der bisher als eine Art Gefangener in der ihm von der Gesellschaft zugewiesenen Rolle vegetiert hat, in die Freiheit eines Lebens tritt, das von Liebe getragen wird.

Jesus heilt einen Gelähmten
(Mk 2,1–12; Mt 9,1–8; Lk 5,17–26)

Mk 2,1 Und als er nach einigen Tagen wieder nach Kafarnaum ging, wurde bekannt, dass er in einem Haus sei. 2 Und viele versammelten sich, so dass nicht einmal mehr vor der Tür Platz war. Und er sagte ihnen das Wort. 3 Da kommen einige, die einen Gelähmten zu ihm bringen; vier von ihnen trugen ihn. 4 Und weil sie ihn wegen des Gedränges nicht bis zu ihm hinbringen konnten, deckten sie dort, wo er war, das Dach ab, rissen es auf und ließen die Bahre, auf der der Gelähmte lag, hinab. 5 Und als Jesus ihren Glauben sieht, sagt er zu dem Gelähmten: Kind, dir sind die Sünden vergeben! 6 Es saßen dort aber einige Schriftgelehrte, die dachten bei sich: 7 Was redet der so? Er lästert! Wer kann Sünden vergeben außer Gott? 8 Und sogleich erkennt Jesus in seinem Geist, dass sie solche Gedanken hegen, und spricht zu ihnen: Warum hegt ihr solche Gedanken? 9 Was ist leichter? Zu dem Gelähmten zu sagen: Dir sind die Sünden vergeben, oder zu sagen: Steh auf, nimm deine Bahre und geh umher? 10 Damit ihr aber wisst, dass der Menschensohn Vollmacht hat, auf Erden Sünden zu vergeben – sagt er zu dem Gelähmten: 11 Ich sage dir, steh auf, nimm deine Bahre und geh nach Hause! 12 Und der stand auf, nahm sogleich die Bahre und ging vor aller Augen hinaus, und alle waren fassungslos und priesen Gott und sagten: Nie haben wir solches gesehen!

Mehr als eine Wundergeschichte

Diese Geschichte, die uns zunächst als eine naive Heilungsgeschichte erscheinen mag, erweist sich bei näherer Betrachtung als ein literarisch und theologisch vielschichtiger Text. Als erstes fällt auf, dass die dramatisch eingeleitete Heilungsgeschichte von einem Streitgespräch (Mk 2,5b–10) unterbrochen wird. Wir haben also offenbar zwei Texte vor uns, die miteinander verbunden oder ineinander geschachtelt worden sind. Wann und durch wen das geschehen ist, muss uns hier nicht beschäftigen, denn der Text liegt uns nur in Gestalt dieser Einheit vor und ist vom Verfasser des Mar-

kus-Evangeliums in dieser Form auch so gewollt. Wir
haben es also mit zwei Themen zu tun: mit Heilung und
mit Sündenvergebung.

Die Vorgeschichte der Krankenheilung

Ort des Geschehens ist Kafarnaum, auch „seine Stadt" genannt. Schauplatz war ein offenbar geräumiges Haus, das
Raum für eine große Zahl von Menschen bot, denn Jesus
konnte darin predigen. Das normale Haus jener Zeit war
ein Einraum-Haus mit einem Flachdach, zu dem außen
oder innen eine Holztreppe führte. Das Flachdach, das
von einer gemauerten Brüstung umgeben war, diente auch
als Wohnraum, musste daher recht stabil sein. Tragebal-

ken, zwischen die Reisig und Schilf geflochten war, bildeten die Flachdach-Konstruktion. Eine Lehmschicht verband die unterschiedlichen Materialien und bildete zugleich den Bodenbelag. Man muss diese Hauskonstruktion vor Augen haben, wenn man die anschaulich erzählte Eingangsszene angemessen verstehen will.

Der Innenraum des Hauses ist überfüllt, vor der Tür drängen sich die Menschen, um Jesus zu hören. Den vier Männern, die einen Gelähmten zu ihm bringen wollen, bleibt nur der Zugang über das Dach des Hauses. Stellt man sich das realistisch vor, so müssen auch die Leser und Hörer damals schon gemerkt haben, dass hier vieles nicht zusammen passt. Während im Erdgeschoss eine dicht gedrängte Hörerschaft der Predigt Jesu lauscht, wird über deren Köpfen das Dach aufgebrochen. Tragebalken werden durchtrennt und entfernt, das Reisiggeflecht wird weggeräumt. Geschieht das alles geräuschlos? Lehmbrocken fallen auf die aufmerksamen Hörer. Da bleiben Fragen. Woher hatten die vier Männer das nötige Werkzeug für die nicht vorgesehene Aktion? Wie war eine so komplizierte Baumaßnahme bei laufendem Betrieb darunter in kurzer Zeit überhaupt möglich? Haben der Hauseigentümer und die Predigthörer, die ja gar nicht wissen konnten, was da über ihren Köpfen vorgeht, ruhig zugesehen, wie das Dach über ihnen aufgebrochen wurde? Wo hat man in dem überfüllten Raum die Bahre mit dem Kranken überhaupt abstellen können? Und woher hatte man die Seile, um das alles zu bewerkstelligen?

Der Leser dieser Geschichte erfasst sofort, dass hier kein realistischer Vorgang geschildert wird. Er spürt, dass mit dieser jeden Realismus sprengenden Geschichte eindringlich zum Ausdruck gebracht wird, dass die vier Männer wirklich keine Mühe scheuten, um diesen Kranken vor Jesus zu bringen, damit dieser ihn gesund mache. Auf diese Mühen bezieht sich dann auch die Bemerkung: „Als Jesus ihren Glauben sieht ..." (Mk 2,5).

Dem Verfasser des **Matthäus-Evangeliums**, der diese Geschichte aus dem Markus-Evangelium aufnahm, schien dieser dramatische Einstieg für eine Heilung zu aufwändig.

Er strich die gesamte Szene und leitete nur mit dem Satz ein: „Da brachten sie einen Gelähmten zu ihm, der auf einem Bett lag" (Mt 9,2). Er fährt dann mit dem Text aus Markus fort: „Als Jesus ihren Glauben sah …". Dieser Satz will hier freilich nicht mehr so recht passen. Er wirkt unbegründet, weil die Anstrengungen der vier Männer gar nicht erwähnt sind.

Der Verfasser des **Lukas-Evangeliums**, der die baulichen Gegebenheiten in Palästina offenbar nicht kannte, spricht ganz unbefangen von einem Ziegeldach, durch das der Gelähmte vor Jesus gebracht wurde. Sieht man diese literarische Freiheit der Evangelisten, so stellt sich die Frage gar nicht mehr, ob wir es hier mit einem Dokumentarbericht zu tun haben oder nicht. Der Leser versteht, dass er hier nicht einen Wunderbericht vor sich hat, sondern eine Geschichte, mit der ihm etwas in verschlüsselter Form mitgeteilt werden soll. Wir können uns daher darauf konzentrieren, nach der Botschaft dieser Geschichte zu fragen.

Eine überraschende Wende

Wenn ein Gelähmter mit übergroßem Aufwand zum Heiler Jesus gebracht wird, erwartet man von diesem die heilende Geste oder das heilende Wort. Aber nichts dergleichen geschieht. Jesus würdigt den Glauben der vier Helfer. Vom Glauben des Gelähmten ist nicht die Rede. Jesus wendet sich dem Gelähmten mit der überraschenden Anrede zu: „Kind, dir sind deine Sünden vergeben" (Mk 2,5b). Die vier Männer hatten den Kranken nicht zu Jesus gebracht, damit ihm die Sünden vergeben werden, sondern damit er geheilt wird. Was haben Krankenheilung und Sündenvergebung miteinander zu tun? Die unerwartete Verschiebung im Gang der Heilungsgeschichte zeigt, dass diese selbst gar nicht den Schwerpunkt, sondern nur den szenischen Hintergrund für ein ganz anderes Thema bildet, das mit ihr zur Sprache kommen soll. Unvermittelt werden jetzt Schriftgelehrte eingeführt, die daran Anstoß nehmen, dass Jesus Sünden vergibt und die das, ihrem Glauben entsprechend, für eine Gotteslästerung halten.

Sie sagen es nicht, aber Jesus weiß es. Ihm wird göttliches Wissen zugesprochen.

Nach jüdischer Lehre kann allein Gott Sünden vergeben. Ein jüdischer Priester hat lediglich die Vollmacht, im Namen und im Auftrag Gottes durch das von Gott angeordnete Opfer dem Volk Sünden zu vergeben, nicht aber dem einzelnen Vergebung der Sünden zuzusprechen. Aber Jesus ist weder jüdischer Priester noch hat er die Legitimation für eine religiöse Opferhandlung. Nach jüdischer Lehre, welche die Schriftgelehrten vertreten, hat Jesus mit seiner Vergebung der Sünden eindeutig eine Gotteslästerung begangen, die nach dem jüdischem Gesetz mit dem Tod zu bestrafen ist. Unser Text bringt mit diesem Detail zum Ausdruck, dass Jesus vom Beginn seines Wirkens an unter der Todesdrohung wegen Gotteslästerung steht, die ihn schließlich in die Hände des römischen Gerichts bringen wird. Mk 16,23f. heißt es: „Ihr habt die Lästerung gehört". Wie aber ist es zu verstehen, dass die erhoffte Krankenheilung auf das Thema Sündenvergebung verschoben werden konnte? Für uns gilt Krankheit als eine Störung körperlicher Funktionen. So sah man es zur Zeit Jesu auch. Aber nach jüdischem Glauben jener Zeit waren körperliche Leiden ursächlich Strafen für Sünden, die die Kranken selbst oder deren Eltern und Vorfahren begangen hatten. In einer jüdischen Schrift heißt es dazu: „Der Kranke steht nicht eher von seiner Krankheit auf, als bis ihm alle seine Sünden vergeben sind". Nur vor diesem geistigen Hintergrund ist die Frage Jesu an die Schriftgelehrten überhaupt zu verstehen und zu beantworten: „Was ist leichter? Zu dem Gelähmten zu sagen: Dir sind deine Sünden vergeben oder zu sagen: Steh auf, nimm deine Bahre und geh umher" (Mk 2,9)? Wir würden sagen, es sei leichter, Sünden zu vergeben, denn das ist ja nicht nachprüfbar. Ob aber jemand heilen kann, das lässt sich feststellen. Im Rahmen der jüdischen Logik wurde das anders gesehen. Heilen konnten viele, aber es erschien schwerer und wog auch schwerer, die Ursache der Krankheit, nämlich die ihr zugrunde liegende Sünde außer Kraft zu setzen. Diese schwerere Aufgabe hat Jesus bereits bewältigt, indem er dem

Gelähmten die Sünden, nämlich die Ursache seiner Krankheit; vergeben hat. Und zum Beweis dafür, „dass der Menschensohn die Vollmacht hat, auf Erden Sünden zu vergeben", sagt er (Mt 9,6) zu dem Gelähmten: Ich sage dir, steh auf, nimm dein Bett und geh nach Hause". Das ist eine Argumentation, die sich nur innerhalb des Rahmens jener jüdischer Denkvorgaben erschließt, die damals jüdischen Schriftgelehrten wie einfachen Gläubigen gleichermaßen vertraut waren. Für uns mag daran manches befremdlich sein. Im Streitgespräch mit den Schriftgelehrten stellt sich heraus, dass Jesus den Gelähmten hier nicht heilt, weil er Erbarmen und Mitleid mit ihm hat, sondern weil er den Schriftgelehrten seine Vollmacht beweisen will, Sünden zu vergeben. Für unsere Geschichte steht also nicht die Heilung des Kranken als das Wunder im Mittelpunkt, sondern die Vollmacht und die Legitimation Jesu, Sünden zu vergeben.

Zu bemerken bleibt, dass Jesus hier als der „Menschensohn" bezeichnet wird. Der Titel „Menschensohn" drückt Hoheit und göttliche Vollmacht aus. Jesus hat sich selbst weder als „Menschensohn" verstanden noch so bezeichnet. Erst die nachösterliche Gemeinde hat ihrer Erfahrung mit ihm in diesem Titel Ausdruck gegeben. Uns zeigt dieser Hoheitstitel an, dass der theologische Einschub über die Sündenvergebung von der nachösterlichen Gemeinde gestaltet worden ist. Gab es dazu einen konkreten Anlass?

Die Antwort ist in der Praxis der Gemeinden zu suchen, die sich nach Jesu Tod bildeten. In die Gemeinde aufgenommen und getauft zu werden, das war nicht mit einem formalen Beitritt zu einer Vereinigung gleichzusetzen; es bedeutete für den Beitretenden, die egoistische und selbstgerechte Grundhaltung des natürlichen Menschen aufzugeben und fortan sein Leben aus dem Geist zu gestalten, den Jesus vorgelebt hatte. Der „alte Mensch" wurde in der Symbolhandlung der (Erwachsenen-) Taufe gleichsam „ertränkt". Der Zwang, sich von diesem egoistischen Weltgeist leiten zu lassen, war damit von dem Menschen genommen und ein Leben aus dem Geist der Liebe war ihm aufgetan. Die aufnehmende Gemeinde musste ihrerseits dem Täufling vergeben, was er in seinem „alten Leben" getan, vielleicht sogar angerichtet hatte. Dem Täufling wurde in der Taufe die Vergebung der Sünden von der Gemeinde zugesprochen. Von den jüdischen Schriftgelehrten wurde eine solche Praxis der Sündenvergebung als Gotteslästerung gewertet.

Die christlichen Gemeinden dieser Zeit setzten sich mit dem vorliegenden Text gegen den Vorwurf der Gotteslästerung zur Wehr. Sie sagten, Jesus habe die Vollmacht und das Recht, Sünden zu vergeben. In seiner Nachfolge habe auch die Gemeinde die Vollmacht und das Recht, ja sogar den Auftrag, Sünden zu vergeben. Diese Grundhaltung bildet die Basis jeden christlichen Gemeindelebens. Vergebung ist keine kultische Veranstaltung, sondern sie bestimmt die Art, wie wir miteinander umgehen. Vergebung bedarf keines Priesters und keines Kults. Sie geschieht dort, wo Menschen einander nicht mehr auf das festlegen, was in der Vergangenheit an Unrecht geschehen ist, und Schuld nicht mehr „verrechnen", sondern einander die Chance geben, ohne Bedingungen miteinander neu anzufangen, und zwar aus der gemeinsamen Gewissheit, dass wir alle der Vergebung bedürfen und dass wir uns alle die Kraft schenken lassen müssen, in den anderen die Geschwister zu sehen, die wie wir auf Vergebung angewiesen sind. Und wo ist darin Gott zu finden? Er ist dort wirklich, gegenwärtig und erfahrbar, wo Menschen in diesem Sinne einander vergeben. Luther hat das einmal so gesagt: „Gott will Sünde vergeben. Wie will er's tun? Antwort: Den Menschen hat er die Macht gegeben. Er will's durch kein anderes Mittel geben. Er will nicht haben, dass man auf besondere Weise zu ihm hinauf klettern soll, sondern es heißt: gehe hin, lass dich taufen, vertrag dich mit deinem Nächsten ..." Die christlichen Gemeinden bekennen sich in ihren Gottesdiensten in der „Offenen Schuld" und im Zuspruch der Sündenvergebung zu dieser Basis des Lebens in der Gemeinde, auf die auch unser Alltag gegründet sein kann. Diese Vollmacht der Gemeinde zur Vergebung der Sünden wird vom Matthäus-Evangelium sogar noch deutlicher hervorgehoben. Hier wird ausdrücklich hinzugefügt, die Leute „priesen Gott, der den Menschen solche Vollmacht gegeben hat" (Mt 9,8).

Die Wundergeschichte, die sich beim ersten Lesen in den Vordergrund drängt, hat sich als Rahmenhandlung und als szenischer Anlass für die Frage nach der Vollmacht des Vergebens herausgestellt. Sie wird im Stil von Wundergeschichten schnell zu Ende geführt. Der Gelähmte kann vor aller Augen auf eigenen Beinen nach Hause gehen. Der übliche Dank oder Lobpreis des Geheilten fehlt, aber die Zeugen der Heilung preisen Gott (nicht den Wunderheiler Jesus!) – ein Ausdruck dafür, dass sie in Jesu Wirken Gott am Werke und auch ihre Vollmacht legitimiert sehen, Sünden zu vergeben.

Jesus heilt zehn Aussätzige (Lk 17,11–19)

11 Und es geschah, während er nach Jerusalem unterwegs war, dass er durch das Grenzgebiet von Samaria und Galiläa zog. 12 Und als er in ein Dorf hineinging, kamen ihm zehn aussätzige Männer entgegen. Sie blieben in einiger Entfernung stehen 13 und erhoben ihre Stimme und riefen: Jesus, Meister, hab Erbarmen mit uns! 14 Und als er sie sah, sagte er zu ihnen: Geht und zeigt euch den Priestern! Und es geschah, während sie hingingen, dass sie rein wurden. 15 Einer von ihnen aber kehrte, als er sah, dass er geheilt worden war, zurück, pries Gott mit lauter Stimme, 16 fiel ihm zu Füssen auf das Angesicht nieder und dankte ihm. Und das war ein Samaritaner. 17 Jesus aber antwortete: Sind nicht zehn rein geworden? Wo sind die übrigen neun? 18 Hat sich keiner gefunden, der zurückgekehrt wäre, um Gott die Ehre zu geben, außer diesem Fremden? 19 Und er sagte zu ihm: Steh auf und geh! Dein Glaube hat dich gerettet.

Der Ort des Geschehens

Viele der in den Evangelien erzählten Begebenheiten sind nicht ortsgebunden. Sie sind erst von den Evangelisten in das Schema eines Reisewegs Jesu eingebunden

und damit bestimmten Orten zugeordnet worden. Unsere Geschichte, die wir nur im Lukas-Evangelium finden, wurde von Lukas in den großen Reiseweg Jesu eingefügt, der von Galiläa im Norden des Landes nach Jerusalem im Süden führt und das Gebiet der Samaritaner durchquert (s. Landkarte). Lukas kennt die geographischen Verhältnisse Palästinas nicht genau und stellt sich

vor, dass dieser Weg im Grenzgebiet zwischen Galiläa und Samarien verläuft. Das müssen wir nicht weiter beachten. Für Lukas war die Nähe zu Samarien deshalb erwähnenswert, weil er begründen musste, weshalb in der Heilungsgeschichte ein Samaritaner auftaucht.

Der Aussatz

In diesem – wo immer vorzustellenden – Grenzgebiet begegnet Jesus zehn aussätzigen Männern, die nach den geltenden Regeln in angemessener Entfernung stehen bleiben. Warum? Aussatz – in griechischen Texten *lepra* – schloss aus der sozialen Gemeinschaft aus. Die biblischen Bezeichnungen „Aussatz" oder „Lepra" entsprechen nicht der Krankheit, die wir heute so bezeichnen. Als Aussatz gelten im Spätjudentum verschiedene hartnäckige Krankheiten, die sich auf der Haut ausbreiten. Sie konnten ansteckend oder auch nicht übertragbar sein, wie z. B. die Schuppenflechte (Psoriasis). In 3 Mos 13 ist genau festgelegt, was als Aussatz zu gelten hat und nach welchen Kriterien das vom Priester festzustellen ist. Stellt der Priester die Merkmale von Aussatz fest, so hat er den Betroffenen für unrein zu erklären. Aussatz ist insofern eine kultische Kategorie.

Für den Unreinen/Aussätzigen gelten nach 3 Mos 13,45f. folgende Regeln: Er muss die Siedlung sofort verlassen und abseits davon ohne Kontakt zur bisherigen Wohngemeinschaft leben. Damit er für alle kenntlich ist, muss er zerrissene Kleider tragen, muss sein Haupthaar frei wachsen lassen (Männer müssen den Schnurrbart verhüllen) und er muss „unrein, unrein!" rufen, sobald sich ihm Menschen nähern.

Die Isolation, die uns als medizinische Maßnahme erscheinen mag, ist im Kern mehr. Sie ist die Konsequenz aus dem im damaligen Judentum geltenden Verständnis von Krankheit und Kult. Krankheit galt als Strafe Gottes für die Sünden des Kranken oder seiner Vorfahren. Aussatz machte kultisch unrein und zog den Ausschluss aus der Kultgemeinschaft nach sich. Die Kultgemeinschaft musste die Unreinen ausschließen, um sich selbst kultisch rein zu halten.

Die Situation der Aussätzigen

Diese Logik von Krankheit und Kult ist in sich schlüssig und für alle, die so denken, auch plausibel. Was aber bedeutet sie für die Unreinen? Sie werden aus ihrem bisherigen Sozialgefüge ausgeschlossen. Damit verlieren sie den

Kontakt zu ihren Angehörigen, ihre berufliche und soziale Einbindung und auch ihren bisherigen sozialen Status. Sie können fortan nur von Bettelei leben. Besonders schwer wiegt der Ausschluss aus der Kultgemeinschaft und dem kultischen Regelsystem, denn das bedeutet die Trennung von Gott. Von Gott getrennt sein heißt aber: tot sein. Der Unreine ist „lebendig tot".

Die Aussätzigen/Unreinen schlossen sich offenbar außerhalb der Siedlungen zu Notgemeinschaften zusammen. Eine solche Gruppe begegnet Jesus. Die zehn Männer halten sich an die ihnen auferlegten Regeln. Sie bleiben in einiger Entfernung stehen. Aber anstatt ihr warnendes „unrein, unrein!" hören zu lassen, rufen sie nach Erbarmen. Das ist insofern erstaunlich, als sie als Juden wissen, dass die Unreinheit des Aussatzes als so schwer gilt, dass sie nicht von Menschen, sondern nur von Gott geheilt werden kann. Lukas setzt offensichtlich voraus, dass die Kranken in Jesus die Nähe Gottes erkannt haben.

Der Heilungsvorgang

Es fällt auf, dass der gesamte Heilungsvorgang nur wie nebenbei erzählt wird. Über die schwere und ausweglose Situation der Kranken wird nichts gesagt. Die Geschichte erwähnt weder einen Heilungsgestus noch ein Heilungswort. Es fehlt sogar der Hinweis, dass sich Jesus der Erniedrigten und Ausgesetzten erbarmen will. Jesus gibt nur die knappe Anweisung: „Geht und zeigt euch den Priestern!" (Lk 17,14). Damit verweist er die zehn Männer auf das jüdische Gesetz. Dort (3 Mos 14) ist geregelt, was zu geschehen hat, wenn ein Mensch den Aussatz los wird. Aber auch jetzt hören wir nichts über die freudige Entdeckung der Kranken, dass der Aussatz von ihnen gewichen ist. Das wird nur in einem Nebensatz festgestellt. „Es geschah, während sie hingingen, dass sie rein wurden" (Lk 17,14). Ebenso fehlt ein Hinweis darauf, dass sie von ihren Priestern für rein erklärt wurden. Das wird im Folgenden zwar vorausgesetzt, aber nicht berichtet. Dieses demonstrative Desinteresse am Heilungswunder deutet schon darauf hin, dass die Heilung der kranken Haut gar nicht im Mittelpunkt stehen soll.

Der Schwerpunkt des Textes

Der Höhepunkt und die Pointe des Textes liegen eindeutig jenseits der Heilungsgeschichte. Gesund geworden sind alle der Aussätzigen. Aber nur einer scheint das Zeichen verstanden zu haben, das er mit seiner Genesung erfahren hat. „Einer von ihnen aber kehrte, als er sah, dass er geheilt worden war, zurück, pries Gott mit lauter Stimme, fiel ihm zu Füßen auf das Angesicht nieder und dankte ihm" (Lk 17,15f.). Es wird nicht gesagt, dass sich die neun über ihre wiedergewonnene Gesundheit und über ihre Rückkehr in die soziale Umwelt und Normalität nicht auch gefreut haben und dafür dankbar waren. Ihr Unglaube wird allerdings nicht getadelt. Ohne Vertrauen in Jesu Vollmacht hätten sie ja weder sein Erbarmen erbeten noch wären sie auf seine Weisung hin zu ihren Priestern gegangen.

Der Text tadelt nicht die Neun, sondern er hebt den Einen hervor. Dieser Eine erkennt, dass für ihn mit der Rückkehr in sein altes Umfeld die Welt nicht so wie früher ist, sondern dass ihm mit seiner Gesundung eine neue Dimension von Menschsein begegnet ist, nämlich die Gotteswirklichkeit in der Person Jesu. Ihm wirft sich der Geheilte zu Füßen, nicht um ihn anzubeten, sondern um der Gegenwart Gottes in ihm die Ehre zu erweisen. Diese Geste kniefälliger Ehrerbietung (Proskynese) wurde zur Zeit des Alten Testaments im religiösen Kult wie auch im römischen Kaiserkult praktiziert, und zwar als Ausdruck dafür, die höhere Macht anzuerkennen, sie zu ehren und sich ihr zu beugen. Sein Dank gilt nicht dem Heiler, sondern dem Göttlichen, das in dessen Wirken offenbar wird. Daher heißt es: „Er pries *Gott* mit lauter Stimme" (Lk 17,16). Wie das Lob, so gilt auch der Dank des Geheilten dem Gott, der in Jesus handelt und sich ihm in der Begegnung mit Jesus in seinem Wesen als ein Gott der Liebe und Barmherzigkeit erfahrbar erschlossen hat.

Der Eine und die Neun

Nur einer von den Zehn hat erfasst, dass ihm mehr geschenkt wurde als körperliche Gesundheit, nämlich ein
Heilwerden seines Lebens im Verhältnis zu seinem Schöpfer. „Und das war ein Samaritaner" (Lk 17,16). Diese nach-
gestellte Feststellung lässt alle Leser aus dem jüdischen
Kulturkreis tief erschrecken. Ein in jüdischen Augen Un-
gläubiger erfasst etwas von der Wirklichkeit des Gottes,
der Israel durch seine Geschichte geleitet hat und sich nun

in Jesus so eindrucksvoll als gegenwärtig erweist. Für das Verständnis dieses Details und den Klang der Bezeichnung „Samaritaner" ist es hilfreich, sich das Verhältnis zwischen Juden und Samaritanern in biblischer Zeit in Erinnerung zu rufen.

Juden und Samaritaner

Juden und Samaritaner sind in ethnischer Hinsicht stammverwandt. Sie sprechen auch die gleiche Sprache. Aus jüdischer Sicht bilden die Samaritaner (genannt nach ihrem Siedlungsgebiet Samarien) in religiöser Hinsicht einen Nebenzweig des Judentums, der sich schrittweise verselbstständigt hat. Der Abspaltungsprozess begann bereits im 6. Jahrhundert v. Chr. nach der Rückkehr der Deportierten aus dem Exil. Im Jahre 332 v. Chr. errichteten die Samaritaner auf dem Garizim ihr eigenes Kultzentrum. Im 2. Jahrhundert v. Chr. lösten sie sich auch aus der kultischen Vorherrschaft Jerusalems. Sie verehrten denselben Gott wie die Juden und befolgten die fünf Bücher Mose in einer samaritanischen Fassung. Die „Propheten" und die „Schriften" des jüdischen Kanons waren bis zu dieser Trennung noch nicht gesammelt. Politisch bildeten die Gebiete Judäa im Süden, Galiläa im Norden und Samaria in der Mitte unter König Herodes I. (40 – 4 v. Chr.) eine Einheit. Zur Zeit Jesu gehörte Galiläa, die Heimat Jesu, zum Herrschaftsgebiet des Herodes-Sohnes Herodes Antipas. Samarien und Judäa wurden in der Zeit des öffentlichen Auftretens Jesu vom römischen Statthalter Pontius Pilatus (26 – 36) regiert. Das Verhältnis zwischen Juden und Samaritanern hatte sich mit der Dauer der religiösen Trennung zunehmend verschlechtert. Man stritt nicht nur darüber, an welchem Ort (Garizim oder Jerusalem) Gott anzubeten sei. Die Juden warfen den Samaritanern vor, die religiösen Gesetze nicht strikt genug zu beachten, und sie werteten sie deshalb als kultisch unrein ab. Sie stellten sie den Besessenen gleich, ja, sie sprachen ihnen generell ab, Juden zu sein. Auch redete man nicht miteinander. „Samaritaner" war im Munde eines Juden ein Schimpfwort. Wollte man von den Bewohnern Samariens sprechen, so griff man zu Umschreibungen. Jesus spricht hier (Lk 17,18) von „diesem Fremden", wörtlich: von „diesem Andersstämmigen". Das klang damals so hart, als wenn in der christlichen Kultur einer sagte: Dieser eine war einer von der anderen, der „falschen" Konfession oder einer, der aus der Kirche ausgetreten ist oder ein Atheist.

Der Text stellt dem Leser eine Frage

Der eine Fremde, Andersstämmige unserer Geschichte, der nicht in der aus jüdischer Sicht religiös „richtigen" Tradition steht, hat als einziger erspürt, dass er im Prozess seiner Genesung die Nähe, die Gegenwart und die Wirklichkeit Gottes erfahren hat. Seine Reaktion ist Lob und Dank. Der Text baut hier keinen Gegensatz zwischen Juden und Samaritanern auf. Er sagt auch nicht, dass die neun anderen Juden waren. Jesus stellt nur fest: „Sind nicht zehn rein geworden?" und fragt: „Wo sind die übrigen neun?"(Lk 17,17). Für den Hellenisten Lukas, der für griechisch sprechende Leser schreibt, sind die Auseinandersetzungen der Christen mit den Juden nicht mehr der aktuelle Hintergrund. Die Gegenüberstellung des Einen mit den Neun bezieht sich also nicht auf religiöse Auseinandersetzungen zwischen Juden und Samaritanern, sie stellt vielmehr den Lesern die Frage, ob sie für die Dimension des Göttlichen in den Begebenheiten und Erfahrnissen ihres Lebens offen sind oder nicht. Die Geschichte zeigt uns, dass die in unserer eigenen Religion oder Konfession vorgegebenen Muster nicht Grenzen möglicher Gotteserfahrungen sein müssen, dass sie freilich oft als deren Begrenzung wirken. Für alle in ihrem Gottesglauben so selbstverständlich „Einheimischen" ist der eine Fremdstämmige eine Provokation. Er stellt jeden Leser dieses Textes, unabhängig von Zeit, Ort und religiöser Heimat, die Frage, ob er sein Leben als ein rein säkulares Leben versteht, zu dem die Religion „die Weihe" und das gute Gewissen zu liefern hat, oder ob er offen bleibt für das Göttliche, das sich zwar im Weltlichen ereignet, aber darin nicht aufgeht. Das ist keine moralische Frage, mit der wir gerügt oder beschämt werden sollen. Sie gibt uns aber wie in einem Spiegel die Rückmeldung, wie wir persönlich unser Leben verstehen: als selbstverständlichen Anspruch oder als tägliches Geschenk; als etwas, das uns zusteht, oder als etwas, das uns zugesprochen wird; als eine Strecke des ungehemmten Nehmens oder als einen Weg des Gebens und Nehmens; als ein „Nach mir die Sintflut" oder als meinen Beitrag zu einer neuen Welt, die von der Bibel „Reich Gottes" genannt wird. Reich Gottes deshalb, weil sich in ihr trotz vieler Nöte auch jene Liebe ereignet, die in Jesus aufleuchtet und durch Menschen wie dich und mich weitergetragen wird. Nicht das, was wir über Gott denken und in unserem System für richtig halten, sondern die Art und Weise, in der wir seinen Geist in unserem Leben gegenwärtig und wirklich sein lassen, entscheidet darüber, ob wir den Glauben haben, über dem Jesu Wort an jenen Einen stehen könnte: „Dein Glaube hat dich gerettet".

Jesus heilt den Knecht des Hauptmanns von Kafarnaum (Mt. 8,5–13)

5 Als er aber nach Kafarnaum kam, trat ein Hauptmann an ihn heran und bat ihn: 6 Herr, mein Knecht liegt gelähmt im Haus und wird von furchtbaren Schmerzen gepeinigt. 7 Und er sagt zu ihm: Ich werde kommen und ihn heilen. 8 Da entgegnete der Hauptmann: Herr, es steht mir nicht zu, dich in mein Haus zu bitten, doch sprich nur ein Wort, und mein Knecht wird gesund. 9 Denn auch ich bin einer, für den Befehle gelten, und ich habe Soldaten unter mir. Sage ich zu einem: Geh, so geht er; sage ich zu einem anderen: Komm, so kommt er; und sage ich zu meinem Knecht: Tu das, so tut er es. 10 Als Jesus das hörte, staunte er und sagte zu denen, die ihm folgten: Amen, ich sage euch: Solchen Glauben habe ich bei niemandem in Israel gefunden. 11 Ich sage euch aber: Viele werden kommen aus Ost und West und sich mit Abraham, Isaak und Jakob im Him-

melreich zu Tisch setzen. 12 Die Söhne des Reichs aber werden in die äußerste Finsternis hinausgeworfen werden; dort wird Heulen und Zähneklappern sein. 13 Und Jesus sagte zum Hauptmann: Geh! Dir geschehe, wie du geglaubt hast. Und in eben jener Stunde wurde der Knecht gesund.

Grenzen werden überschritten

Bei dieser Geschichte ist es besonders wichtig, sich gegenwärtig zu halten, an wen sie gerichtet ist, nämlich an Judenchristen der Zeit um 100, die in einer hellenistischen Umwelt leben. Ohne diesen Hintergrund ist ihr Profil kaum zu erkennen. Kafarnaum im jüdischen Land liegt am Nordwest-Ufer des Sees Gennesaret. Als Grenzstadt hat sie neben einer Zollstation auch eine römische Militärbesatzung unter dem Befehl eines nichtjüdischen Hauptmanns. In Kafarnaum beginnt Jesus öffentlich zu wirken. Hierher kehrt er oft zurück.

Den judenchristlichen Lesern dieser Geschichte muss als erstes aufgefallen sein, dass sich hier ein Heide an Jesus wendet. Für die Juden galten Nichtjuden als Unreine, mit denen der Kontakt möglichst zu meiden war. Das wussten die nichtjüdischen Zeitgenossen natürlich auch und verhielten sich entsprechend. Eine um Hilfe bittende kanaanäische Frau wird an anderer Stelle von Jesus einmal mit der schroffen Feststellung zurückgewiesen: „Ich bin nur zu den verlorenen Schafen des Hauses Israel gesandt" (Mt 15,24). Der heidnische Hauptmann, der Jesus hier unbefangen auf die unerträglichen Schmerzen seines Knechts aufmerksam macht, überschreitet aus jüdischer Sicht bereits eine Grenze. Als Nichtjude ist er einer, der keinen Anspruch auf die Hilfe durch den Messias hat, der doch nur den Kindern Israels verheißen ist. Jesus reagiert anders, und zwar nicht nach den Regeln seiner Religion. Wider Erwarten geht er auf den indirekten Hilferuf des Hauptmanns ein: „Ich werde kommen und ihn heilen" (Mt 8,7). Für einen frommen Juden ist das eine unmögliche Reaktion. Jesus überschreitet damit ebenfalls eine Grenze, nämlich jene Grenze, die seine Religion gegen alle aufgerichtet hat, die ihr nicht angehören.

Der Text sagt dem Leser sehr genau, was Jesus zu seiner Grenzüberschreitung bewegt. Es ist kein Aufbegehren gegen Gesetze und Regeln, auch kein Drang, sich durch eine spektakuläre Aktion ins öffentliche Gespräch zu bringen, ja noch nicht einmal das Drängen des Hautmanns. Denn dieser hat eine direkte Bitte um Hilfe gar nicht ausgesprochen. Er hat nur das unerträgliche Leiden seines Knechts militärisch kurz vor Jesus ausgebreitet. Jesus reagiert also auf diese Not des Knechtes. Er drückt damit aus, dass die Hilfe für einen Menschen in Not Vorrang vor allen Regeln und Grenzen hat, die Religionen, Konfessionen oder Gesellschaften ihren Mitgliedern für das Verhalten auferlegen.

Wie wir Jesus verstehen

Das jetzt folgende Verhalten des Hauptmanns mag für heutige Menschen befremdlich sein. Er will doch, dass Jesus hilft und entgegnet ihm nun: „Es steht mir nicht zu, dich in mein Haus zu bitten". Damit nimmt er seine Bitte natürlich nicht zurück, sondern er versteht Jesu Handeln ganz und gar gemäß jenen Denkmustern, nach denen er auch sein eigenes Leben eingerichtet hat. So reagieren wir bis heute. Da man das eigene Leben auf höchst unterschiedliche Weise ordnen kann, führt das zwangsläufig zu unterschiedlichen Verständnissen von Jesus, ja von Gott. Am Modell des Hauptmanns können wir wie in einem Spiegel unsere eigene Art und Weise erkennen, andere Menschen und auch Jesus zu verstehen, nämlich ganz selbstverständlich innerhalb der Denkmuster, in denen wir auch unser eigenes Leben begreifen.

Der Hauptmann versteht sich als einer, der über seine Soldaten Befehlsgewalt hat. Er kann über seine Untergebenen verfügen und durch seine Befehle bestimmen, was sie zu tun oder zu lassen haben. In diesem militärischem Denkmodell von Befehlen und Gehorchen sieht er auch die Vollmacht, die er bei Jesus vermutet. Als antikem Menschen ist ihm vertraut, dass die menschlichen Krankheiten durch Dämonen bewirkt werden. Er stellt sich nun vor, dass Jesus in gleicher Weise die Befehlsgewalt über die Dämonen hat wie er sie als Hauptmann über seine Soldaten hat. In der Logik dieses Denkens ist es daher folgerichtig, wenn er Jesus sagt: bemühe dich nicht selbst, sondern „sprich nur ein Wort, und mein Knecht wird gesund". Dein Befehl genügt. Die Untergebenen werden tun, was du ihnen befiehlst. Die Dämonen müssen und werden dir ebenso gehorchen wie die Soldaten meinen Befehlen gehorchen.

Das ist ein biblisches Lehrbeispiel für die Art und Weise, nach der wir Menschen grundsätzlich Jesus von Nazaret interpretieren. Wir tun das stets gemäß jenen Denkmodellen, Bildern und Symbolen, in denen wir in unserer Kultur generell menschliches Leben deuten. Eine Hirtenkultur wird Jesus als den guten Hirten verstehen. Völker, die von einem König regiert werden, werden ihn als den König aller Könige deuten. Wo Heerführer die Geschicke lenken, da wird er im Bild des Heerführers gesehen werden. Und wo der Hohe Priester das höchste Führungsamt inne hat, wird auch Jesus im Modell des himmlischen Hohen Priesters vergegenwärtigt werden. Alle diese unterschiedlichen Bilder sollen und wollen keine Faktenaussagen sein; es sind die historisch und kulturell bedingten menschlichen Versuche, im Verständnishorizont der jeweiligen Kultur das Verhältnis des Menschen zu Jesus verständlich und angemessen zum Ausdruck zu bringen. Es hat daher wenig Sinn, darüber zu streiten oder gar zu richten, was die falschen und was die richtigen Bilder für das Verständnis Jesu sind. Historische Dokumente – und das sind alle biblischen Texte – sind vielmehr daraufhin zu befragen, für welche Grundhaltung und für welches Verhältnis zu Jesus diese Bilder stehen.

Glaube als Vertrauen

Auch dafür ist unser Text ein Lehrbeispiel. Jesus weist das für ihn befremdliche militärische Bild, das der Hauptmann von seiner Vollmacht hat, nicht als unangemessen zurück. Er erkennt vielmehr darin das grenzenlose Vertrauen, das ihm der Hauptmann in Gestalt seines militärischen Denkmusters entgegenbringt. So sagt er zu denen, die als Zeitzeugen oder als Leser an der Szene teilnehmen: „Ich sage euch: Solchen Glauben habe ich bei niemandem in Israel gefunden" (Mt 8,10). Was Jesus hier als Glauben herausstellt, das kann sich ja gar nicht auf irgendwelche korrekten jüdischen Gottesvorstellungen oder auf religiöse Leistungen im jüdischen Sinn beziehen. Davon ist der heidnische Hautmann weit entfernt. Glaube meint hier über alle religiösen, dogmatischen und weltanschaulichen Grenzen hinweg das elementare und bedingungslose Vertrauen in die Vollmacht Jesu, den lebensfeindlichen und das Leben zerstörenden Mächten überlegen zu sein und gestörtes Leben heil zu machen. Das vorangestellte „Amen" bekräftigt die Aussage des Satzes.

In den Worten Jesu schlägt sich das Glaubensverständnis derer nieder, die diese Texte mindestens mitgestaltet haben. Das bedeutet, dass die Gemeinde, für die Matthäus schreibt und auch spricht, die gesetzliche Enge des jüdischen Glaubensverständnisses bereits verlassen hat. Im Wort Jesu drückt sie aus, dass der Glaube an Jesus in einem Vertrauensverhältnis zu ihm besteht und keinerlei religiöse Vorbedingungen und Leistungen voraussetzt. Um an Jesus zu glauben, muss man kein abprüfbares Gottesverständnis haben, keiner bestimmten Religion angehören, und nicht durch moralische oder religiöse Leistungen als würdig ausgewiesen sein. Nach Matthäus gilt die Einladung Jesu uneingeschränkt: „Kommt zu mir, all ihr Geplagten und Beladenen: Ich will euch erquicken" (Mt 11,28). Der heidnische Hauptmann, der nichts anderes als sein Vertrauen mitbringt, wird zum Urbild jenes Glaubens, dem das Heil verheißen ist.

Kritik konfessioneller Glaubensbedingungen

In historischer Sicht ist daraus zu schließen: Die judenchristliche Gemeinde hat sich bereits aus dem religiösem Verband des Judentums und seiner religiösen Gesetze gelöst und sich für Menschen der hellenistischen

Kultur (=Heiden) geöffnet. Für heutige Leser heißt das: Der Glaube an Jesus setzt keine Bekenntnisse zu einer Kirche, kein Fürwahrhalten von Dogmen, keine religiösen Vorleistungen, keine Taufe oder Kommunion/Konfirmation, keine kirchliche Trauung oder Pflichtbesuche des Gottesdienstes voraus. Es zählt das vorbehaltlose Vertrauen, dass dort, wo wir Jesu Geist wirken lassen, unser Leben heil werden kann.

Die Verse Mt 8,11f. wirken wie ein nachträglicher Einschub in die Geschichte. Sie verstärken nur den Gedanken, dass unser Heil nicht daran hängt, ob wir eine bestimmte religiöse Tradition pflegen oder einer Religion angehören, die sich für die allein wahre oder von Gott erwählte versteht. Unser konfessionelles Schubladen-Denken wird hier nicht nur erschüttert, sondern in Frage gestellt.

Das Schlusswort Jesu: „Dir geschehe wie du geglaubt hast" (Mt 8,13), darf aber auch nicht als Freibrief für jede Art von „Glauben" genommen werden. Es bleibt auf den Glauben jenes heidnischen Hauptmanns bezogen, der darin bestand, bedingungslos darauf zu vertrauen, dass Jesus jenen Mächten Einhalt gebieten kann, die Leben zerstören, und der – sofern wir uns ihm anvertrauen – Krankes heil machen kann.

6 TOTENERWECKUNGEN

Der Übergang von den Krankenheilungen zu den Totenerweckungen ist fließend. Totenerweckungen kann man als „gesteigerte Form von Heilungswundern" (Kollman 91) verstehen. Das wird die Textanalyse der Erweckung der Tochter des Jairus zeigen. Die Frage, welchen Vorbildern die drei Auferweckungsgeschichten des Neuen Testaments folgen, muss hier nicht geklärt werden. Festzustellen bleibt nur, dass nach 1 Kö 17,17–24 der Prophet Elija den verstorbenen Sohn einer Witwe aus Zarefat wieder zum Leben erweckt hat. Nach 2 Kö 4,32–37 hat Elischa den Sohn der Schunammitin wieder erweckt. In der hellenistischen Tradition sind mehrere Totenerweckungen überliefert. Auferweckungen, wie sie von Jesus berichtet werden, sind in der Alten Welt also weder neu noch singulär. Sie stehen bereits in einer Überlieferungsgeschichte und sie stellen Jesus den großen Wunderheilern der Alten Welt mindestens gleich. Ob und in wiefern sich die Jesusgeschichten von den Totenerweckungen der alttestamentlichen und hellenistischen Tradition abheben, wird zu klären sein.

Jesus heilt die blutflüssige Frau und erweckt die Tochter des Jairus (Mk 5,21–43 und Mt 9,18–26)

Mk 5,21 Und als Jesus im Boot wieder ans andere Ufer hinübergefahren war, strömte viel Volk bei ihm zusammen; und er war am See. 22 Da kommt einer von den Synagogenvorstehern mit Namen Jairus, und als er ihn sieht, fällt er ihm zu Füssen 23 und fleht ihn an: Mein Töchterchen ist todkrank. Komm und leg ihr die Hand auf, damit sie gerettet wird und am Leben bleibt. 24 Und er ging mit ihm. Und viel Volk folgte ihm und drängte sich um ihn.

25 Und da war eine Frau, die hatte seit zwölf Jahren Blutungen 26 und hatte viel gelitten unter vielen Ärzten und ihr ganzes Vermögen ausgegeben. Aber es hatte ihr nichts genützt, es war nur noch schlimmer geworden mit ihr. 27 Als sie nun von Jesus hörte, kam sie im Gedränge von hinten an ihn heran und berührte seinen Mantel. 28 Denn sie sagte sich: Wenn ich auch nur seine Kleider berühre, werde ich gerettet. 29 Und sogleich versiegte die Quelle ihrer Blutungen, und sie spürte an ihrem Körper, dass sie von der Plage geheilt war. 30 Und sogleich spürte Jesus, dass eine Kraft von ihm ausgegangen war, und er wandte sich im Gedränge um und sprach: Wer hat meine Kleider berührt? 31 Da sagten seine Jünger zu ihm: Du siehst doch, wie das Volk sich um dich drängt, und da sagst du: Wer hat mich berührt? 32 Und er schaute umher, um die zu sehen, die das getan hatte. 33 Die Frau aber kam, verängstigt und zitternd, weil sie wusste, was ihr geschehen war, und warf sich vor ihm nieder und sagte ihm die ganze Wahrheit. 34 Er aber sagte zu ihr: Tochter, dein Glaube hat dich gerettet. Geh in Frieden und sei geheilt von deiner Plage. 35 Noch während er redet, kommen Leute des Synagogenvorstehers und sagen: Deine Tochter ist gestorben! Was bemühst du den Meister noch? 36 Doch Jesus, der hörte, was geredet wurde, sagt zu dem Synagogenvorsteher: Fürchte dich nicht, glaube nur! 37 Und er ließ niemanden mit sich gehen außer Petrus, Jakobus und Johannes, den Bruder des Jakobus. 38 Und sie kommen in das Haus des Synagogenvorstehers. Und er sieht die Aufregung, wie sie weinen und laut klagen. 39 Und er geht hinein und sagt zu ihnen: Was lärmt und weint ihr? Das Kind ist nicht gestorben, es schläft. 40 Da lachten sie ihn aus. Er aber schickt alle hinaus, nimmt den Vater des Kindes und die Mutter und seine Begleiter mit und geht hinein, wo das Kind ist. 41 Und er nimmt die Hand des Kindes und spricht zu ihm: Talita kum! Das heisst: Mädchen, ich sage dir, steh auf! 42 Und sogleich stand das Mädchen auf und ging umher. Es war zwölf Jahre alt. Da waren sie fassungslos vor Entsetzen. 43 Und er schärfte ihnen ein, dies niemanden wissen zu lassen. Und er sagte, man solle ihr zu essen geben.

Klärendes vorweg

In diesem Text des Markus-Evangeliums finden wir zwei Wundergeschichten, die zu einer einzigen verwoben worden sind, nämlich die Geschichte von der Heilung der blutflüssigen Frau und die Geschichte von der Erweckung der Tochter des Jairus. Wir müssen nicht klären, ob diese Verbindung von Beginn an bestand oder wann und durch wen die Verschränkung von zwei Einzelgeschichten zustande gekommen ist. Wir müssen hier auch die Frage nicht beantworten, ob das, was berichtet wird, damals tatsächlich so passiert ist. Erst recht müssen wir keine psychosomatischen Erklärungen für die Heilung finden und Scheintod-Theorien für die Auferweckung des Mädchens ins Feld führen, um uns die Geschichten irgendwie plausibel und akzeptabel zu machen. Lassen wir diese Geschichten zunächst das sein, was sie sind, nämlich antike

Wundergeschichten aus hellenistischer Tradition mit allen Merkmalen einer volkstümlich-dramatischen Erzählweise. Als Nächstes gilt es, uns daran zu erinnern, dass diese Texte nicht in einem Archiv für besondere Vorkommnisse gesammelt, sondern von einem Evangelisten in ein literarisches Gesamtkonzept eingebunden worden sind. Evangelien wollen nicht einfach Reden und Taten des irdischen Jesus dokumentieren. Sie wollen vielmehr mit ihren Geschichten jenes göttliche Handeln bezeugen, das in Jesu Wirken zum Ausdruck kommt. Sie wollen verdeutlichen, wie und wo das Reich Gottes bereits jetzt anbricht und wirklich wird.

Wir haben es in den Wundergeschichten der Evangelien nicht mit Einzeldokumenten zu tun, denen man Glauben schenken kann oder auch nicht. Im Sinne der Evangelien gilt es zu fragen, worauf uns die Wundergeschichten jeweils hinweisen, wofür sie stehen und was sie über Jesus und über uns selbst sagen. Diese Botschaft erschließt sich uns auch hier nur über das genaue Lesen und das Vergleichen der Texte, die uns bei Markus und Matthäus in unterschiedlichen Fassungen vorliegen. Dabei werden wir erkennen, wie Texte verändert werden, wenn man sie in unterschiedliche Konzepte einfügt. Wir werden erkennen, dass wir es im Neuen Testament nicht mit einem normativen Verständnis Jesu und seines Wunderhandelns zu tun haben, sondern mit verschiedenen Auffassungen, wer Jesus war und wie er zu verstehen ist. Diese Erkenntnis verpflichtet dazu, die Wundertexte nicht von einer uns vorgegebenen Lehre über Jesus her zu interpretieren, sondern aus dem jeweiligen Text zu erheben, worauf dieser hinweist und wofür er Zeichen ist.

Die Heilung der Frau

Die Verschränkung der beiden Wundertexte ist nicht in jeder Hinsicht gelungen, aber für beide Geschichten zugleich vorteilhaft. Das wird noch zu zeigen sein. Die Heilung der Frau unterbricht die übergeordnete Rahmengeschichte von der Auferweckung des verstorbenen Kindes. Für die Heilungsgeschichte ist szenisch eine größere Menschenansammlung erforderlich, in der die kranke Frau anonym und unerkannt an den Heiler Jesus herankommen kann.

Die Frau, um die es hier geht, hat ein Frauenleiden, das trotz der Bemühungen vieler Ärzte in 12 Jahren nicht geheilt werden konnte. Mit dem Hinweis, dass sie ihr gesamtes Vermögen für Arzthonorare aufgewendet hat, sollen nicht die Ärzte als geldgierige Pfuscher abgestempelt werden. Vielmehr wird mit diesem erzählerischen Mittel lediglich darauf hingewiesen, wie schwer die Krankheit ist und wie wenig Aussicht die Frau hat, ihr Leiden durch ärztliche Kunst wieder loszuwerden. Es handelt sich um einen chronischen Fall ohne medizinische Heilungschance. Damit nicht genug. Die beschriebene Frauenkrankheit wird vom jüdischen Gesetz (Lev 15,19ff.) als kultische Unreinheit eingestuft. Mit diesem priesterlichen Urteil war die Frau nicht nur aus der kultischen Gemeinschaft ausgeschlossen, sondern in ihrem sozialen Umfeld isoliert. Sie durfte mit anderen Menschen keinen Berührungskontakt mehr haben. In dieser verzweifelten Situation nutzt sie den Menschenauflauf, der sich um Jesus gebildet hatte. Mit ihren Zeitgenossen sieht sie in Jesus nicht den professionellen Arzt, sondern in erster Linie den großen Wunderheiler, der hohe Erwartungen weckt. Es gelingt ihr, in seine Nähe zu kommen und seinen Mantel zu berühren. Nach jüdischem Gesetz darf sie das nicht, weil sie damit ihre eigene kultische Unreinheit auf den Träger der von ihr berührten Kleider überträgt.

In diesem Detail zeigt sich sehr anschaulich, dass man sich in jener Zeit Wunderheilungen als einen magischen Vorgang vorstellte, und zwar als die Übertragung einer unsichtbaren Heilkraft, die durch Berührung substanziell vom Heiler auf den Kranken übergeht. Die Vorstellung, dass durch Berühren heiliger Gegenstände überirdische Kräfte übertragen werden, lebt bis heute im Reliquienkult und in Segnungen und Weihen materieller Dinge fort. Offenbar stellt sich auch Markus die Heilkraft Jesu als etwas Substanzielles vor, denn nachdem die Frau Jesu Mantel berührt hat und sofort geheilt worden ist, spürt Jesus, „dass eine Kraft von ihm ausgegangen war" (Mk 5,30). Nur deshalb stellt er die in einem Gedränge sonst unverständliche Frage: „Wer hat meine Kleider berührt?"

In der Erzähltradition, der diese Geschichte entstammt, sieht man den Heilungsvorgang als genauso magisch an, wie die kranke Frau das tut, und der erzählte Vorgang bestätigt diese Vorstellung. Die Geheilte bekennt sich jetzt „verängstigt und zitternd" zu ihrer unerlaubten Handlung. Sie weiß, dass sie sich im Zustand ihrer kultischen Unreinheit durch das verbotene Berühren der Kleider Jesu ihre Heilung „erschlichen" hat. Sie „warf sich vor ihm nieder und sagte ihm die ganze Wahrheit" (Mk 5,33). Jesus geht auf ihren Gesetzesbruch gar nicht ein und sanktioniert nachträglich die erfolgte Heilung. „Geh hin und sei geheilt von deiner Plage!" (Mk 5,34). Jesus sagt damit, dass die Linderung menschlicher Not Vorrang vor dem Gesetz hat. Die Frau ist aus ihrer jahrelangen Isolierung erlöst und von den Fesseln und Grenzen befreit, die ihr durch das kultische Gesetz auferlegt waren. Nicht ganz einfach ist hier das Wort Jesu zu verstehen: „Dein Glaube hat dich gerettet" (Mk 5,34). Von welcher Art Glaube ist die Rede? Die Frau setzte ihr Vertrauen in den Kraftträger Jesus und in die ihr vertraute Art magischer Kraftübertragung. Insoweit bleibt die Geschichte noch ganz im Denkmuster der hellenistischen Welt. Das Vertrauen der Frau in die magischen Kräfte des Wunderheilers wird zum Glauben an den Erlöser erst innerhalb der Komposition des Markus, der Jesus als den gegenwärtigen Gott in Menschengestalt zeichnet. Erst in diesem Kontext wird die Geschichte von der Heilung der Frau ein Zeichen dafür, dass Gottes Herrschaft in der Welt der Mühseligen und Beladenen erfahrbar anbricht, zu denen in biblischer Zeit in hohem Maße die Frauen gehörten.

Die Auferweckung der Tochter des Jairus

Für die Heilung der blutflüssigen Frau war als szenischer Hintergrund die große Menschenmenge erforderlich, für die Auferweckung des Mädchens war dieser Hintergrund eher hinderlich. In der Eingangsszene wird geschildert,

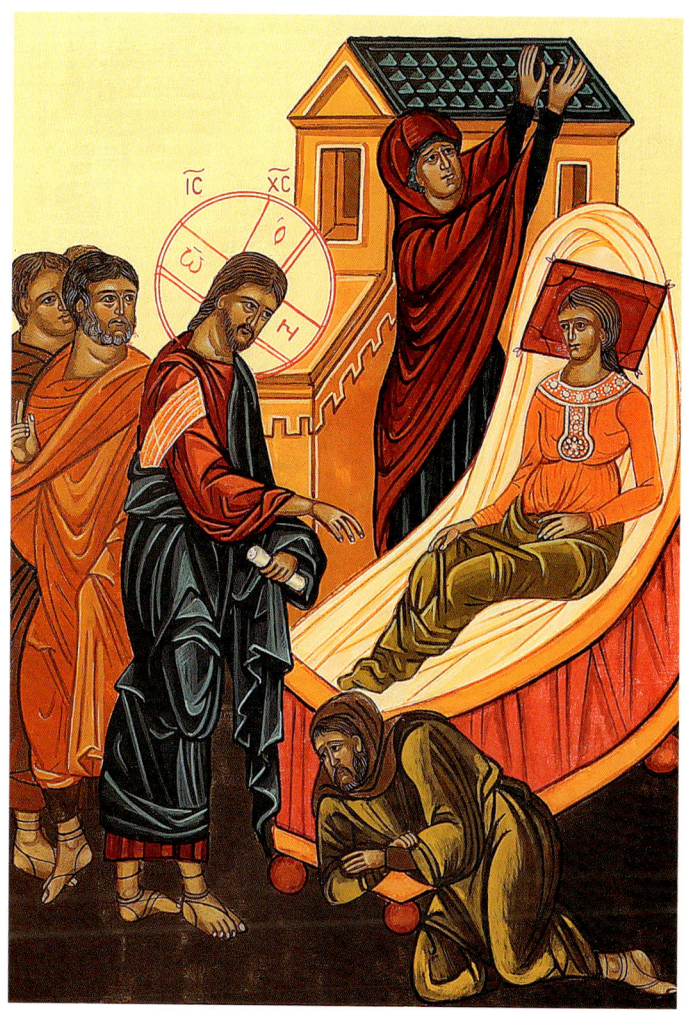

dass ein Synagogenvorsteher aus der Menge hervortritt, sich Jesus zu Füßen wirft und ihn bittet, seine zu Hause liegende todkranke Tochter am Leben zu erhalten. Ein Synagogenvorsteher ist ein Beamter der jüdischen Synagoge mit definierten Aufsichtsfunktionen. Die Erwartung an die Heilkraft Jesu ist offenbar in allen Bevölkerungsschichten hoch. Mit dem Kniefall vor Jesus drückt der jüdische Beamte aus, dass er Jesu Vollmacht zu heilen ehrfürchtig anerkennt. Jesus geht auf die dringende Bitte des besorgten Vaters ein und „ging mit ihm" (Mk 5,24). Auf dem Weg zu dem todkranken Kind ereignet sich jener „Zwischenfall" mit der kranken Frau. Die breite Schilderung drückt aus, dass er einige Zeit in Anspruch genommen hat, und zwar jene Zeit, in der die Tochter des Jairus verstorben ist. Diener bringen dem Vater die Nachricht vom Tod des Kindes. Sie fügen hinzu: „Was bemühst du den Meister noch?" (Mk 5,35). Steht es Dienern zu, ihrem Herrn zu sagen, was er zu tun hat? Realistisch betrachtet natürlich nicht. Der Evangelist bringt aber mit dieser Äußerung der Diener zum Ausdruck, was alle denken: Hier gibt es nichts mehr zu helfen. Der Tod ist das Ende aller Hoffnung. Eben diese für jedermann selbstverständliche Lebensweisheit benutzt Markus, um das, was jetzt geschehen wird, in seiner Größe noch zu steigern und hervorzuheben. Das Auferwecken einer Verstorbenen liegt nicht mehr im Erwartungshorizont der hier versammelten Menschen, wohl auch des Vaters nicht. Dem seiner bisherigen Hoffnung beraubten Vater wendet sich Jesus daher mit den Worten zu: „Fürchte dich nicht, glaube nur" (Mk 5,36). Aber was soll er denn glauben angesichts seines toten Kindes? Was gibt es jetzt noch zu erhoffen? Es geht hier offenbar nicht mehr darum, *was* zu glauben ist, sondern *wem* zu glauben und zu vertrauen ist. Das wird zugleich darin deutlich, dass Jesus den Gang der Dinge bestimmt. Er schickt die Menge weg und lässt außer dem Vater nur drei Vertraute mit sich zum Haus der Toten gehen. Dort erwarten ihn ebenfalls viele Menschen, die den Tod des Kindes bereits beweinen und laut beklagen und damit dem Unabänderlichen Ausdruck geben. Noch ehe Jesus die Tote gesehen hat, sagt er zu den Trauernden: „Das Kind ist nicht gestorben, es schläft" – und er erntet dafür lautes Gelächter. Diese alle, die nur ihrem „Realismus" trauen, schickt Jesus weg. Mit den Eltern des Kindes und mit seinen Vertrauten betritt er das Totenzimmer, nimmt die Hand des Kindes und gibt ihm in seiner aramäischen Sprache den Befehl aufzustehen. Das Mädchen steht auf, geht umher, und alle sind „fassungslos vor Entsetzen". Gemeint ist hier nicht, dass Jesus eben als geübter Heiler erkannt hat, dass das Kind nur scheintot ist. Er hatte es noch gar nicht gesehen, als er sagte, „es schläft" nur. Die Eltern und Jesu Begleiter wären dann auch nicht vor Entsetzen fassungslos gewesen, sondern erleichtert darüber, dass noch nicht alles verloren ist und Jesus vielleicht doch noch heilen kann. Sie sind fassungslos, außer sich und entsetzt, weil sie Zeugen dafür geworden sind, dass Jesus nicht nur Krankheit überwinden kann, sondern sogar den Tod. Sie haben seine Vollmacht erlebt, eine Vollmacht, die sich als die Quelle allen Lebens erweist, und zwar eines Lebens, das mehr bedeutet als das körperliche Funktionieren und das auch über unser irdisches Sterben hinausreicht. Markus bringt diese Dimension des Göttlichen im Wirken Jesu im Gewand einer hellenistischen Auferweckungsgeschichte zum Ausdruck. Der Evangelist setzt auf diese Weise ins Bild, wer uns in Jesus begegnet und dass in seinem Wirken bereits jetzt das aufscheint, was mit „Herrschaft Gottes" gemeint ist. Die Anweisung Jesu, dem Mädchen Essen zu geben, soll in der Bildsprache der Antike nur bestätigen, dass es lebt, denn Geister nehmen keine menschliche Speise zu sich.

Die Version des Matthäus-Evangeliums (Mt 9,18–26)

18 Während er so mit ihnen redete, kam ein vornehmer Mann, fiel vor ihm nieder und sagte: Meine Tochter ist soeben gestorben. Aber komm, leg ihr die Hand auf, so wird sie wieder lebendig. 19 Da stand Jesus auf und folgte ihm mit seinen Jüngern.

20 Und da war eine Frau, die seit zwölf Jahren an Blutungen litt. Die trat von hinten an ihn heran und berührte den Saum seines Mantels. 21 Denn sie sagte sich: Wenn ich auch nur seinen Mantel berühre, werde ich gerettet. 22 Jesus aber wandte sich um, sah sie und sprach: Sei getrost, Tochter, dein Glaube hat dich gerettet. Und die Frau war von Stund an gerettet. 23 Als Jesus in das Haus des vornehmen Mannes kam und die Flötenspieler und das Gedränge um sich herum sah,

24 sprach er: Geht hinaus! Das Mädchen ist nicht gestor-
ben, es schläft. Da lachten sie ihn aus. 25 Als man die Leu-
te hinausgeschickt hatte, ging er hinein, nahm ihre Hand,
und das Mädchen stand auf. 26 Und das sprach sich in je-
ner ganzen Gegend herum.

Die beiden ineinander verschränkten Wundergeschichten finden wir auch im Matthäus-Evangelium, hier allerdings entschlossen gekürzt und auf das konzentriert, was
Matthäus für das Wesentliche hält. Alle volkstümlich-sze-
nischen Ausmalungen sind gestrichen. Es bleibt nur stehen, was für das Verständnis unverzichtbar ist. Die Heilung
wird als die große Hoffnung der Kranken bereits erwähnt,
noch ehe die kranke Frau das Kleid Jesu berührt hat. Jesu
Wort: „Dein Glaube hat dich gerettet" kann sich damit
direkt auf das Vertrauen der Hilfesuchenden beziehen. Die
Szene ist völlig auf die Begegnung zwischen der kranken
Frau und Jesus reduziert. Damit ist der Schwerpunkt der
Geschichte von den Umständen der Heilung auf das Glau-
bensthema verlagert. Matthäus lässt die Menge des Volkes
als den szenischen Hintergrund weg. Der Synagogenvorsteher kommt nicht mit der Bitte um Heilung der todkranken Tochter zu Jesus, denn die Tochter ist bereits gestorben. Er kommt mit der Hoffnung: „Leg ihr die Hand
auf, so wird sie wieder lebendig" (Mt 9,18). Bei der Auferweckung der Verstorbenen fehlen gegenüber Markus zwei
Elemente: Das befehlende Wort an die Tote aufzustehen
und die Aufforderung, ihr Essen zu geben als Beweis dafür,
dass sie lebt. Auch hier sind die wunderhaften Züge
zurückgedrängt. Dadurch wird der Glaube des Vaters hervorgehoben. Matthäus verdeutlicht, dass nicht der Glaube selbst rettet, sondern dass Jesus dem Glaubenden gemäß
seinem Glauben Rettung gewährt. Die Wundererzählungen veranschaulichen auf verschiedene Weise, welche Art
von Glauben und Vertrauen jene Menschen haben, die
Rettung erfahren.
Für die Menschen der Antike war die Wiedererweckung
eines Toten zwar nichts Alltägliches, aber auch nichts Un-
vorstellbares. Die hellenistischen Religionen kennen ver-

schiedene Beispiele für sterbende und wiedererstehende Götter. Auch der Prophet Ezechiel wird aufgefordert, seinem Volk zu weissagen: „Seht, ich öffne eure Gräber und ich lasse euch, mein Volk, aus euren Gräbern steigen" (Ez. 37, 12). Nach 2 Kö 4 erweckte Elischa den verstorbenen Sohn einer Schunammitin wieder zum Leben. Nach Mk 6,14–16 glaubte König Herodes, in Jesus sei Johannes der Täufer, den er doch hatte enthaupten lassen, von den Toten wieder auferstanden. Aber warum erzählt Matthäus im Gegensatz zu Markus diese Geschichte von Anfang an als eine Totenerweckung?

Matthäus komponiert wie alle Evangelisten sein Evangelium mit dem ihm bekannten Traditionsgut nach einem (und zwar seinem!) klaren Konzept. Die Texte positioniert und gestaltet er deshalb so, dass sie seinem geistigen Entwurf entsprechen. Aus seinem Evangelium können wir erschließen, dass er aus drei Quellen schöpft: 1. aus dem Markus-Evangelium, dessen Aufbau er auch im Wesentlichen übernimmt; 2. aus einer „Redenquelle", die Markus noch nicht kannte, die aber ihm und auch Lukas vorliegt; 3. aus einzelnen Überlieferungen, die in keinen der anderen Evangelien auftauchen (Sondergut). In seiner Komposition bündelt er Reden (in Kap 5–7; 10; 13; 18; 23–25) und Wundergeschichten (Kap 8–9) zu größeren Einheiten. Wichtig ist ihm aber, mit seinem Evangelium zu zeigen, dass sich die Weissagungen des Alten Testaments in Jesus von Nazaret erfüllt haben. Dazu gehört auch seine Überzeugung, dass der im Alten Testament angekündigte Messias in Jesus erschienen ist. Dieses Denkmodell von Verheißung und Erfüllung teilt Matthäus mit den Adressaten seines Evangeliums. Das sind Judenchristen, denen die Schriften des Alten Testaments vertraut sind. Für diese Menschen sind sein Denkmodell und auch dessen Schlüsse plausibel.

Wird Jesus als der verheißene Messias verstanden, so ist die Frage zu beantworten, woran man ihn als Messias erkennt. Matthäus geht darauf mit einem Text ein, den er der Redenquelle entnimmt. Wir erfahren dort, dass Johannes der Täufer aus dem Gefängnis an Jesus die Frage richten lässt, ob er (Jesus) der verheißene Messias sei. Darauf antwortet Jesus: „Erzählt Johannes, was ihr hört und seht: Blinde sehen und Lahme gehen, Aussätzige werden rein und Taube hören, und Tote werden auferweckt. …" (Mt 11,4f.). Das ist eine Kurzfassung von alttestamentlichen Verheißungen. Johannes und seine jüdischen Zeitgenossen verstehen: Eben diese Ereignisse, die im Alten Testament als die Taten des Messias angekündigt werden, vollziehen sich jetzt durch Jesus vor aller Augen, so dass alle in Jesus den Messias erkennen können.

Matthäus hat entsprechend diesen Verheißungen in den Kapiteln 8 und 9 einen Block von Wundern zusammengestellt. In diesen Komplex fügt er auch die Totenauferweckung ein. Sie gehört für ihn zu jenen angekündigten Ereignissen, die anzeigen, dass Jesus der verheißene Messias ist und dass mit seinem Wirken das Reich Gottes bereits anbricht. Im Konzept des Matthäus werden die Wunder zu historischen Beweisen für Jesu Messianität. Die Vollmacht des Messias legitimiert Jesus im Verständnis des Matthäus auch dazu, Anweisungen zu erteilen, zu lehren und die Gesetze neu auszulegen: „Ihr habt gehört, dass zu den Alten gesagt wurde … Ich aber sage euch …" (Mt 5).

Dieser Blick auf die unterschiedlichen Versionen der verschränkten Wundererzählungen im Evangelium des Markus und des Matthäus zeigt uns, dass Wundertexte für sich selbst über die berichteten Fakten hinaus eine eigenständige Botschaft haben. Ihre Botschaft gewinnen sie erst dadurch, dass sie in ein größeres Ordnungsgefüge eingeordnet und dafür entsprechend gestaltet werden. So kann das gleiche Geschehen in unterschiedlichen Deutungsgefügen mit unterschiedlichen Botschaften verbunden werden. Unser Text hat gezeigt: Erst im jeweiligen Deutungsgefüge ist die Bedeutung eines einzelnen Textes zu erkennen.

Jesus erweckt den Jüngling zu Nain (Lk 7,11–17)

11 Und danach geschah es, dass er in eine Stadt mit Namen Nain zog; und seine Jünger und viel Volk zogen mit ihm. 12 Als er sich dem Stadttor näherte, da wurde gerade ein Toter herausgetragen, der einzige Sohn seiner Mutter, und die war Witwe. Und eine stattliche Zahl von Leuten aus der Stadt war bei ihr. 13 Und als der Herr sie sah, hatte er Mitleid mit ihr und sagte zu ihr: Weine nicht! 14 Und er trat zur Bahre und fasste ihn an. Da blieben die Träger stehen, und er sprach: Junger Mann, ich sage dir: Steh auf! 15 Und der Tote richtete sich auf und begann zu reden. Und er gab ihn seiner Mutter wieder. 16 Furcht ergriff alle, und sie priesen Gott und sagten: Ein großer Prophet ist erweckt worden unter uns, und: Gott hat sich seines Volkes angenommen. 17 Und die Kunde von ihm verbreitete sich in ganz Judäa und in der ganzen Umgebung. Für viele heutige Leser dieser Geschichte stellt sich zuerst die Frage, ob so etwas passiert sein kann. Diese Frage, die sich erst in der Neuzeit in den Vordergrund drängt, stellte sich den Menschen der Antike nicht, weil ihnen sowohl aus der alttestamentlichen wie auch aus der hellenistischen Kultur Auferweckungsgeschichten vertraut waren und als Möglichkeit anerkannt wurden. Wollen wir die Geschichte als Botschaft in ihrer Welt verstehen, so kann die Frage nach ihrer Historizität außen vor bleiben.

Ein Vergleich mit antiken Auferweckungsgeschichten

Bei den Auferweckungsgeschichten des Elija und Elischa (1 Kö 17 und 2 Kö 4) steht wohl der Verlust im Mittelpunkt, den die Witwen durch den Tod ihrer Söhne erlitten haben. Die Auferweckung dieser Söhne geschieht im Privatbereich. Unsere Geschichte spielt hingegen in der Öffentlichkeit. In den hellenistischen Auferweckungsgeschichten geht es immer um eine Wiederbelebung. Dabei wird das geheime Wissen der Ärzte und ihre Kunst, noch Lebensreste zu entdecken, hervorgehoben. Hier aber ist der Tod bereits definitiv, denn der Tote ist schon im Leichenzug auf dem Weg zu seiner Bestattung. Wir können also die These verabschieden, dass hier nur eine der altte-stamentlichen und hellenistischen Erweckungsgeschich-ten auf Jesus übertragen worden ist. Freilich ist dann die Frage zu stellen, welche Botschaft mit unserer Er-weckungsgeschichte vermittelt werden soll. Die Antwort müssen wir aus der Textgestalt und aus deren Einbettung in die Komposition des Lukas-Evangeliums erheben. Evan-gelisten verstanden Jesus in unterschiedlicher Weise und sie haben die ihnen zur Verfügung stehenden Texte sehr bewusst in ihre Kompositionen eingefügt.

Wie Lukas die Geschichte verstanden wissen möchte
Die Auferweckung des Jünglings zu Nain gehört zum Son-dergut des Lukas-Evangeliums. Mit der Position, die Lukas dieser Geschichte in seinem Entwurf zuwies, drückte er aus, wie er sie verstanden wissen wollte. Er stellte sie un-mittelbar vor die Frage, die Johannes der Täufer an Jesus richtete, ob er (Jesus) der verheißene Messias sei. Jesus ver-weist mit seiner Antwort auf das, was durch ihn geschieht: „… Tote werden auferweckt, Armen wird das Evangelium verkündigt" (Lk 7,22). Er sagt damit: In diesen Ereignissen erweist sich das Reich Gottes als gegenwärtig. Das gilt es

zu sehen. Es geht nicht um das Spektakuläre des Vorgangs, sondern darum, im irdischen Geschehen das göttliche Wirken zu erkennen.

Beobachtungen am Text

Lukas lokalisiert die Erweckung in einer Stadt namens Nain. Ein Ort dieses Namens wird in der Bibel sonst nirgendwo erwähnt. Nain ist geographisch nicht zu identifizieren. Es könnte „allerorten" bedeuten. Weder die trauernde Witwe noch ihr verstorbener Sohn werden bei ihren

Namen genannt. Jeder Leser könnte sich in deren Rolle sehen. Auch über die Ursache des Todes und über das Alter des Jungen oder des jungen Mannes wird nichts gesagt. Das alles klingt eher nach einer idealen Inszenierung als nach einer konkreten Szene. Üblich war es auch, dass die Toten außerhalb der Stadt begraben und von einem Trauerzug begleitet wurden. Den Toten hat man sich in einem offenen Kasten oder auf einer Totenbahre vorzustellen.

Jesus erbarmt sich der Armen

In der Mehrzahl der Wundergeschichten wird Jesus um Hilfe gebeten. Das ist hier nicht der Fall. Dem Leichenzug begegnet er eher zufällig. Wir würden bei einer solchen Begegnung stehen bleiben, wenn der Sarg vorbeigetragen wird, vielleicht auch den Hut ziehen und dann weiter gehen, zumal dann, wenn wir den Verstorbenen nicht kennen. Jesus geht nicht zielgerichtet seiner Wege, sondern er lässt sich auf die Menschen und auf deren Schicksale ein, die ihm begegnen. Wovon lässt er sich hier anrühren? Es fällt auf, dass der Verstorbene und seine Auferweckung für sich genommen eher eine beiläufige Rolle spielen. Gewiss wird der Vorgang der Auferweckung mit antiker Erzählfreude dargestellt, aber Jesu Blick richtet sich nicht auf den Toten, sondern auf dessen Mutter. Das Schlüsselwort lautet: „Als der Herr sie sah, hatte er Mitleid mit ihr" (Lk 7,13). Luther übersetzt: „Sie jammerte ihn!" In wörtlicher Übertragung könnte man auch sagen: „Er hatte Erbarmen mit ihr". Zwölfmal begegnet uns in den Evangelien die Wendung, dass sich Jesus eines oder vieler Menschen erbarmt. Es ist für ihn und für den Gott, den er vergegenwärtigt, geradezu charakteristisch, dass er sich erbarmend der Menschen annimmt, die in höchster Not sind. Der Auferweckte wird im Folgenden nicht mehr erwähnt. Entscheidend ist nur der eine Satz: „Und er gab ihn seiner Mutter wieder". Darauf läuft Jesu Eingreifen hinaus. Der Tote wurde um seiner Mutter willen auferweckt. Das ist ein Beispiel für die frohe Botschaft, die „den Armen" verkündigt wird. Wo Menschen Erbarmen erfahren, da ist Gottes Reich irdische Gegenwart geworden. Die Not sehen und sich der Notleidenden erbarmen: dieser Wesenszug Jesu wird mit der Geschichte von der Auferweckung des Jünglings von Nain hervorgehoben. Das bedeutet zugleich: So ist unser Gott. Martin Luther hat darauf aufmerksam gemacht, dass mit dem hier gemeinten Erbarmen und Mitleid nicht folgenlose Gefühle gemeint sind, sondern eine vertiefte Form von Liebe, „nämlich, dass man sich anderer Leute Jammers und Elends annehme, … als wäre es meine eigene Sache".

Die Zeugen der Auferweckung haben das offenbar verstanden. Sie diskutieren nicht darüber, ob und wie so etwas möglich ist. Sie rühmen auch nicht die Leistung des kundigen Arztes. Vielmehr: „Furcht ergriff alle" (Lk 7,16). Mit „Furcht" (gr. *phobos)* bezeichnen die Evangelien nicht die kreatürliche Angst des Menschen vor einer gefährlichen Situation. Mit „Furcht" und „sich fürchten" wird das staunende Erschrecken des Menschen angesichts eines unfasslichen Geschehens beschrieben, in welchem sich Göttliches ereignet und die Gegenwart Gottes dem Menschen bewusst wird. Diese Gottesfurcht löst keine Panik aus, sondern die Menschen „priesen Gott und sagten: Ein großer Prophet ist erweckt worden unter uns, und: Gott hat sich seines Volkes angenommen" (Lk 7,16). Die Augenzeugen tun bereits das, wofür Lukas seinen Lesern die Augen öffnen möchte: Sie erkennen in der irdischen Begebenheit die göttliche Dimension und die Art und Weise, in der die Herrschaft Gottes im Wirken Jesu bereits anbricht.

Unsere Geschichte will nicht über Vergangenes berichten und dabei stehen bleiben. Sie will uns sensibel machen für das, was in jenem geschilderten Leichenzug geschieht oder auch unterbleibt. Jesus hat die Verzweiflung der einen Frau zu seiner Sache gemacht und dafür den Leichenzug angehalten. Vergleichbares kann auch weniger dramatisch dort geschehen, wo wir einander aus Sackgassen heraushelfen, einander neue Lebenshorizonte öffnen, Menschen aus seelischer oder geistiger Isolation in die Gemeinschaft zurückholen, Partnerschaften aus ihrer Erstarrung lösen, hartnäckige Vorurteile abtragen, Rechthaber in den Dialog führen.

Lukas hat in sein Evangelium ein für uns erhellendes Gespräch Jesu mit Pharisäern aufgenommen (Lk 17,20f.). Diese fragen ihn, „wann das Reich Gottes komme". Sie erwarten, dass die jetzige Welt in einer großen Katastrophe untergehen und die neue Welt in einer neuen Weltgestalt anbrechen werde. Von Jesus wollen sie das Datum dieses Umbruchs der Äonen wissen. Jesus weist diese Frage zurück, weil das Reich Gottes nicht wie ein kosmisches Ereignis über Welt und Menschen hereinbricht und überhaupt nicht erst kommen wird, sondern bereits da ist. Seine Antwort lautet daher: „Seht, das Reich Gottes ist (bereits) mitten unter euch". Er meint damit: Gottes Herrschaft geschieht schon in dem, was ich tue und sie ereignet sich auch überall dort, wo Menschen aus dem gleichem Geist der Liebe aneinander handeln, aufeinander Acht haben, füreinander da sind, miteinander barmherzig umgehen. Gottes Reich oder Gottes Herrschaft ereignet sich nicht irgendwo außerhalb von uns, sondern im Bereich menschlichen Miteinanders, also auch durch uns. Biblische Texte wollen nicht religiöses Wissen über eine jenseitige oder zukünftige Welt vermitteln. Sie öffnen unsere Augen für jene Ereignisse, in denen sich das Göttliche im Weltlichen zeigt und das Jenseitige im Diesseitigen aufscheint. Die Texte machen uns nicht zu distanzierten Betrachtern, sondern zu Teilnehmern, zu Mithandelnden in diesem Weltgeschehen Gottes.

Jesus erweckt den bereits beerdigten Lazarus
(Joh 11,1–44)

11,1 Es war aber einer krank, Lazarus aus Betanien, aus dem Dorf der Maria und ihrer Schwester Marta. 2 Maria war die, welche dann den Herrn mit Öl salbte und seine Füße mit ihren Haaren trocknete; ihr Bruder Lazarus war krank. 3 Da sandten die Schwestern zu ihm und ließen sagen: Herr, der, den du lieb hast, ist krank. 4 Als Jesus das hörte, sprach er: Diese Krankheit führt nicht zum Tod, sondern dient der Verherrlichung Gottes; durch sie soll der Sohn Gottes ver-

ΗΕΓΕΡСΙС ΤΟΥ ΛΑΖΑΡΟΥ

herrlicht werden. *5* Jesus liebte Marta und ihre Schwester und Lazarus. *6* Als er nun hörte, dass dieser krank sei, blieb er noch zwei Tage an dem Ort, wo er war. *7* Danach, als diese Zeit vorüber war, sagt er zu den Jüngern: Lasst uns wieder nach Judäa gehen! *8* Die Jünger sagen zu ihm: Rabbi, eben noch wollten die Juden dich steinigen, und du gehst wieder dorthin? *9* Jesus antwortete: Hat der Tag nicht zwölf Stunden? Wer bei Tag umhergeht, stößt nicht an, weil er das Licht dieser Welt sieht. *10* Wer aber bei Nacht umhergeht, stößt an, weil das Licht nicht in ihm ist.

11 Dies sprach er, und dann sagt er zu ihnen: Lazarus, unser Freund, schläft; aber ich gehe, um ihn aufzuwecken. *12* Da sagten die Jünger zu ihm: Herr, wenn er schläft, wird er gerettet werden. *13* Jesus aber hatte von seinem Tod gesprochen. Sie jedoch meinten, er rede von der Ruhe des Schlafes. *14* Darauf sagte ihnen Jesus offen heraus: Lazarus ist gestorben. *15* Und ich freue mich für euch, dass ich nicht dort gewesen bin, damit ihr zum Glauben kommt. Aber lasst uns zu ihm gehen! *16* Da sagte Thomas, der Didymus genannt wird, zu seinen Mitjüngern: Lasst uns auch hingehen, um mit ihm zu sterben. *17* Als Jesus dort eintraf, fand er ihn schon vier Tage im Grab. *18* Betanien aber war nahe bei Jerusalem, etwa fünfzehn Stadien entfernt. *19* Viele Juden waren zu Marta und Maria gekommen, um sie wegen ihres Bruders zu trösten. *20* Marta nun, als sie hörte, dass Jesus komme, ging ihm entgegen. Maria aber saß zu Hause. *21* Da sagte Marta zu Jesus: Herr, wärst du hier gewesen, so wäre mein Bruder nicht gestorben. *22* Aber auch jetzt weiß ich: Alles, was du von Gott erbitten wirst, wird Gott dir geben. *23* Jesus sagt zu ihr: Dein Bruder wird auferstehen. *24* Marta sagt zu ihm: Ich weiß, dass er auferstehen wird in der Auferstehung am Jüngsten Tag. *25* Jesus sagte zu ihr: Ich bin die Auferstehung und das Leben. Wer an mich glaubt, wird leben, auch wenn er stirbt, *26* und jeder, der lebt und an mich glaubt, wird in Ewigkeit nicht sterben. Glaubst du das? *27* Sie sagt zu ihm: Ja, Herr, jetzt glaube ich, dass du der Christus bist, der Sohn Gottes, der in die Welt kommt. *28* Und als sie dies gesagt hatte, ging sie fort und rief Maria, ihre Schwester, und sagte heimlich zu ihr: Der Meister ist da und ruft dich. 29 Jene aber, als sie das hörte, stand rasch auf und ging zu ihm. 30 Jesus war noch nicht ins Dorf gekommen, sondern befand sich noch an dem Ort, wo Marta ihm begegnet war. 31 Als nun die Juden, die bei ihr im Haus waren und sie trösteten, sahen, dass Maria rasch aufstand und hinausging, folgten sie ihr, weil sie meinten, sie gehe zum Grab, um dort zu weinen.

32 Maria nun, als sie dorthin kam, wo Jesus war, und ihn sah, warf sich ihm zu Füßen und sagte zu ihm: Herr, wärst du hier gewesen, so wäre mein Bruder nicht gestorben. 33 Als Jesus nun sah, wie sie weinte und wie auch die Juden, die mit ihr gekommen waren, weinten, war er im Innersten empört und erschüttert 34 und sprach: Wo habt ihr ihn hingelegt? Sie sagen zu ihm: Herr, komm und sieh! 35 Jesus weinte. 36 Da sagten die Juden: Seht, wie lieb er ihn gehabt hat! 37 Einige von ihnen aber sagten: Konnte er, der dem Blinden die Augen aufgetan hat, nicht auch machen, dass dieser nicht stirbt? 38 Jesus nun, von neuem zutiefst empört, kommt zum Grab. Es war eine Höhle, und davor lag ein Stein. 39 Jesus spricht: Nehmt den Stein weg! Marta, die Schwester des Verstorbenen, sagt zu ihm: Herr, er stinkt schon, denn er ist vier Tage tot. 40 Jesus sagt zu ihr: Habe ich dir nicht gesagt: Wenn du glaubst, wirst du die Herrlichkeit Gottes sehen? 41 Da nahmen sie den Stein weg. Jesus aber hob seine Augen auf und sprach: Vater, ich danke dir, dass du mich erhört hast. 42 Ich wusste, dass du mich allezeit erhörst, jedoch um des Volkes willen, das da ringsum steht, habe ich es gesagt, damit sie glauben, dass du mich gesandt hast. 43 Und als er dies gesagt hatte, rief er mit lauter Stimme: Lazarus, komm heraus! 44 Der Tote kam heraus; seine Füße und Hände waren mit Binden umwickelt, und sein Gesicht war mit einem Schweißtuch bedeckt. Jesus sagt zu ihnen: Befreit ihn und lasst ihn gehen!

Höhepunkt der Erweckungsgeschichten

Drei Auferweckungsgeschichten finden wir in den Evangelien: 1. die Auferweckung der eben erst verstorbenen Tochter des Jairus (Mk 5 und par.). Hier wird eine Krankenheilung zum Auferweckungswunder hin weiterentwickelt. 2. die Geschichte des Jünglings zu Nain (Lk 7, 11–

17), der auferweckt wird, als er bereits auf dem Weg zu seiner Beerdigung ist. 3. die Auferweckung des Lazarus, der schon vier Tage im Grab liegt und bereits in Verwesung übergegangen ist (Joh 11). Das Wunderhafte in den Geschichten nimmt zu, und zwar mit dem zeitlichen Abstand vom Wirken des historischen Jesus Anfang 29 bis Frühjahr 30. Das Markus-Evangelium wurde nach 70 verfasst, das Lukas-Evangelium zwischen 80 und 100, das Jo-

hannes-Evangelium zwischen 100 und 125. Im Johannes-Evangelium begegnet uns das Wunderhafte in seiner im Neuen Testament massivsten Form. Die mirakelhaften Züge werfen für den heutigen Leser viele Fragen und Probleme auf, die sogar den Blick auf die Botschaft versperren können. Im 19. Jahrhundert glaubte man bei der Auferweckung der Tochter des Jairus und des Jünglings zu Nain noch mit der Erklärung auszukommen, es habe sich hier nur um Scheintote gehandelt. Bei der Erweckung eines Toten, der schon vier Tage im Grab lag, war das nicht mehr möglich.

Eine lange Vorgeschichte

Wer nach einer Predigt über die Geschichte von der Auferweckung des Lazarus sucht, wird lange suchen müssen. Das bedeutet nicht, dass die Bibelwissenschaft zu diesem Text nichts zu sagen hätte. Luther hatte bereits richtig erkannt: „Es ist zu viel drin, das sich in einer (einzigen) Predigt nicht sagen lässt". Die Länge dieses Textes ist für eine antike Wundergeschichte in der Tat ungewöhnlich. Horcht man in den Text hinein, so stößt man auf viele Ungereimtheiten und Brüche.

Die Bibelwissenschaft konnte zeigen, dass wir in diesem Text ein Sprachgebilde vor uns haben, das in mehreren Schritten bis zu seiner heutigen Gestalt herangewachsen ist. Der Ursprung ist eine Wundergeschichte, die nach antikem Muster von einer Auferweckung berichtet. Der Kern ist in den Versen 1; 3; 17–27; 43f. noch spürbar. Diese Geschichte ist dann mit anderen Wundern in eine Sammlung von Wunderzeichen eingegangen, die dem Verfasser des Johannes-Evangeliums als literarische Quelle für sein Evangelium vorlag. Johannes hat die Auferweckungsgeschichte in sein theologisches Gesamtkonzept eingefügt und sie dafür mit einem Christuswort aufgewertet und predigtartig zu einer Christusoffenbarung ausgebaut. Das soll hier im Einzelnen weder begründet noch verhandelt, aber für den Verständnishintergrund wenigstens erwähnt werden. Im Rahmen dieser kurzen Auslegung kann ohnehin nicht allen Fragen nachgegangen werden, die sich dem Leser aufdrängen. Es soll aber doch versucht werden, jene Botschaft hörbar zu machen, die Johannes mit der Erzählung dieser Totenerweckung zum Ausdruck bringen wollte.

Die alttestamentliche Auferstehungshoffnung als Hintergrund

Der Auferstehungsglaube gehört nicht zu den alten Traditionen Israels. Der Tod bedeutet im Alten Testament nicht nur das endgültige Ende des leiblichen Lebens, sondern auch die endgültige Trennung von Gott. In dem zeitlich nur schwer datierbaren Psalm 49 heißt es: „Gott aber wird mein Leben loskaufen, aus der Gewalt des Totenreiches nimmt er mich auf" (Ps 49,16). Die Hoffnung, dass Gott die Frommen selbst im Tod nicht preisgibt, taucht erst seit der Wende vom 3. zum 2. Jahrhundert v. Chr. auf. In dem aus der Mitte des 2. Jahrhunderts v. Chr. stammenden Text Daniel 12,2 ist der Auferstehungsglaube bereits klar formuliert: „Viele von denen, die im Erdstaub schlafen, werden erwachen, die einen zum ewigen Leben und die anderen zu Schmach, zu ewigem Abscheu".

Im Judentum der Zeit Jesu wurde der Auferstehungsglaube abgelehnt von den Sadduzäern, den Priestern, die bis 70 in Jerusalem den Tempeldienst versahen und die Tempelaristokratie bildeten. Für die Pharisäer, die man sich als eine Gemeinschaft von Frommen aller Stände vorstellen kann, galt hingegen eine fest formulierte Lehre von der Auferstehung der Toten. Mit der Zerstörung und dem Ende des Tempels im Jahr 70 wurde die Hoffnung auf die Auferstehung der Toten zum allgemeinen Bekenntnis der Juden.

Dieses Bewusstsein ist der selbstverständliche Hintergrund für unsere Geschichte. Wir können daraus zweierlei erschließen: Für den Verfasser und für die Leser der Lazarus-Geschichte war es grundsätzlich vorstellbar, dass Tote wieder zum Leben erweckt werden können, aber nicht durch Menschen, sondern allein durch Gott. Damit ist vor allen anderen Deutungen bereits zum Ausdruck gebracht, dass in der Auferweckung des Lazarus Gott am Werk ist und dass Jesus dabei in göttlicher Vollmacht handelt. Das stimmt auch mit der Beobachtung überein, dass im Johannes-Evangelium die Vergöttlichung des irdischen Jesus zum himmlischen Gesandten weitgehend abgeschlossen ist. In Joh 1,18 heißt es: „Als Einziggeborener, als Gott,

der jetzt im Schoß des Vaters ruht, hat er Kunde gebracht".
Und der ungläubige Thomas redet Jesus nach Joh 20,28 an
mit: „Mein Herr und mein Gott". Mit diesem Bewusstsein
gestaltet Johannes sein Evangelium und so versteht er
auch Jesu Rolle in der Lazarus-Geschichte.

Das doppelsinnige Wort „Leben"

Ohne Sprache gibt es keine Verständigung über religiöse
Inhalte. Die Möglichkeiten der Verständigung hängen von
den sprachlichen Mitteln ab, die uns für den jeweiligen Bereich zur Verfügung stehen. Mit unserer Sprache und ihrer Differenzierung gewinnen wir die verschiedenen Bereiche von Wirklichkeit für unser Bewusstsein. Wo geeig-
nete Sprache fehlt, da bleiben uns ganze Wirklichkeitsbe-
reiche verschlossen.

Die griechische Sprache kennt das Wort „*bios*". Damit ist
das Leben in seinen leiblichen Erscheinungsweisen gemeint. (vgl. Bio-logie). Leben im Verständnis von *bios* bezieht sich auf die natürlichen Vorgänge von Entstehen
und Vergehen. Die griechische Sprache kennt neben *bios*
für Leben noch ein zweites Wort, nämlich „*zoé*". In der religiösen Sprache des Neuen Testaments wird mit diesem
Wortstamm das Leben im Sinne von Heilsein bezeichnet.
Das leibliche Leben (*bios*) ist Dasein in der Zeit und damit
ein zeitlich begrenztes Dasein. Das Leben im Sinne von
Heilsein (*zoé*) ereignet sich zwar auch innerhalb unseres
Daseins in der Zeit, aber im Heilwerden und Heilsein tritt
eine göttliche Dimension in unser menschliches Dasein,
eröffnet sich Ewigkeit in der Zeit. Johannes drückt das so
aus: „Wer an den Sohn glaubt, hat ewiges Leben (*zoé*)"
(Joh 3,36).

Mit „ewig" wird in der religiösen Sprache die unbegrenz-
te Fortdauer von Zeit zwar auch mitgedacht, vor allem
wird aber damit der Bereich des Göttlichen, nämlich die
unzerstörbare Gemeinschaft mit Gott bezeichnet. Entsprechend der zweifachen Bedeutung von Leben werden
auch „Tod" und „Sterben" in zweifachem Sinn verstanden: zum einen als leiblicher Tod und zum anderen als
ein Totsein im Sinne eines Daseins, das von Gott fern und

von ihm ausgeschlossen ist und damit im Nichts verloren bleibt. Leben und Tod in diesem metaphorischen Verständnis bezeichnen die letztgültigen Gegensätze von Gottesnähe und Gottesferne, von Heil und Unheil, von bleibendem Geborgensein in Gottes Liebe und spurlosem Verlöschen im Nichts der Gottesferne.

Den Bereich des Göttlichen charakterisiert Johannes als den Bereich, der von Liebe getragen wird. Aber von welcher Liebe? Gemeint ist nicht die sinnliche Liebe (gr.: e*ros*), die im gegenwärtigen Sprachgebrauch weitgehend auf sinnliche Erotik und Sexus reduziert worden ist. Gemeint ist auch nicht die freundschaftliche Liebe (gr.: *philía*), die auf gegenseitiger Freundschaft und Sympathie beruht oder das Interesse für eine bestimmte Sache ausdrückt (z. B. Philo-sophie/Liebe zur Weisheit).

Für jene Liebe, die Jesus als die göttliche Liebe offenbar macht, steht das griechische Wort *„agápe"*. Agape meint eine sich schenkende Liebe, die ihren Ursprung nicht im menschlichen Wollen, sondern in Gott hat. Johannes drückt das in dem Satz aus: „So hat Gott die Welt geliebt, dass er den einzigen Sohn gab, damit jeder, der an ihn glaubt, nicht verloren gehe, sondern das ewige Leben habe" (Joh 3,16). Diese sich schenkende Liebe versteht der 1. Johannesbrief als so charakteristisch für das Wesen Gottes, dass er sie mit Gott gleichsetzt. Er wagt sogar den missverständlichen Satz (der nicht umgekehrt werden darf!): „Gott ist Liebe" (1 Joh 4,16), und er fügt hinzu: „Wer in der Liebe (Gottes) bleibt, der bleibt in Gott und Gott in ihm". In dieser Liebe zu bleiben heißt, aus der uns zugewandten und geschenkten Liebe zu leben und sie weiterzugeben. Wo das geschieht, da sind wir bereits in unserem zeitlich-irdischen Dasein in den Bereich des Göttlich-Ewigen eingetreten.

Johannes spielt mit dem Doppelsinn von „Leben"

Das leibliche Sterben und leibliche Auferstehen des Lazarus soll den Lesern zum Abbild und Hinweis dafür werden, dass wir durch Jesu Wirken aus unserer Gottesferne in den Wirkungsbereich Gottes und damit in ein Leben eintreten, das von unserem leiblichen Sterben nicht mehr berührt werden kann. Johannes weist mit dem kaum noch zu steigernden Mirakel der leiblichen Auferweckung eines bereits verwesenden Toten auf das weit größere Wunder hin, nämlich auf das Wunder, dass wir aus einem Dasein des Todes (=fern von Gott und seiner Liebe) in ein Leben auferstehen, das aus Gottes Liebe lebt und damit in Gott gegründet ist und bleibt. Wer sich jener schenkenden Liebe anvertraut, die Jesus in Wort und Tat gebracht hat, der „hat ewiges Leben" und der „ist hinübergegangen aus dem Tod in das Leben" (Joh 5,24). Diese Formulierung zeigt, dass nicht ein Leben gemeint ist, das erst zeitlich nach dem irdischen Sterben beginnt, sondern ein Leben, das uns bereits in unserem irdischen Dasein an der Kraft des unzerstörbaren göttlichen Lebens teilhaben lässt. Diese Gewissheit steht hinter dem Satz: „Wir wissen, dass wir aus dem Tod ins Leben hinübergeschritten sind, denn wir lieben einander" (1 Joh 3,14). Wo immer die sich schenkende Liebe Gottes angenommen und weitergegeben wird, dort ist jenes unzerstörbare Leben aus Gott bereits wirklich. In gleicher Weise sagt der Apostel Paulus: „Ich bin mir gewiss: Weder Tod noch Leben, weder Engel noch Mächte, weder Gegenwärtiges noch Zukünftiges noch Gewalten, weder Hohes noch Tiefes noch irgendein anderes Geschöpf vermag uns zu scheiden von der Liebe Gottes, die in Christus Jesus ist, unserem Herrn" (Rö 8,38f.).

Über das Missverständnis zum Verstehen

Hier ist nicht der Ort, im Detail über die Kompositionstechniken des Johannes zu sprechen. Für unseren Zusammenhang sei nur jene Technik erwähnt, die sich aus dem Spiel mit der Doppelsinnigkeit von Worten wie „Leben", „Tod", „Auferstehen", „Sehen", „Blindsein" u. a. ergibt. Diese Worte, die man normalerweise im weltlichen Sinn versteht, verwendet Johannes im metaphorischen Sinn, d. h. er bezieht die weltlichen Begriffe auf eine Wirklichkeit, über die wir gar nicht anders als in Metaphern, Bildern und Symbolen sprechen können. So sind Wunder für ihn nicht mirakulöse Vorgänge, die Jesus als den größten aller Wundertäter ausweisen sollen. Wundergeschichten versteht er als „Zeichen" und nennt sie auch so. Zeichen werden nicht um ihrer selbst willen erzählt. Sie weisen von sich weg auf ein anderes; sie sind Zeichen für etwas anderes, das in ihnen aufscheinen und für menschliches Verstehen sichtbar und fassbar werden soll. Werden Zeichen im weltlichen Sinn als Mirakel verstanden, so werden sie missverstanden. Alle in der Lazarus-Geschichte Handelnden, auch die Jünger, sind und bleiben auf die irdischen Vorgänge von Kranksein, Sterben und wieder Lebendigwerden fixiert und damit im Missverständnis gefangen. Vergeblich versucht Jesus verständlich zu machen, dass er unter „Auferstehen" etwas anderes meint, als jetzt oder am jüngsten Tag wieder körperlich lebendig zu werden. Er sagt: „Ich bin die Auferstehung und das Leben. Wer an mich glaubt, wird leben, auch wenn er stirbt, und jeder, der lebt und an mich glaubt, wird leben, auch wenn er stirbt" (Joh 11,25f.). Johannes fasst den Sinn der Lazarus-Geschichte in diesem Jesus-Wort zusammen. Er sagt damit: Ihr möchtet Jesus als den großen Wunderheiler oder als den Garanten für die Auferstehung im Jüngsten Gericht in Anspruch nehmen. Aber nicht dazu ist er in unsere Welt gekommen. Er ist gekommen, um uns allen in dieser gegenwärtigen Welt ein neues Sein zu eröffnen, nämlich ein Leben aus der Liebe Gottes, die durch kein weltliches Geschehen zerstört werden kann, auch durch das leibliche Sterben nicht. Johannes erzählt die Geschichte so, dass dem Leser gerade durch das hartnäckige Missverstehen der in der Geschichte Handelnden das Zeichenhafte des Geschehens aufgehen soll. Lazarus ist (für wie lange?) in das irdische Leben zurückgebracht worden. Er musste aber doch wie alle Menschen eines Tages sterben. So sagt uns die Geschichte nichts darüber, wie man durch Jesus dem leiblichen Sterben entkommen kann. Sie teilt hingegen allen Lesern mit, dass wir bereits in diesem irdischen Leben aus dem Tod der Gottesferne in ein Leben aus Gott gelangen können, das uns schon jetzt über das vergängliche irdische Dasein hinausträgt. Mit diesem Schritt innerhalb unseres leiblichen Daseins (*bios*) in ein heiles Leben (*zoé*) ist dem leiblichen Tod die Macht über uns genommen.

Einladung zu einem zweiten Blick auf die Geschichte
Angesichts der Botschaft von der Auferstehung in diesem Leben treten viele Fragen, die wir zunächst an die Lazarus-Geschichte stellen möchten, in einen neuen Horizont. Dem Leser sei daher empfohlen, die gesamte Geschichte aus der Sicht der Schlüsselsätze Joh 11,25f. noch einmal zu lesen, und zwar nicht mehr aus der Sicht der Trauernden, sondern aus der Sicht Jesu. Johannes gestaltet seine Geschichte vom Handlungsziel Jesu her, das sich in seinen Worten zeigt. Er weiß – und das sollen seine Leser auch erkennen – dass Jesus nicht zu seinem Ruhm eine leibliche Totenerweckung veranstalten will. Johannes nutzt vielmehr die eindrucksvollen Anschauungsformen des weltlichen Geschehens, um zu verdeutlichen, was das Ziel der Sendung Jesu ist. Er will verdeutlichen, dass Menschen im Hier und Heute aus ihrem leiblichen Dasein (*bios*) und dessen Todesängsten zu einem heilen Leben (*zoé*) auferstehen und deshalb den leiblichen Tod nicht mehr fürchten müssen.

Im Licht der Botschaft von der Auferstehung zu einem neuen Leben, bereits in diesem irdischen Dasein, klärt sich vieles, was zuvor unverständlich schien. So z. B. Joh 11,5: Jesu Zögern, sofort zum kranken Lazarus zu eilen. Er bleibt noch zwei Tage, ehe er nach Betanien aufbricht. Nach jüdischem Glauben hält sich die Seele nach dem Tod drei Tage in der Nähe des Leichnams auf. Ab dem vierten Tag ist jede Hoffnung auf Wiederbelebung ausgeschlossen und der tote Körper endgültig tot. – Joh 11,9 verweist darauf, dass der Tag zwölf Stunden hat. Damit wird an die knappe Zeit erinnert, die Jesus nur bleibt, um noch vor seinem Weg nach Jerusalem die Herrlichkeit Gottes offenbar zu machen. – Jesu Aussage in Joh 11,15: „Ich freue mich für euch, dass ich (vor dem Tod des Lazarus) nicht dort gewesen bin, damit ihr zum Glauben kommt" bezieht sich auf Maria, Marta und alle Trauernden, die Jesus wohl

Macht über die Krankheiten zutrauten, nicht aber Macht über den Tod. – Joh 11,33 berichtet, dass Jesus „im Innersten empört und erschüttert" war, als er Maria und Marta weinen sah. Erschüttert und empört war er über das fehlende Vertrauen zu seiner Vollmacht, die über die leibliche Auferweckung weit hinausging. – In Joh 11,35 verwundert die Bemerkung: „Jesus weinte". Er weint nicht, wie die Umstehenden meinten, aus Trauer und Hoffnungslosigkeit, weil Lazarus tot ist; er weint über den Unglauben und die Blindheit der Menschen, die trotz seiner vielen Hinweise nicht erkennen wollen, was sich vor ihren Augen vollzieht. Aus gleichem Grund vergießt Jesus auch Tränen bei seinem Einzug über die Stadt und die Menschen von Jerusalem (Lk 19,41), weil sie nicht bereit sind, die Zeichen wahrzunehmen, die in ihr geschehen sollten. – Der Schluss der Lazarus-Geschichte zeigt noch einmal, wie eindeutig Johannes die Ereignisse um Lazarus nicht als Mirakel, sondern als hinweisende Zeichen verstanden wissen will. Er und seine Zeitgenossen wissen natürlich, dass ein schon verwesender Toter nicht mehr in das leibliche Leben zurückgebracht werden kann. Auf Jesu Ruf hin tritt Lazarus dennoch aus dem Grab heraus. Wie war das möglich? „Seine Füße und Hände waren mit Binden umwickelt" (Joh 11,44) und werden jetzt erst davon befreit. Es fällt zudem auf, dass der bei Heilungen übliche Jubel und der Lobpreis Gottes sowohl beim Wiedererweckten wie bei den Zeugen fehlt. Johannes sieht dazu keinen Anlass, denn die Beteiligten haben ja nur das Mirakel wahrgenommen, aber das Zeichen, den Ruf zur Auferstehung, nicht verstanden. Wird es Johannes gelingen, seinen Lesern die Augen für die Zeichen öffnen?

7 NORMENWUNDER

Einführung

Was ist ein Normenwunder?

Die Bezeichnung „Normenwunder" steht für ein Wunder, das nicht den Blick auf sich selbst lenkt, sondern das erzählt wird, um mit seiner Hilfe eine bestimmte Weise des Verhaltens zu begründen, zu legitimieren, zu veranschaulichen oder durchzusetzen. Die Normenwunder, die in den synoptischen Evangelien von Jesus erzählt werden, thematisieren durchweg den Konflikt, den Jesus mit den Pharisäern wegen des Sabbatgebots hat. Durch die Wunder wird eine Rahmenszenerie aufgebaut, die auf ein prägnantes Jesuswort hin angelegt ist, durch das ein bestimmtes Verhalten grundsätzlich geklärt werden soll. Im Johannes-Evangelium dienen die Normenwunder dazu, um die Vollmacht Jesu herauszustellen.

Das Sabbatgebot

Der Konflikt der Pharisäer mit Jesus entzündete sich immer wieder an der Frage, wie der Sabbat zu halten sei. Über den Ursprung des Sabbats in Israels Religion wissen wir wenig. Das Sabbatgebot wird Ex 20,8 mit dem Aufruf eingeführt: „Denke an den Sabbattag und halte ihn heilig". Begründet wird das so: „Sechs Tage sollst du arbeiten und all deine Arbeit tun; der siebte Tag ist ein Sabbat für den Herrn, deinen Gott. Da darfst du keine Arbeit tun, weder du selbst, noch dein Sohn oder deine Tochter, dein Knecht oder deine Magd, noch dein Vieh oder der Fremde bei dir in deinen Toren. Denn in sechs Tagen hat der Herr den Himmel und die Erde gemacht, das Meer und alles, was in ihm ist, dann aber ruhte er am siebten Tag. Darum hat der Herr den Sabbattag gesegnet und ihn geheiligt" (Ex 20,9–11). Das Gebot, den Sabbat zu halten, ist seit dem Exil für die Israeliten neben dem Gebot der Beschneidung das herausragende Identifikationsmerkmal und Zeichen des Bundes mit Gott. Es wird im Alten Testament öfter als alle anderen Gebote erwähnt. Der Sabbattag ist für Israels Selbstverständnis so wichtig, dass er sogar in der jüngeren Schöpfungsgeschichte (Gen 2,1–3) fest verankert wurde.

Der Sinn des Sabbats ist das Ausruhen und Aufatmen, und zwar für Mensch und Tier. Mit dem Hinweis auf das Ausruhen Gottes nach den sechs Schöpfungstagen soll auch der Mensch an seine eigene Geschöpflichkeit und an Gottes Schöpfungswerk erinnert werden und seine Verantwortung darin erkennen. Konkrete Arbeitsverbote finden wir im Alten Testament kaum. Erst in späterer Zeit wird verboten, am Sabbat Feuer anzuzünden, Holz zu sammeln, Lasten zu tragen und Geschäftsreisen zu unternehmen. Strafen oder gar die Todesstrafe für die Entheiligung des Sabbats durch derlei Tätigkeiten tauchen erst in spät entstandenen Texten auf. Nach Num 15,32 – 36 wird ein Mann gesteinigt, weil er am Sabbat Holz gesammelt hat. Die Gebote und Verbote der fünf Bücher Mose wurden durch mündlich überlieferte genaue Ausführungsbestimmungen (Halachá) auf die Praxis hin ausgelegt und später (in der Míschna) schriftlich gesammelt. In dieser schriftlichen Gesetzessammlung aus dem 3. Jahrhundert v. Chr. werden 39 verbotene Grundarbeiten aufgeführt, aus denen weitere Arbeitsverbote abgeleitet werden konnten. Zur Zeit Jesu wurden in den unterschiedlichen jüdischen Gruppierungen unterschiedlich strenge Arbeitsverbote für den Sabbat eingefordert. Das härteste uns bekannte Vorschriftensystem hatten die Essener. Hier war es sogar untersagt, am Sabbat seine Notdurft zu verrichten. Auch durften weder einem verunglückten Tier noch einem Menschen am Sabbat Hilfe geleistet werden. Zur Zeit Jesu war das aber nicht die allgemeine Praxis. Es galt freilich die Regel, dass Heilungen am Sabbat nur erlaubt waren, wenn Lebensgefahr vorlag.

Das Sabbatverständnis Jesu

Jesus wird nirgendwo als ein Gegner des Sabbats dargestellt. Er besuchte am Sabbat die Synagoge des Ortes und predigte dort. Sein Sabbat-Verständnis gründet aber im geistigen Gehalt des Sabbats und orientiert sich nicht an den Sabbat-Verboten. Nach dem Schöpfungstext von Gen 2,1–3 wird der Sabbat als der Ruhetag Gottes verstanden, in welchem die Schöpfung ihre Vollendung erfährt. Am Sabbat leuchtet bereits die Zeit des kommenden Heils auf. So feierten die Juden den Sabbat in dem Bewusstsein, dass die kommende Heilszeit bereits aufscheint. Deshalb rückte all das in den Vordergrund, was der endzeitlichen Freude Ausdruck verlieh: das gute Essen, die festlichen Kleider; Überlegungen und Handlungen, die an Leid, Krankheit und Tod erinnerten, wurden hingegen ausgeschlossen. Den Gedanken, dass sich im Sabbat die vollendete Schöpfung bereits zeigt und erfahrbar werden soll, nimmt Jesus nicht nur zustimmend auf. Diesen Aktzent betont und verstärkt er sogar. Der abschließende Blick auf die Schöpfungsgeschichte lautet: „Gott sah an alles, was er gemacht hatte, und sieh, es war sehr gut" (Gen 1,31). Wenn nun der Sabbat bereits die Heilszeit vergegenwärtigt, so ist alles zu beachten, was Unheil beseitigt, was gestörte und beschädigte Schöpfung wieder herstellt, was Leiden mildert und Leid hinwegnimmt. Jesus ruft nicht dazu auf, die Sabbat-Verbote abzuschaffen, er versucht vielmehr, mit seinen Worten und Handlungen am Sabbat den göttlichen Sinn des Sabbats als das Sichtbarwerden der Heilszeit wieder zu verdeutlichen. So setzt er sich mit dem, was durch Sabbatgesetze *ver*boten ist, in der Weise ganz praktisch auseinander, dass er zeigt und tut, was als Zeichen der Heilszeit zu tun *ge*boten ist. Dazu gehört alles, was dem Leben gut ist und den Menschen heil macht. Er zeigt, dass bereits in dem, was Menschen am Sabbat bewusst unterlassen oder tun, die Herrschaft Gottes als unser Heil entweder verleugnet und verhindert oder eben vergegenwärtigt wird.

Die Pharisäer

Im volkstümlichen Verständnis, an dem vor allem das Matthäus-Evangelium nicht schuldlos ist, werden die Pharisäer als Heuchler und Frömmler, als starrköpfige Gesetzeswächter und als grundsätzliche Gegner Jesu bezeichnet. Das ist ein Zerrbild. Die Pharisäer zur Zeit Jesu waren innerhalb des Judentums eine alle Stände umfassende Gruppe, die mit Ernst danach strebte und auch bei anderen darauf achtete, dass die Gesetze der Tora (5 Bücher Mose) auch im Alltag strikt eingehalten wurden. Das betraf vor allem die Gesetze der kultischen Reinheit, die Sabbatgesetze und die in der rabbinischen Lehre festgelegten 248 Gebote und 365 Verbote. Die Pharisäer waren überzeugt, dass man durch das Einhalten dieser Satzungen die Gemeinschaft mit Gott gewinnen und erhalten konnte. Sie selbst nahmen über diese Verpflichtungen hinaus noch zusätzliche fromme Leistungen auf sich. Sie fasteten zweimal in der Woche, taten gute Werke und hielten ihre Gebetsverpflichtungen streng ein. Sie erwarteten die Auferstehung von den Toten.

Die Sadduzäer

Im Gegensatz zu der Volksbewegung der Pharisäer bildeten die Sadduzäer einen elitären priesterlichen Kreis, der aus der Jerusalemer Aristokratie hervorgegangen war und bis zum Untergang des Tempels im Jahre 70 die priesterlichen Ämter besetzt hielt. Die Sadduzäer waren Pragmatiker. Sie hielten sich an die Gesetze der Tora, lehnten allerdings die mündliche Auslegung und Differenzierung dieser Gesetze (Halachá) ab. Dabei achteten sie aber sehr darauf, dass die Sabbat-Gesetze genau eingehalten wurden. Eine Auferstehung von den Toten am Jüngsten Tag erwarteten sie nicht.

Die Schriftgelehrten

Schriftgelehrter war man nicht kraft Geburt und Herkunft, man wurde es auch nicht durch das strenge Einhalten der religiösen Gesetze, sondern durch ein langes und aufwendiges Studium. Nach erfolgreichem Abschluss wurde der Schüler durch eine Ordination zum Meister erklärt und jetzt mit „Rabbi" angeredet. Als Gesetzeskundiger konnte er fortan als Ausleger der Gesetze zu Rate gezogen werden, als Gesetzeslehrer einen Schülerkreis aufbauen und als Jurist in Rechtsfragen tätig werden. Es gab freilich keine normierte Auslegung des Gesetzes, sondern unterschiedliche Schulen von Schriftgelehrten, die im Rahmen sadduzäischen oder pharisäischen Denkens ihre Arbeit taten. In den Wundergeschichten der Evangelien ist durchweg von pharisäischen Schriftgelehrten die Rede. Die Schriftgelehrten haben nach 70 die Grundlage für das rabbinische Judentum geschaffen.

Jesus heilt am Sabbat einen Mann mit verkrümmter Hand
(Mk 3,1–6)

1 Und er ging wieder in die Synagoge. Und dort war einer mit einer verkümmerten Hand. 2 Und sie beobachteten ihn genau, ob er ihn am Sabbat heilen würde, um ihn anklagen zu können. 3 Und er sagt zu dem Menschen mit der verkümmerten Hand: Steh auf, tritt in die Mitte! 4 Und er sagt zu ihnen: Ist es erlaubt, am Sabbat Gutes zu tun oder Böses zu tun, Leben zu retten oder zu vernichten? Sie aber schwiegen. 5 Und voller Zorn schaut er sie einen nach dem andern an, betrübt über die Verstocktheit ihres Herzens, und sagt zu dem Menschen: Streck deine Hand aus! Und der streckte sie aus – und seine Hand wurde wiederhergestellt. 6 Da gingen die Pharisäer hinaus und fassten zusammen mit den Herodianern sogleich den Beschluss, ihn umzubringen.

Die Geschichte ist von Beginn an auf den Sabbat-Konflikt hin angelegt. Sie spielt in der Synagoge. Das Geschehen kommt durch einem Mann mit verkrümmter Hand in Gang, der sich ebenfalls in der Synagoge befindet. Die Gegenspieler Jesu sind Pharisäer, die darauf lauern, „ob er ihn am Sabbat heilen würde, um ihn anklagen zu können" (Mk 3,2). Für die Pharisäer gilt es wohl als erlaubt, selbst am Sabbat einen Menschen aus Todesgefahr zu erretten. Eine kranke Hand hingegen bildet keine akute Todesgefahr. Sie könnte auch am folgenden Tag geheilt werden. Jesus kennt die Absicht der Pharisäer, ohne dass man ihn über deren Vorhaben informieren muss. Er wird damit von Markus als der souverän Wissende und Handelnde vorgestellt. So fordert er den behinderten Mann auf, in die Mitte zu treten. Er heilt ihn nicht sogleich und schon gar nicht deshalb, um das zu tun, was die Pharisäer für ihre Anklage gegen ihn erwarten. Er stellt den Pharisäern vielmehr öffentlich eine Frage, und zwar in Gestalt einer einfachen Alternative, bei der man sich nicht mit spitzfindigen Argumenten vor der Entscheidung drücken kann: „Ist es erlaubt, am Sabbat Gutes zu tun oder Böses zu tun, Leben zu retten oder zu vernichten?" (Mk 3,4). Die Pharisäer und alle Anwesenden wissen selbstverständlich, dass es verboten ist, am Sabbat Böses zu tun und dass es ebenso selbstverständlich erlaubt ist, Gutes zu tun und Leben zu retten. Sie können der Frage Jesu also gar nicht widersprechen, weil ihr jeder zustimmen muss. Die Pharisäer erkennen, dass sie in ihre eigene Kasuistik gefangen gesetzt worden sind und schweigen. Jesus will die Pharisäer nicht demütigen und kostet seinen Triumph nicht aus. Er sieht vielmehr einen nach dem anderen nur an, und zwar „voller Zorn". Damit ist hier nicht eine Art wütender Affekt bzw. ein emotionales Aufbrausen gemeint. Der Nachsatz qualifiziert Jesu Zorn als tiefe Trauer; er ist „betrübt über die Verstocktheit ihres Herzens" (Mk 3,5). Er zeigt diese Betrübnis nicht, sondern demonstriert vor aller Augen an dem behinderten Mann, was auch und besonders am Sabbat, der Vergegenwärtigung des Heils, zu tun geboten ist, nämlich beschädigte Schöpfung wieder in ihren ursprünglichen Zustand zu versetzen, Leben heil zu machen.

Die Heilung soll hier nur das Denken von den Sabbat-Verboten wegholen und den Sinn des Sabbats als Symbol des Heilwerdens und des Heilseins im Reich Gottes ver-

gegenwärtigen. Markus verzichtet auf jegliche Heilungsgeste, auf jeglichen Heilungsbefehl. Jesus sagt nur: „Streck deine Hand aus!" ... „und seine Hand wurde wiederhergestellt" (Mk 3,5). Es fehlen auch der Dank des Geheilten und das Staunen der Augenzeugen. Stattdessen wird nur verdeutlicht, dass die Pharisäer nichts verstanden haben. Denn diese verließen mit den mitgebrachten „Herodianern", das sind staatliche Vertreter, die Synagoge und fassten „den Beschluss, ihn (Jesus) umzubringen" (Mk 3,6). Im Konflikt zwischen der Heilsbotschaft und dem jüdischen Gesetzesglauben, den die Pharisäer repräsentieren, taucht bereits am Beginn des Wirkens Jesu die tödliche Bedrohung auf.

Jesus heilt am Sabbat eine verkrümmte Frau (Lk 13,10–17)

10 Er lehrte aber am Sabbat in einer der Synagogen. 11 Und da war eine Frau, die hatte seit achtzehn Jahren einen Geist, der sie krank machte; sie war verkrümmt und konnte sich nicht mehr aufrichten. 12 Als nun Jesus sie sah, rief er sie herbei und sagte zu ihr: Frau, du bist von deiner Krankheit erlöst. 13 Und er legte ihr die Hände auf. Und auf der Stelle richtete sie sich auf und pries Gott. 14 Der Synagogenvorsteher aber, aufgebracht darüber, dass Jesus am Sabbat heilte, sagte zu den Leuten: Sechs Tage sind es, an denen man arbeiten soll; kommt also an diesen Tagen, um euch heilen zu lassen, nicht an einem Sabbat! 15 Der Herr aber antwortete ihm: Ihr Heuchler, bindet nicht jeder von euch am Sabbat seinen Ochsen oder Esel von der Krippe los und führt ihn zur Tränke? 16 Diese aber, eine Tochter Abrahams, die der Satan volle achtzehn Jahre in Fesseln gehalten hat, musste sie nicht am Sabbat von dieser Fessel losgebunden werden? 17 Und als er dies sagte, schämten sich alle seine Gegner. Und alles Volk freute sich über all die herrlichen Taten, die durch ihn geschahen.

Die Funktion der Krankenheilung

Das Thema des Abschnitts wird bereits mit dem Eingangssatz benannt: „Er lehrte am Sabbat". Es wird also um die Sabbatfrage gehen. Dieses Thema wird mit der Heilung einer kranken Frau szenisch vorbereitet. Dabei geht es nicht darum, die Heilung als konkretes Ereignis zu dokumentieren, denn die Heilung soll ja nur ganz allgemein „in einer der Synagogen" stattgefunden haben. Am Beispiel einer Heilung soll etwas Grundsätzliches geklärt werden. Die Heilungsgeschichte (Lk 13,11–13) und der Streit über das Sabbatgebot (Lk 13,14–17) sind erzählerisch miteinander nicht verflochten, sondern als klare Blöcke hintereinander gestellt. Die Heilungsgeschichte enthält sämtliche Elemente einer antiken Wundererzählung, allerdings in der kürzest möglichen Form. Das weist darauf hin, dass sie nicht den Akzent trägt, sondern lediglich die Ausgangsszenerie für das nachfolgende Gespräch liefern soll.

Die Bemühungen, eine medizinische Diagnose für die Krankheit der Frau zu stellen, sind unnötig und ohne Bedeutung. Für den Fortgang ist es nur wichtig, dass es sich um eine Krankheit handelt, die nicht akut lebensbedrohlich ist, sondern das normale Leben dieser Frau schon seit Jahren schwer behindert. Die Heilung einer akut lebensbedrohlichen Erkrankung lag im Rahmen dessen, was am Sabbat zu tun erlaubt war, hätte also keinen Anlass zu Streit gegeben.

Beobachtungen zur Heilungsgeschichte

Halten wir fest, dass die verkrümmte Frau Jesus nicht um Heilung gebeten hat. Die Initiative dazu geht von Jesus aus, der die schwere Behinderung der Frau erkennt und sich ihrer annimmt. Jesus selbst führt also die Situation herbei, die zum Streit führen musste. Es ist ein Streit, in welchem er das Forum hat, um öffentlich darzulegen, was am Sabbat nicht nur getan werden darf, sondern sogar getan werden soll. Die Heilung wird weder angekündigt noch durch Heilungsgesten oder durch ein Heilungswort vollzogen. Sie wird als bereits geschehen nur festgestellt: „Du bist von deiner Krankheit erlöst" (Lk 13,12). Diese passivische Ausdrucksweise (passivum divinum) drückt aus, dass Gott geheilt hat und dass Jesus das Wirken Gottes nur mitteilt. Die Geheilte dankt auch nicht Jesus, sondern sie „pries Gott".

Der Streit um das Sabbatverständnis

Der Synagogenvorsteher ist der Leiter des Synagogengottesdienstes. Er handelt hier gleichsam als Repräsentant des religiösen Gesetzes, also in der Rolle, die in anderen Texten den Schriftgelehrten und Pharisäern zufällt. So macht er die Anwesenden darauf aufmerksam, dass es nicht erlaubt ist, am Sabbat Dinge zu tun, die das Gesetz für diesen Tag zu tun verbietet. Er rügt damit indirekt, dass Jesus eine Frau geheilt hat, die sich in keiner lebensbedrohlichen Situation befand, also keiner dringlichen Heilung bedurfte und daher an jedem anderen Arbeitstag hätte geheilt werden können. Diese Intervention des Gesetzeshüters gehört noch zu der szenischen Vorbereitung jenes Höhepunktes, derentwegen alles erzählt wird. Sie gibt Jesus die Gelegenheit, in der Konfrontation mit dem Hüter des religiösen Gesetzes sein Verständnis vom Sinn des Sabbats vorzutragen. Er spricht den Synagogenvorsteher nicht als Einzelperson an, sondern als den Vertreter des Gesetzesdenkens. Er will sich also nicht mit diesem einen Funktionär auseinandersetzen, sondern generell und grundsätzlich mit der Sabbat-Gesetzgebung und mit deren Repräsentanten. Die religiösen Vertreter, die Gottes Gebot und Willen im Namen der Religion durch ihre Auslegung in Menschensatzungen ummünzen und sie dem Volk auferlegen, sind in seinem Urteil Gottesgegner. Deshalb nennt er sie „Heuchler", Gottesfeinde in religiösem Gewand. Jesus greift dafür ein Beispiel aus der Lebenswelt seiner Hörer auf und sagt damit, dass die Gesetzeshüter hier verbieten, was jeder im normalen Leben tun würde, nämlich ein Haustier loszubinden, um es zur Tränke, zur Lebensquelle Wasser zu führen. Nichts anderes ist hier im Gottesdienst geschehen. Eine Frau wurde von der Fessel ihrer Krankheit losgebunden und zu ihrer un-

verletzten Geschöpflichkeit zurückgebracht. Dies geschah nicht durch eine besondere Arbeitsleistung Jesu
am Sabbat, sondern durch Gottes Wirken. Die Argumentation läuft nach dem Schema: Sollte man das, was
man einem Tier gegenüber tut, einem Menschen gegenüber nicht erst recht tun, zumal dann, wenn dieser
Mensch eine Israelitin, also eine „Tochter Abrahams"
ist? Einem Menschen zum heilen Leben zu verhelfen,
das ist am Sabbat nicht nur erlaubt, es ist sogar geboten!
So lautet der Schluss der Rede Jesu: „Musste sie nicht
am Sabbat von dieser Fessel losgebunden werden?" (Lk
13,16).

Die Reaktion auf Jesu Wirken und Wort ist erwartungsgemäß geteilt. Die peniblen Hüter der religiösen Sabbat-Satzungen werden beschämt. Das Volk darf sich von Auflagen befreit wissen, die den Sinn des Sabbat als Vergegenwärtigung des Heils verdunkeln, und darf sich über alle Zeichen des Heilwerdens und des Heils freuen.

Die Botschaft im Konzept des Lukas-Evangeliums

Lukas hat sein Evangelium zwischen 80 und 100 geschrieben. Die Auseinandersetzung mit dem jüdischen Gesetzesverständnis war in dieser Zeit für die hellenistischen Gemeinden, für die er schrieb, längst nicht mehr aktuell. Aber in einem solchen Text vergewisserten sich die christlichen Gemeinden grundsätzlich jener im Christusglauben gewonnenen Freiheit von allen religiösen Auflagen.

Lukas schreibt sein Evangelium nicht mehr als Zeitzeuge; er schreibt bereits aus der Sicht des Historikers. Nach seinem Verständnis war die von den Propheten verheißene Endzeit im Sinne einer Herrschaft Gottes im Wirken Jesu bereits gegenwärtig. Jesus hat durch sein heilendes Handeln die Macht des Satans und der widergöttlichen Mächte bereits überwunden, die den Menschen beschädigen und ihn in Fesseln halten. Die Heilungsgeschichten des Lukas, die nicht einen konkreten Vorfall schildern, sondern Grundsätzliches artikulieren, veranschaulichen, wie die Sendung Jesu zu verstehen ist.

Jesus heilt am Sabbat einen Wassersüchtigen
(Lk 14, 1–6)

1 Und es geschah, als er an einem Sabbat in das Haus eines angesehenen Pharisäers zum Essen kam, dass man ihn sehr genau beobachtete. 2 Da stand auf einmal ein wassersüchtiger Mensch vor ihm. 3 Und Jesus wandte sich an die Ge-

setzeslehrer und Pharisäer: Ist es erlaubt, am Sabbat zu heilen oder nicht? *4 Sie aber schwiegen. Da fasste er ihn an, heilte ihn und entließ ihn. 5 Und zu ihnen sagte er: Wer von euch, dem der Sohn oder der Ochse am Sabbat in einen Brunnen fällt, wird ihn nicht sogleich herausziehen – auch an einem Sabbat? 6 Und sie vermochten nichts dagegen einzuwenden.*

Beobachtungen statt einer Deutung

Dieses Normenwunder ist das letzte seiner Art in der Reihe der Sabbat-Streitgespräche des Lukas, die dieser einer nur ihm bekannten Sammlung entnommen hat. Das Stichwort ist auch hier der Sabbat. Die Geschichte spielt aber nicht in einem Synagogengottesdienst. Die Heilung ist in eine Mahlzeit mit Tischgesprächen eingebunden. Selbst üppige Gastmähler sind am Sabbat trotz der vielen Arbeitsverbote (wie z. B. Feuer anzünden) möglich, weil die Speisen dafür bereits am Vortag zubereitet und warm gehalten werden konnten. Die Geschichte zeigt, dass Jesus trotz seiner Konflikte mit den Pharisäern keine Berührungsängste kennt. Offenbar ist er von einem hochrangigen Pharisäer eingeladen worden. Über den Zweck der Einladung wird nichts gesagt. Es lässt sich aber vermuten, dass es mit der Absicht geschah, ihn prüfend zu beobachten, ob er sich den Sabbatgesetzen gemäß verhielt.

Die Szene für ein Streitgespräch zwischen Jesus und den Pharisäern über die Sabbatfrage wird bereits im ersten Satz aufgebaut. Der Wassersüchtige, an dessen Heilung sich der Konflikt entzündet, wird hier unvermittelt eingeführt. Es bleibt offen, ob er von den Pharisäern eingeladen war, um Jesus in eine Konfliktsituation zu bringen. Mit der Einführung des Wassersüchtigen in die Szene ist jedenfalls die Frage nach seiner Heilung am Sabbat gestellt. Jesus zögert nicht, seine Antwort zu geben. Er eröffnet das Konfliktthema mit seiner Frage an die Pharisäer: „Ist es erlaubt, am Sabbat zu heilen oder nicht?" Auf diese Frage, in der die Art der Krankheit nicht erwähnt wird, gibt es keine generelle Antwort. Die Pharisäer können deshalb nur schweigen. Da ergreift Jesus die Initiative des Handelns. Er fasst den Kranken an, heilt ihn und entlässt ihn. Als Begründung für sein Tun stellt Jesus den Pharisäern eine rhetorische Frage, die jeder nur mit „Ja" beantworten wird: „Würde nicht jeder von euch auch den Sohn oder den Ochsen, der am Sabbat in den Brunnen fällt, sogleich herausziehen?" Die Pharisäer hätten fraglos mit „Ja, natürlich" geantwortet, denn diese Hilfeleistung angesichts von Lebensgefahr war ja nach pharisäischer Praxis erlaubt. Sie kommen aber gar nicht dazu, denn Lukas schließt die Szene bereits mit der Feststellung ab: „Sie vermochten nichts dagegen einzuwenden". Vom Fortgang des Mahls ist nicht mehr die Rede. Die Geschichte klärt also eine Streitfrage zwischen Jesus und den Pharisäern im Haus von Pharisäern, ohne dass diese überhaupt zu Wort kommen. Diese unrealistische Szene zeigt, dass Lukas hier keinen konkreten Vorfall schildert, sondern durch seine Geschichte erneut Jesu Verständnis des Sabbats als die Vergegenwärtigung der Herrschaft Gottes zum Ausdruck bringt. Außerdem ist dem Text zu entnehmen, dass sich Lukas den historischen Jesus als den souverän Handelnden vorstellt, vor dessen Tun und dessen Argumenten seine Feinde verstummen müssen.

Das Argument, dass doch jeder seinen Sohn und Ochsen auch am Sabbat retten würde, greift in historischer Sicht freilich nicht. Es greift nur unter der Voraussetzung, dass am Sabbat jegliche Hilfe untersagt ist. Das ist zwar die geltende Praxis bei der Sekte der Essener, nicht aber die Regel bei den Pharisäern zur Zeit Jesu. Mag sein, dass Lukas einfach seiner Vorlage folgt. Aber überzeugend ist diese Geschichte für Pharisäer nicht. Die vermeintliche Pointe läuft an den Gegebenheiten pharisäischen Denkens vorbei.

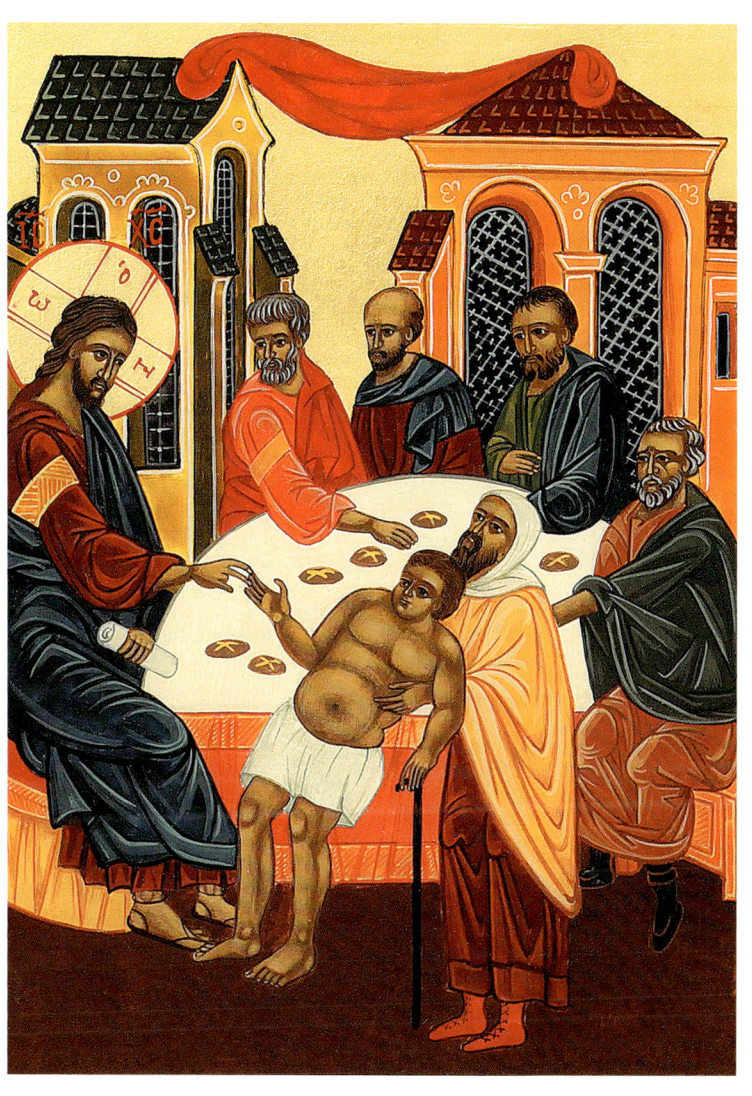

Jesus heilt am Sabbat einen Kranken am Teich Betesda
(Joh 5,1–18)

1 Danach war ein Fest der Juden, und Jesus zog hinauf nach Jerusalem. 2 In Jerusalem beim Schaftor ist ein Teich mit fünf Hallen, der auf hebräisch Betesda heißt. 3 In den Hallen lagen viele Kranke. [Anmerkung zu Vers 3: Verschiedene Handschriften ergänzen V. 3 und fügen V. 4 ein: „3 In den Hallen lagen viele Kranke, die auf die Bewegung des Wassers warteten. 4 Denn ein Engel (des Herrn) stieg von Zeit zu Zeit in den Teich hinab und wühlte das Wasser auf. Wer nun als Erster hineinstieg nach dem Aufwallen des Wassers, wurde gesund, mit welcher Krankheit er auch behaftet war".] 5 Dort war auch ein Mensch, der seit achtunddreißig Jahren an seiner Krankheit litt. 6 Als Jesus diesen liegen sieht und erkennt, dass er schon eine lange Zeit leidet, sagt er zu ihm: Willst du gesund werden? 7 Der Kranke antwortete ihm: Herr, ich habe keinen Menschen, der mich, sobald das Wasser aufgewühlt wird, in den Teich trägt; und wenn ich versuche, selber hinzukommen, steigt ein anderer vor mir hinein. 8 Jesus sagt zu ihm: Steh auf, nimm deine Bahre und zeig, dass du gehen kannst! 9 Und sogleich wurde der Mensch gesund, er nahm seine Bahre und konnte gehen. An jenem Tag aber war Sabbat. 10 Die Juden sagten nun zum Geheilten: Es ist Sabbat, es ist dir nicht erlaubt, deine Bahre zu tragen. 11 Er aber antwortete ihnen: Der mich gesund gemacht hat, hat zu mir gesagt: Nimm deine Bahre und zeig, dass du gehen kannst! 12 Sie fragten ihn: Wer ist der Mensch, der zu dir gesagt hat: Nimm sie und zeig, dass du gehen kannst? 13 Der Geheilte wusste aber nicht, wer es war, denn Jesus hatte sich zurückgezogen, da an dem Ort ein Gedränge entstanden war. 14 Später findet ihn Jesus im Tempel, und er sagt zu ihm: Du siehst, du bist gesund geworden. Sündige nicht mehr, damit dir nicht etwas Schlimmeres widerfährt! 15 Der Mensch ging fort und berichtete den Juden, es sei Jesus, der ihn gesund gemacht habe. 16 Und darum verfolgten die Juden Jesus, weil er solches an einem Sabbat tat.

17 Jesus aber entgegnete ihnen: Mein Vater ist bis heute am Werk, und auch ich bin am Werk. 18 Da suchten die Juden erst recht eine Gelegenheit, ihn zu töten, weil er nicht nur den Sabbat auflöste, sondern auch Gott seinen Vater nannte und sich selbst Gott gleichmachte.

Literarkritische Beobachtungen

Klar ist, wo unsere Geschichte beginnt, nämlich in Joh 5,2. Offen aber bleibt, wo sie endet. Im Johannes-Evangelium sind Wunder oder Ereignisse stets Anlass zu längeren meditativen Erwägungen in Gestalt von Reden. Die Heilungsgeschichte selbst umfasst lediglich die Verse Joh 5,2–9a. Der folgende zweite Teil, Joh 5,9b–16, handelt von einem Streit mit den Juden über den Sabbat. Die Heilungsgeschichte könnte für sich stehen. Der Sabbat-Streit könnte das nicht. Er setzt die Heilungsgeschichte voraus, die wohl erst mit dem Blick auf den Inhalt des Streits auf den Sabbat gelegt worden ist. Die Bemerkung „An jenem Tag war Sabbat" (Joh 5,9b) erweist sich deutlich als ein Nachtrag, der die Brücke zum Sabbat-Streit bildet. Die beiden Teile sind erst um der Sabbat-Frage willen miteinander verbunden worden. Die Verse Joh 5,17f. bilden schließlich einen dritten Teil. Auch sie sind des Stichwortes „Sabbat" wegen hier angefügt worden. Sie spitzen den Streit mit den Juden noch zu. Die Auseinandersetzung mit den Juden ist für den Verfasser des Johannes-Evangeliums sehr aktuell, denn er schreibt aus einer Gemeinde und für Gemeinden, die sich eben erst aus dem Verband des Judentums gelöst haben, weil sie im Judentum die gottfeindliche Welt repräsentiert sehen. In Texten wie diesen sucht Johannes die schmerzhafte Trennung der christlichen Gemeinde von der Synagoge theologisch zu reflektieren und anschaulich zu begründen. Die Reflexion wird in den folgenden stilisierten Reden weitergeführt, und zwar mit Gedanken zur Vollmacht und zum Zeugnis Jesu. Damit wird der dreiteilige Text, den wir hier besprechen, erneut mit einem anderen Akzent versehen, was aber hier nicht berücksichtigt werden soll.

Die Heilungsgeschichte
(Joh 5,2–9a)

Schauplatz der Heilungsgeschichte ist ein Teich am Schaftor von Jerusalem, nordöstlich des Tempels. Nicht gesichert, aber möglich ist es, dass „Betesda", der Name des Teiches, mit „Haus des Erbarmens" zu übersetzen ist. Der Teich ist von fünf Hallen umgeben, in denen viele Kranke wie in einem großen Wartezimmer auf ihre Heilung warten, die vom Wasser des Teiches abhängt. Wir erfahren, dass das Wasser des Teiches von Zeit zu Zeit in Bewegung gerät. Wer dann sofort und als Erster in das Wasser einsteigen kann, der wird gesund.

Wir wissen vom Teich Schiloach, dass er von einer intermittierenden Quelle gespeist wurde, die ihr Wasser in einzelnen Schüben einbrachte. Das wäre auch für den Teich Betesda denkbar. In späteren Handschriften wurde allerdings die Erklärung des Volksglaubens für dieses Phänomen im Teich Betesda nachgetragen. Die in unserem Text nur als Anmerkung erwähnten Verse 3 und 4 späterer Handschriften sagen, dass ein Engel, der von Zeit zu Zeit im Teich badete, das Wasser bewegte und dabei das Wasser des Teiches mit seiner Heilkraft auflud.

Jesus betritt die Szene nicht als Wundertäter, der das vielfältige Elend sieht und alle Kranken heilt. Sein Blick richtet sich auf einen einzigen Kranken, dessen Krankheit noch nicht einmal genannt wird. Dieser Kranke liegt hier schon 38 Jahre lang bewegungsbehindert auf einer Art Liege. 38 Jahre bezeichnen zunächst nur eine endlos lange Zeit des Wartens. Im Johannes-Evangelium haben aber auch konkrete Zahlen eine zeichenhafte Bedeutung. Nach Dtn 2,14 musste Israel 38 Jahre lang durch die Wüste ziehen. Die Erinnerung an diese lange Durststrecke und Wartezeit könnte hier vergegenwärtigt sein. Sie wird nun durch Jesus beendet.

Die Frage: „Willst du gesund werden?" klingt reichlich überflüssig. Sie deutet lediglich an, dass die Initiative von Jesus ausgeht. Vom Kranken erfahren wir, dass er bisher niemanden hatte, der ihm behilflich gewesen wäre, im entscheidenden Augenblick das heilende Wasser zu erreichen. Andere waren immer schneller.

Jesus erweist sich für den Kranken als der Mitmensch, der sein Leben mit einem Befehlswort verändert: „Steh auf, nimm deine Bahre und zeig, dass du gehen kannst". Der 38 Jahre lang an seine Krankheit Gebundene soll seine Fesseln lösen und seinen Weg fortan ohne fremde Hilfe gehen können. Das tut er jetzt. Er traut dem Wort Jesu zu, was es sagt, und ist gesund. Gegen die Regel einer typischen antiken Heilungsgeschichte finden wir hier keinen Dank des Geheilten und auch keine Reaktion der anderen Kranken. Das ist ein deutlicher Hinweis darauf, dass es gar nicht um die Heilung als solche geht.

Der Streitfall (Joh 5,9b–16)

„An jenem Tag aber war Sabbat". Erst diese Bemerkung macht das Geschehen zum Streitfall. Zunächst wird nicht Jesus, sondern der Geheilte von den Juden angegriffen. Der Geheilte folgt nämlich der Weisung Jesu: Er nimmt seine Liege auf und trägt sie nach Hause. Damit verletzt er das Sabbat-Gebot. In Jer 17,21 heißt es: „Hütet euch um eures Lebens willen und tragt am Sabbat keine Last". Nach Num 15,35 soll gesteinigt werden, wer den Sabbat durch Arbeit schändet. Zur Zeit Jesu konnte das von den Juden nicht ausgeführt werden, da die Todesgerichtsbarkeit bei den Römern lag. Aber das Gebot blieb in Kraft. Der indirekte Angriff der Juden, die hier für das Gesetz stehen, konzentriert sich allerdings auf den Wundertäter, der dem Geheilten den Befehl gegeben hatte, die Liege aufzunehmen und damit das Sabbat-Gebot zu verletzen. Aber der Geheilte kennt seinen Heiler gar nicht und schiebt sein Vergehen auf den Befehl eines ihm Unbekannten. Jesus selbst sorgt dafür, dass die Juden über den Geheilten erfahren, wer sich die Freiheit nimmt, das Liebesgebot über das Sabbatgebot zu stellen. Das bestätigt die Juden in dem Ziel, Jesus zu verfolgen und ihn an seinem öffentlichen Wirken zu hindern.

Der zusätzliche Vorwurf der Gotteslästerung

Obwohl von einem direktem Streitgespräch nichts gesagt wird, formuliert Johannes, was Jesus gegen die Juden und deren Pläne zu sagen hat, nämlich: „Mein Vater ist bis heute am Werk, und auch ich bin am Werk". Die Juden haben ganz richtig verstanden, dass sich Jesus mit diesem Wort Gott gleich macht. Das aber gilt nach jüdischem Verständnis als der höchste Frevel, der denkbar ist. Es ist eine Gotteslästerung, die mit dem Tod zu bestrafen ist. In Lev 24,16 heißt es: „Wer den Namen des Herrn lästert, muss getötet werden". Im Johannes-Evangelium fordern die Juden den Tod Jesu mit der Begründung: „Wir haben ein Gesetz, und nach dem Gesetz muss er sterben, denn er hat sich zum Sohn Gottes gemacht" (Joh 19,7). Die Absicht, Jesus zu töten, kommt bereits hier in den Blick. Da Jesus sein und Gottes Werk gleichsetzt „suchten die Juden erst recht eine Gelegenheit, ihn zu töten" (Joh 5,18).

Die Juden hatten zwar verstanden, dass sich Jesus mit Gott gleichsetzt. Hatten sie aber erfasst, inwiefern in seinem Wirken Gott am Werke war? Sie konnten es offenbar nur so verstehen, als wollte er Gott gleich sein, um nun wie Gott tun und lassen zu können, was er selbst wollte. Im Selbstverständnis Jesu ist aber gerade dies ausgeschlossen. Nach Joh 10,30 bekennt Jesus: „Ich und der Vater sind eins", und nach Joh 14,9 sagt er von den Werken, die er im Namen seines Vaters tut: „Wer mich gesehen hat, der hat den Vater gesehen". Johannes bringt immer wieder zum Ausdruck, dass Jesus nicht seinen eigenen Willen durchsetzt, sondern den Willen des Vaters vollzieht. So sagt er: „Meine Speise ist es, den Willen dessen zu tun, der mich gesandt hat, und sein Werk zu vollenden" (Joh 4,34). In diesem Sinn versteht Jesus sein Wirken in Wort und Tat. Allein das gibt ihm die Vollmacht, die jüdischen Gesetze dort außer Kraft zu setzen, wo sie dem Willen Gottes nicht entsprechen. Er löst nicht den Sabbat auf, wie die Juden ihm vorwerfen, sondern er vollendet das Wort Gottes, indem er einer gestörten Schöpfung die von Gott geschaffene heile Form zurückgibt. Sein Handeln lässt die Streitereien über Sabbatgebote weit hinter sich und öffnet den Blick für das erfahrbare göttliche Wirken in unserer Welt. So hat Johannes in allen drei Teilen unseres Textes unter dem Stichwort „Sabbat" die Gelegenheit genutzt, die Vollmacht Jesu als die Vollmacht des von Gott Gesandten zum Ausdruck zu bringen.

Jesus heilt am Sabbat einen Blindgeborenen (Joh 9,1–41)

9 1 Und im Vorübergehen sah er einen Menschen, der blind geboren war. 2 Und seine Jünger fragten ihn: Rabbi, wer hat gesündigt, er oder seine Eltern, dass er blind geboren wurde? 3 Jesus antwortete: Weder er noch seine Eltern haben gesündigt, sondern die Werke Gottes sollen an ihm offenbar werden. 4 Wir müssen die Werke dessen wirken, der mich gesandt hat, solange es Tag ist. Es kommt die Nacht, da niemand wirken kann. 5 Solange ich in der Welt bin, bin ich das Licht der Welt. 6 Als er das gesagt hatte, spuckte er auf die Erde und machte einen Brei aus dem Speichel und strich ihm den Brei auf die Augen 7 und sagte zu ihm: Geh, wasche dich im Teich Schiloach! Schiloach heißt ‹der Gesandte›. Da ging er und wusch sich und kam sehend zurück.

8 Die Nachbarn nun und die Leute, die ihn früher als Bettler gesehen hatten, sagten: Ist das nicht der, der dasaß und bettelte? 9 Die einen sagten: Er ist es. Die anderen sagten: Nein, er sieht ihm bloß ähnlich. Er selbst sagte: Ich bin es. 10 Da sagten sie zu ihm: Wie also sind deine Augen aufgetan worden? 11 Er antwortete: Der Mensch, der Jesus heißt, machte einen Brei und strich ihn mir auf die Augen und sagte zu mir: Geh zum Teich Schiloach und wasche dich. Da ging ich hin, wusch mich und konnte sehen. 12 Und sie fragten ihn: Wo ist er? Er sagt: Ich weiß es nicht.

13 Sie führen ihn, den ehemals Blinden, zu den Pharisäern. 14 Es war aber Sabbat an dem Tag, als Jesus den Teig machte und ihm die Augen auftat. 15 Die Pharisäer nun fragten ihn ebenfalls, wie er sehend geworden sei. Er sagte zu ihnen:

Er bestrich meine Augen mit einem Brei, und ich wusch mich, und ich sehe. *16* Da sagten einige von den Pharisäern: Dieser Mensch ist nicht von Gott, denn er hält den Sabbat nicht. Andere aber sagten: Wie kann ein sündiger Mensch solche Zeichen tun? Und es gab eine Spaltung unter ihnen. *17* Da sagen sie wieder zu dem Blinden: Und du, was sagst du dazu, dass er dir die Augen aufgetan hat? Er sagte: Er ist ein Prophet. *18* Die Juden nun wollten nicht glauben, dass er blind gewesen und sehend geworden war, bis sie die Eltern gesprochen hätten – die Eltern dessen, der sehend geworden war. *19* Und sie fragten sie: Ist das euer Sohn, von dem ihr sagt, dass er blind geboren wurde? Wieso sieht er denn jetzt? *20* Da entgegneten seine Eltern: Wir wissen, dass er unser Sohn ist und dass er blind geboren wurde. *21* Wieso er aber jetzt sieht, wissen wir nicht, und wer ihm die Augen aufgetan hat – wir wissen es nicht. Fragt doch ihn, er ist alt genug. Er kann selber über sich Auskunft geben. *22* Das sagten seine Eltern, weil sie sich vor den Juden fürchteten. Denn die Juden waren schon übereingekommen, dass aus der Synagoge ausgeschlossen werde, wer ihn als Christus bekenne. *23* Darum sagten seine Eltern: Er ist alt genug, fragt doch ihn.

24 Da riefen sie den Menschen, der blind gewesen war, ein zweites Mal und sagten zu ihm: Gib Gott die Ehre! Wir wissen, dass dieser Mensch ein Sünder ist. 25 Jener antwortete: Ob er ein Sünder ist, weiß ich nicht. Ich weiß bloß eines: Ich war blind, und jetzt sehe ich. 26 Da sagten sie zu ihm: Was hat er mit dir gemacht? Wie hat er dir die Augen aufgetan? 27 Er antwortete ihnen: Ich habe es euch schon gesagt, und ihr habt nicht zugehört. Warum wollt ihr es noch einmal hören? Wollt etwa auch ihr seine Jünger werden?

28 Und sie beschimpften ihn und sagten: Du bist einer seiner Jünger, wir aber sind Jünger des Mose. 29 Wir wissen, dass Gott mit Mose geredet hat. Von diesem aber wissen wir nicht, woher er ist. 30 Der Mensch entgegnete ihnen: Darin liegt ja das Erstaunliche, dass ihr nicht wisst, woher er ist, und er hat mir doch die Augen aufgetan. 31 Wir wissen, dass Gott keine Sünder erhört; wer aber gottesfürchtig ist und seinen Willen tut, den erhört er. 32 Von Ewigkeit her hat man nicht vernommen, dass jemand die Augen eines Blindgeborenen aufgetan hat. 33 Wäre dieser nicht von Gott, könnte er nichts tun. 34 Sie entgegneten ihm: In Sünden bist du geboren, ganz und gar, und du willst uns lehren? Und sie stießen ihn aus. 35 Jesus hörte, dass sie ihn ausgestoßen hatten; und als er ihn traf, sprach er: Glaubst du an den Menschensohn? 36 Jener entgegnete: Sag mir, wer es ist, Herr, damit ich an ihn glauben kann! 37 Jesus sagte zu ihm: Du hast ihn gesehen. Der mit dir redet, der ist es. 38 Er sagte: Ich glaube, Herr. Und er warf sich vor ihm nieder. 39 Und Jesus sprach: Zum Gericht bin ich in diese Welt gekommen, dass die, die nicht sehen, sehend und die Sehenden blind werden. 40 Das hörten einige von den Pharisäern, die bei ihm waren, und sie sagten zu ihm: Sind etwa auch wir blind? 41 Jesus sagte zu ihnen: Wärt ihr blind, hättet ihr keine Sünde. Jetzt aber sagt ihr: Wir sehen. Darum bleibt eure Sünde.

Die Heilung als Element eines größeren Geschehens

Von der körperlichen Heilung eines Blindgeborenen ist nur in Joh 9,6f. die Rede, und zwar in einer sehr mirakulösen Weise. Die beiden Verse bilden aber nicht den Schwerpunkt der Geschichte, sie sind nur deren Ausgangspunkt. Die Heilung ist in eine kunstvoll gestaltete Komposition eingebunden. Sie steht also nicht für sich. Ihre Botschaft ist nur aus dem Sinnganzen des Kapitels 9 zu ermitteln. Es empfiehlt sich daher, die Heilungsgeschichte vom Ende des gesamten Textabschnittes her zu lesen. Aus dieser Perspektive wird deutlich, dass uns nicht ein besonders spektakuläres Demonstrationswunder erzählt werden soll, sondern dass wir eine Geschichte vor uns haben, die mit vielen symbolischen Hinweisen versehen worden ist.

Literarkritisches

Die Sprache der Heilungsgeschichte (Joh 9,1–7) zeigt, dass sie jener „Sammlung von Zeichen" entstammt, auf die Johannes in seinem Evangelium auch an anderen Stellen zurückgreift. Hier veranschaulicht Johannes in einer Reihe von Szenen, wie sich das Umfeld des Geheilten und die Vertreter der jüdischen Religion mit dem irritierenden Heilungswunder auseinandersetzen. In den dialogisch angelegten Szenen kommen jene Erfahrungen zur Sprache, welche die Gemeinden, für die Johannes sein Evangelium schreibt, mit den Vertretern der Synagoge bisher gemacht haben. Sie dokumentieren gleichsam jenes Entwicklungsstadium, in welchem sich die christlichen Gemeinden von der Synagoge trennen mussten oder von dieser ausgestoßen wurden. Die Christen können sich in dem geheilten Blinden wiedererkennen, von dem gesagt wird: „Sie (die Juden) stießen ihn aus" (Joh 9,34). Die aktuellen Probleme der Gemeinde verarbeitet und klärt Johannes in der Weise, dass er all das, was die Gemeinden in ihrer gegenwärtigen Auseinandersetzung mit dem Judentum beschäftigt, in das Leben Jesu zurückverlegt und als bereits dort geschehen darstellt. So schafft er Distanz zur Tagesaktualität und kann zugleich das Grundsätzliche und für jede Gegenwart Gültige zur Sprache bringen.

Das Wunder wird zum transparenten Zeichen

Wundererzählungen gehören zu den ältesten Erzähltraditionen der christlichen Gemeinden. Johannes bedient sich der Wunder, um mit ihnen die Hoheit und die himmlische Herrlichkeit Jesu sichtbar zu machen und um das wahre Wesen Jesu zum Ausdruck zu bringen. Die Wunder werden zu Anstößen für Offenbarungsreden und für Reflexionen, denen sie die Stichworte liefern. Johannes macht die Wundertexte durchscheinend für eine Wirklichkeit, von der anders als in Symbolen und Metaphern gar nicht gesprochen werden kann. Die irdisch-faktischen Vorgänge und Begebenheiten werden zu Zeichen und Hinweisen, die über sich hinausweisen. Auf diese Hinweise gilt es zu achten. Die Wundergeschichten des Johannes-Evangeliums konfrontieren mit der Gotteswirklichkeit, die sich uns in der Person und im Wirken Jesu zeigt. Sie schildern Irdisches und meinen Göttliches. Das Wunder in der Ebene des Weltlichen wird transparent für das größere Wunder in der Ebene des Göttlichen, nämlich das Wunder des Glaubens.

Drei Zeitebenen in einer Geschichte

Das Kapitel Joh 9 bezieht sich nicht nur auf zwei Wirklichkeitsebenen. Der Text hat sogar mehrere Zeitebenen im Blick. Die Jetztzeit ist für Johannes seine und seiner Gemeinden nachösterliche Gegenwart, in der sich die spannungsvolle Trennung und Auseinandersetzung zwischen Gemeinde und Synagoge vollzieht. Das Kapitel ist nicht antijüdisch, wie immer wieder geurteilt wird; es gibt uns aber Einblick in das Verhältnis des damaligen Judentums zu dem sich formierenden Christentum. Das Christentum musste sich in dieser Phase seines eigenen Wesenskerns versichern und es musste sein Profil herausarbeiten. Das geschah und geschieht bis heute im Gegenüber zu konkurrierenden Sinnangeboten und religiösen Konzepten.

Johannes schaltet seiner Gegenwart eine Zeitebene vor, indem er das, was in seiner Gegenwart ausgetragen werden muss, als bereits in der Lebenszeit Jesu geschehen sieht. Der aktuelle Streit erhält damit eine Art vorbildhaftes Gegenüber, an dem man sich orientieren kann.

Eine dritte Zeitebene entsteht in der Gegenwart des jeweiligen Lesers. Die Menschen in der Zeit der Reformation z. B. haben im Verhalten Roms und in der Exkommunikation Luthers die Entsprechung im Verhalten der Juden gesehen („Sie stießen ihn aus"). Diese dritte Zeitebene, in der sich jeder Leser befindet, macht deutlich, dass Johannes weder persönliche Fehden austragen noch Animositäten schüren will, sondern das menschliche Verhalten gegenüber der Botschaft Jesu grundsätzlich zum Thema macht. Die Juden und Pharisäer sind zwar sein historisch aktuelles Gegenüber; sie sind aber für ihn nur die Repräsentanten für das normale Verhalten des Menschen gegenüber Jesus. Auf dieser dritten Zeitebene wird das Kapitel zu einer direkten Anfrage an den Leser, wie er sich gegenüber der Botschaft Jesu verhält. Der Text wird so zu einem Spiegel, in dem der Leser seine Position in den Auseinandersetzungen seiner Zeit erkennen soll.

Annäherung an die Leitthemen des Kapitels Joh 9

Die Heilungsgeschichte am Sabbat (Joh 9,1–7) liefert Anschauung und Anstoß für das übergreifende Thema, das bereits in Joh 9,5 anklingt: „Solange ich in der Welt bin, bin ich das Licht der Welt". Was dann folgt, ist eine Folge von Szenen, in denen sich Menschen mit diesem Licht der Welt, das mit der Heilung des Blindgeborenen offenbar geworden ist, auseinandersetzen, und zwar: in Joh 9,8–12 die Nachbarn und Leute im Umfeld des Geheilten, in Joh 9,13–17 der Geheilte selbst, in Joh 9,18–23 die Eltern des Geheilten, in Joh 9,24–34 noch einmal der Geheilte. In diesen Szenen ist Jesus zwar das Thema, aber er selbst tritt nicht auf. Hintergrund und Widerpart bilden ab Joh 9,13 stets die Juden und Pharisäer. Darauf wird hier im Einzelnen nicht eingegangen. Der Kirchenvater Augustinus hat schon festgestellt: „Wollten wir das Kapitel Joh 9 ganz abzuhandeln versuchen …, so würde der Tag nicht reichen". Alle diese Szenen veranschaulichen, was im Prolog des Johannes-Evangeliums bereits angekündigt ist:

„Das Licht scheint in die Finsternis, und die Finsternis hat es nicht erfasst" (Joh 1,5).

Jesus kommt erst später (Joh 9,35) ins Spiel, und zwar in einem Gespräch, in welchem er sich dem Geheilten als der erwartete Menschensohn zu erkennen gibt. Dem ehemals Blinden gehen die Augen zum zweiten Mal auf, und nun in einem tieferen Sinn. Das drückt er in dem Bekenntnissatz aus: „Ich glaube, Herr". Er versteht erst jetzt, dass er trotz seiner geheilten Augen „blind" geblieben war. In einem abschließenden Streitgespräch Jesu mit den Juden (9,39–41) deutet Johannes mit Worten Jesu an, dass die Heilung des Blindgeborenen ein Sinnbild dafür ist, was Blindsein und Sehendwerden über das körperliche Verständnis hinaus bedeuten. Er drückt aus: Im Blindsein und Sehen gegenüber dem Licht der Welt entscheidet sich mein Unheil oder Heil, wähle ich auch zwischen Gericht und Gnade. Das wird noch auszuführen sein.

Licht und Finsternis

Der Wechsel von Tag und Nacht ist für den Menschen so eindrucksvoll, dass Licht und Finsternis weltweit zu den elementaren Symbolen gehören, in denen Religionen ihr Welt- und Lebensverständnis zum Ausdruck bringen. Leben wird mit Licht verbunden und Dunkelheit mit Tod. In vielen Religionen steht Licht für das Wesen der Gottheit, in der alles Leben gründet und die Leben schafft. Die Finsternis ist Symbol für das Nichtsein. In den Kosmogonien der Völker ist Finsternis der Zustand vor der Schöpfung und zugleich Ausdruck für die Sphäre des Todes.

In der Erfahrung des Menschen ist Licht die Basis für das Leben und für die Möglichkeit, sich in der Welt zu orientieren, sich in ihr zurechtzufinden und sie zu erkennen. Schon der griechische Philosoph Parmenides (um 515 – um 445 v. Chr.) vergleicht den Weg zur Erkenntnis mit dem Schritt aus der Finsternis in das Licht. Das Göttliche erkennen heißt in der religiösen Sprache, „erleuchtet werden", d. h. vom göttlichen Licht erfüllt und erhellt zu werden und das eigene Leben im Lichte Gottes zu sehen und zu verstehen.

Im biblischen Verständnis ist das göttliche Licht nichts, was der Mensch von sich aus erkennen kann. Gott wird auch nicht mit dem physikalischen Licht verglichen. Er wird aber insofern als „das Licht" bezeichnet, als mir Gott als eine Wirklichkeit widerfährt, die mein Leben in ein neues Licht stellt, mir einen neuen Horizont eröffnet, mir zu einer neuen Orientierung hilft. Wenn es in Joh 1,5 heißt: „Gott ist Licht", so ist damit keine Sachaussage über Gott gemeint, die ich wissen und zu meinen Glaubenssätzen legen könnte. Gemeint ist, dass ich in eine Lebenswirklichkeit eintrete, in der mein Leben heil werden kann. In diesem Sinn beginnt Psalm 27 mit dem Bekenntnis: „Der Herr ist mein Licht und mein Heil (Luther)/meine Rettung" (Züricher). „Heilsein" bedeutet: nicht mehr von den eigenen dunklen Zwängen und egoistischen Zielen angetrieben zu sein und darin aufgerieben zu werden, sondern aus der Kraft der göttlichen Liebe zu leben und das tun zu können, was aus dieser Liebe hervorgeht und ihr gemäß ist.

Wenn das Johannes-Evangelium Gott das „Licht" nennt, so ist das stets auf ein Neuwerden des menschlichen Lebens bezogen. Bereits im Prolog wird Jesus, der Gottes Licht in dieser Welt verkörpert, das „Licht der Menschen" (Joh 1,4) genannt. Nach Joh 8,12 und in unserer Geschichte bezeichnet sich Jesus selbst als das „Licht der Welt" (Joh 9,5). Der greise Simeon sagt in seinem Lobpreis auf Jesus (Nunc dimittis): „… Meine Augen haben das Heil gesehen … ein Licht zur Erleuchtung der Heiden" (Lk 2,30 +32). Mit „Licht Gottes" wird stets auf das hingewiesen, was Gott im Menschen und für das menschliche Leben bewirkt, nämlich eine neue Weise, sein Menschsein im Horizont des Göttlichen zu verstehen. Wer in Jesus das Licht Gottes erkennt, der tritt in ein Leben ein, das nicht mehr von den Impulsen der menschlichen Natur beherrscht wird, sondern seine Ziele und seine Kraft aus jener Liebe empfängt, die in Jesus so eindrucksvoll Gestalt gewonnen hat.

Blindsein und Sehen

In der Ebene der Anschauung spricht unsere Heilungsgeschichte von körperlicher Blindheit und von ihrer
Heilung. Einem Blinden das Augenlicht wiederzugeben,
wäre auch in der Antike als sensationell empfunden worden. Von Blindenheilungen erfahren wir deshalb nur
wenig. Johannes steigert die Blindheit des Blinden noch
insofern, als dieser von Geburt an blind war, also seine
Sehfähigkeit nicht erst im Laufe des Lebens verloren hat.
Er konnte deshalb nicht hoffen, sie wiederzugewinnen.
Angeborene Blindheit hat in der Antike keine Heilungschance. Aber gerade dieser blind Geborene wird
durch Jesus sehend gemacht. Deutlicher kann man kaum
ausdrücken, dass hier in metaphorischem Sinn von einer Blindheit gesprochen wird, in der wir alle von Natur aus leben. Der seit seiner Geburt Blinde ist Sinnbild
dafür, dass wir von Natur aus eine bestimmte Dimension von Wirklichkeit nicht sehen können, vielleicht sogar nicht sehen wollen, nämlich jene Gotteswirklichkeit, die in Jesus vor unsere Augen tritt.

In Joh 1,18 wird das so gesagt: „Niemand hat Gott je
gesehen". Wir können uns zwar über den Grund des
Kosmos tiefe und hehre Gedanken machen. Aber was
immer wir an Begründungen und Gottesvorstellungen
entwickeln – es sind und bleiben menschliche Gedanken und menschliche Vorstellungen. Die abendländi-
sche Philosophiegeschichte bietet dafür reiches An-
schauungsmaterial. Der Blindgeborene steht für die na-
turgegebene Gottesblindheit des Menschen. Diese Blindheit ist mit natürlichen Mitteln auch bei bestem Willen
nicht zu beheben. Der Gott, den Jesus seinen Vater
nennt, lässt sich nur in der Gestalt erkennen, in der er
sich uns zu erkennen gibt: in Jesus von Nazaret. Deshalb sagt Johannes: „Als Einziggeborener … hat er Kunde gebracht" (Joh 1,18b) oder: „Wer mich gesehen hat,
der hat den Vater gesehen" (Joh 14,9).

Im gesamten Kapitel Joh 9 verkörpern die Juden und
Pharisäer die natürliche Gottesblindheit der Menschen.
In den vier Gesprächen, die der Heilungsgeschichte fol-

gen (Joh 9,8–12; 9,13–17; 9,18–23; 9,24–34), werden die Anstrengungen veranschaulicht, die Menschen unternehmen, um die Wirklichkeit, die uns in Jesus begegnet, nicht sehen zu müssen. Der Leser soll seine eigenen Strategien der Verdrängung, Verblendung und Blindheit darin erkennen: Es darf und soll eben nicht wahr sein, was nicht wahr sein kann. Das heißt konkret: Die Leser dieses Textes sollen selbst feststellen, dass sie das eigene Verständnis von Gott und Welt, das eigene religiöse System, die eigenen geistigen Konzepte nicht antasten lassen. Sie sollen erkennen, dass die eigene Wahrheit, Ideologie und Wissenschaftstheorie den Rahmen für das absteckt, was als wirklich und wahr anzuerkennen und was als Illusion, Phantasie und als Störung unseres Weltverständnisses auszuschließen ist. Die Denksysteme und die Begründungen, mit denen wir unser eigenes Verhalten rechtfertigen, lassen wir uns nicht in Frage stellen. Das alles wird aber durch jene Gotteswirklichkeit in Frage gestellt, die Jesus verkörpert, vergegenwärtigt und lebt.

Ein Rückblick auf die Heilungsgeschichte

Johannes gestaltet seine Heilungsgeschichte so, dass viele Details der körperlichen Heilung als Hinweise auf das ganzheitliche Heilwerden des Menschen zu lesen und zu verstehen sind. Joh 9,1 spricht im Sinnbild des Blindgeborenen von der Wirklichkeit, in der der Mensch von Natur aus lebt.

Joh 9,2f. wirft die Frage auf, wessen Schuld es ist, dass dieser eine Mensch blind geboren wurde. Nach antiker Anschauung liegt die Schuld für Krankheit beim Kranken selbst oder bei seinen Eltern. Im Zusammenhang mit der Verehrung von Götzenbildern lesen wir, dass Gott „die Schuld der Vorfahren heimsucht an den Nachkommen bis in die dritte und vierte Generation" (Dtn 5,9). Da der Blindgeborene noch keine Schuld auf sich geladen haben konnte, wäre hier nur an eine Schuld der Eltern oder Vorfahren zu denken. Diese unfruchtbare Art der Ursachenforschung weist Jesus zurück. Er fragt nicht nach dem Warum der Krankheit, sondern nach ihrem Wozu und er weist auf Zweck und Ziel hin. Seine Antwort lautet: „Die Werke Gottes sollen an ihm offenbar werden"(Joh 9,3). Da gewiss nicht daran gedacht ist, dass dieser Mensch blind geboren wurde, damit an ihm ein Heilungswunder demonstriert werden soll, ist deutlich, dass Jesus mit diesem Blinden, der sehend geworden ist, von Beginn an den Weg des Menschen aus der Dunkelheit in das Licht, aus der Gottesferne in die Gottesnähe veranschaulichen will. Die Verse Joh 9,4 und 5 gehören nicht zur ursprünglichen Heilungsgeschichte.

Joh 9,6 knüpft an Vers 3 an. Die körperliche Heilung wird breit erzählt. Jesus bereitet einen Brei aus Speichel und Erde und streicht ihn dem Blinden in die Augen. Speichel galt in der Antike als ein wirksames Heilmittel gegen Augenkrankheiten. Außerdem übertrug der Speichel die Kraft des Wundertäters auf den Kranken und vertrieb die krankmachenden Dämonen. Der Taubstumme von Mk 7,31–37 wird geheilt, als Jesus dessen Zunge mit Speichel berührt. Der Blinde von Mk 8,22–26 kann wieder sehen, als Jesus auf die blinden Augen seinen Speichel aufträgt. Johannes steigert auch hier den Heilungsvorgang. Der Speichel wird mit Erde vermischt. Warum eigentlich, wenn Speichel nach antiker Tradition doch allein zu heilen vermag? Mit der angefeuchteten Erde ruft Johannes die Schöpfungsgeschichte (Gen 1,18ff.) in Erinnerung, wonach der Mensch aus angefeuchteter Erde erschaffen wird. Mit der Heilung durch Speichel und Erde drückt Johannes aus, dass hier ein zweiter Schöpfungsakt geschieht, nämlich die Neuschöpfung eines für Gott Blinden zu einem Menschen, der Gottes Wirken in Jesus sieht und auch an sich selbst erfährt. Diese Neuschöpfung drückt Paulus in seiner Sprache so aus: „Wenn jemand in Christus ist, dann ist das neue Schöpfung; das Alte ist vergangen, Neues ist geworden" (2 Kor 5,17).

In Joh 9,7 unserer Heilungsgeschichte ist der körperliche Heilungsvorgang mit dem Auftragen von Speichel und Erde noch nicht abgeschlossen. Der Blinde soll zum

Teich Schiloach (in der Südstadt von Jerusalem) gehen, dessen Wasser große Heilkraft zugeschrieben wurde, und den Brei aus seinen Augen waschen. Der Blinde macht sich auf Jesu Wort hin auf den Weg. Er tut, was ihm Jesus aufgetragen hat, und er sieht. Der Name „Schiloach" kommt vom hebräischen *„schalach*/senden" und heißt: der Gesandte. Es kann hier offen bleiben, ob Johannes damit noch einmal auf Jesus als den Gesandten Gottes hinweisen will. Festzustellen ist nur, dass da, wo die körperliche Heilung endet, das Heilwerden des ganzen Menschen beginnt, von der im Symbol des Körperlichen ja bereits von Beginn an die Rede ist.

Die Zuordnung der Heilung zum Heilsgeschehen

Den Schlüssel zum Verständnis dieser Blindenheilung und der ihr folgenden Szenen gibt uns erst das Jesuswort in Joh 9,39, wo das alles entscheidende Stichwort auftaucht: „Zum Gericht bin ich in diese Welt gekommen, dass die, die nicht sehen, sehend und die Sehenden blind werden". Im Johannes-Evangelium wird das Gericht nicht als ein kosmisches Ereignis in ferner Zukunft verstanden. Die Entscheidung über Heil und Unheil, über Leben und Tod im letztgültigen Sinn, fällt bereits in diesem Leben, und zwar dadurch, wie ich mich zu Jesus, dem Licht der Welt, verhalte. Sich diesem Licht zu verschließen, heißt in der Sprache des Johannes-Evangeliums, blind und damit in der Finsternis zu sein, und es bedeutet damit: im Tod zu bleiben. Sich in das Licht der Gotteswirklichkeit holen zu lassen, heißt „sehen" und bedeutet: schon jetzt das Leben in der Gemeinschaft mit Gott zu haben, das durch nichts zerstört werden kann. Das sagt Johannes so: „Wer an den Sohn glaubt, hat ewiges Leben" (Joh 3,36). „Wer an ihn glaubt, wird nicht gerichtet; wer aber nicht glaubt, ist schon gerichtet" (Joh 3,18). Sehend werden bedeutet für Johannes auch, zu erkennen, dass Jesus nicht als Richter gekommen ist, sondern zum Gericht. Die sich ihm und damit der Gemeinschaft und Gegenwart Gottes verschließen, werden nicht erst irgendwann gerichtet werden und danach tot sein, sondern sie haben sich damit selbst das Gericht zugesprochen und sind jetzt schon im Tod. Das Johannes-Evangelium betont immer wieder das Rettungswerk Jesu: „Gott hat den Sohn nicht in die Welt gesandt, dass er die Welt richte, sondern dass die Welt durch ihn gerettet werde" (Joh 3,17). Wer das nicht sieht und nicht will, der verfehlt sein Leben. Das Johannes-Evangelium wirbt dafür, mit dem Blindgeborenen sehend zu werden. So wird vom Ende her noch einmal bestätigt, dass die Heilungsgeschichte im symbolischen Sinn zu lesen ist.

8 NATURWUNDER

Erster Überblick

Mit **Naturwundern** sind Geschichten gemeint, in denen eine übernatürliche Macht in das Naturgeschehen eingreift. Diese Geschichten setzen das antike Weltverständnis voraus, wonach übernatürliche Mächte in das gewohnte Naturgeschehen eingreifen können. Dieses Weltverständnis haben wir nicht mehr. Dennoch können wir verstehen, was in diesen Geschichten zum Ausdruck gebracht werden soll. Die Frage, ob die Naturwunder wirklich passiert sind, können wir unberücksichtigt lassen. Zweifellos haben die Verfasser und die damaligen Leser dieser Geschichten den Göttern und auch Jesus zugetraut, dass sie in das Naturgeschehen eingreifen können. Für alle Naturwunder des Neuen Testaments gibt es Parallelen in den hellenistischen Religionen und im Judentum.

Der Sammelbegriff „Naturwunder" fasst Geschichten unterschiedlichen Typs mit unterschiedlichen Zielen und unterschiedlichen Botschaften zusammen. Den bereits besprochenen Heilungswundern stehen die **Rettungswunder** sehr nahe, die uns in den Geschichten von der wunderbaren Sturmstillung (Mk 4,35–41) und dem Seewandeln Jesu (Mk 6,15–52) begegnen. Einen zweiten Typus bilden die **Geschenkwunder** in Gestalt der Geschichten von der Speisung vieler Menschen und der wunderbaren Brotvermehrung. Der dritte Typus sind **Epiphaniegeschichten**. Hier dient der Eingriff in die Gesetzmäßigkeiten der Natur in erster Linie dazu, das Göttliche sichtbar zu machen. Im gewissen Sinn kann man freilich alle Wundergeschichten als Epiphaniegeschichten verstehen. Beim Fischfang des Petrus (Lk 5,1–11), dem Seewandeln Jesu (Mk 6,45–52) und der Hochzeit zu Kana (Joh 2,1–11) steht das Ziel der Epiphanie deutlich im Vordergrund.

Jesus stillt den Seesturm
(Mk 4,35–41; Mt 8,23–27)

Mk 4,35 Und er sagt zu ih-nen am Abend dieses Tages: Lasst uns ans andere Ufer fah-ren. 36 Und sie ließen das Volk gehen und nahmen ihn, wie er war, im Boot mit. Auch andere Boote waren bei ihm. 37 Da erhob sich ein heftiger Sturmwind, und die Wellen schlugen ins Boot, und das Boot hatte sich schon mit Wasser gefüllt. 38 Er aber lag schlafend hinten im Boot auf dem Kissen. Und sie wecken ihn und sagen zu ihm: Meis-ter, kümmert es dich nicht, dass wir untergehen? 39 Da stand er auf, schrie den Wind an und sprach zum See: Schweig, verstumme! Und der Wind legte sich, und es trat ei-ne große Windstille ein. 40 Und er sagte zu ihnen: Was seid ihr so furchtsam? Habt ihr noch keinen Glauben? 41

Und sie gerieten in große Furcht, und sie sagten zuein-ander: Wer ist denn dieser, dass ihm selbst Wind und Wellen gehorchen?
Mt 8,23 Dann stieg er in das Boot, und seine Jünger folgten ihm. 24 Da erhob sich ein großer Sturm auf dem See, so dass das Boot von den Wellen überrollt wurde; er aber schlief. 25 Da traten sie zu ihm, weckten ihn und sagten: Herr, rette uns, wir gehen un-ter! 26 Und er sagt zu ihnen: Was seid ihr so furchtsam, ihr Kleingläubigen! Dann stand er auf und schrie die Winde an und den See; da trat eine große Windstille ein. 27 Die Menschen aber wunderten sich und sagten: Was ist das für einer, dass ihm selbst Wind und Wellen gehorchen?

Das religionsgeschichtliche Umfeld

Seemannsgeschichten, wie z. B. die Errettung aus Seenot, kennen alle Kulturen, die Kontakt mit dem Wasser haben. Im Jona-Buch haben wir eine Geschichte der Sturmstil-lung bereits kennengelernt. Die jüdische Tradition erzählt von Rabban Gamaliel (um 90), dass er auf einem Schiff war, als sich ein Sturm gegen ihn erhob, der das Schiff und ihn zu vernichten drohte. Da bekennt er öffentlich, den

Bann über einen Menschen nicht zur eigenen Ehre verhängt zu haben, sondern zu Gottes Ehre, damit Parteiungen in Israel sich nicht weiter mehren. Daraufhin beruhigt sich das Meer. Eine andere Geschichte erzählt von der Seereise eines jüdischen Kindes auf einem heidnischen Schiff. Ein Sturm bringt das Schiff in Seenot. Alle Heiden rufen zu ihren Göttern, aber vergeblich. Erst als man das jüdische Kind auffordert, zu seinem Gott zu rufen, beruhigt sich der Sturm und alle werden gerettet.

Rationale Erklärungsversuche

Für unsere Sturmstillungs-Geschichte beanspruchen immer wieder professionelle Seekenner die Deutungskompetenz. Allgemein bekannt ist, dass plötzliche Fallwinde von den galiläischen Bergen kleinen Fischerbooten sehr gefährlich werden können. Die Seefachleute belehren uns, dass das plötzliche Abbrechen des Sturmes ganz natürlich zu erklären sei. Das Schiff sei nämlich um einen Bergvorsprung und damit in den Windschatten gefahren. Das Wunder habe also gar nicht stattgefunden. Nur die Unkenntnis der Menschen habe aus einem natürlichen Vorgang ein Wunder gemacht. Für wie naiv muss man die galiläischen Seeleute halten, die doch ihren See von Jugend an kennen, wenn man ihnen unterstellt, einen Naturvorgang, der jedem Seemann bekannt ist, für ein Wunder zu halten.

Die Grundform der Wundergeschichte

Zunächst ist festzustellen, dass wir eine klassische Wundergeschichte mit dem dreiteiligen Erzählschema vor uns haben. Zuerst wird die gefährliche Situation der Menschen im Schiff beschrieben (Mk 4,35–38). Dann wird das rettende Eingreifen geschildert (Mk 4,39) und schließlich wird die Reaktion der am Geschehen Beteiligten zum Ausdruck gebracht (Mk 4,41). Die Notlage erscheint noch dadurch vergrößert, dass Jesus, von dem doch allein Hilfe kommen könnte, im Heck des Schiffs auf einem Kissen ruhig schläft, während sich das Boot schon mit Wasser füllt. Dieses Detail erinnert an Jona, der ebenfalls schläft,

während die Schiffsbesatzung bereits um ihr Leben kämpft. Es geht dabei nicht nur um ein die Spannung steigerndes Element, sondern in unserer Geschichte vor allem darum, die Lebensangst der Jünger zu veranschaulichen. In den jüdischen und hellenistischen Parallelen zu dieser Geschichte wird die Rettung auf Gott zurückgeführt. Hier aber ist Jesus der Helfende. Damit wird er als der Bevollmächtigte Gottes charakterisiert, vielleicht sogar schon als Gott gesehen. Jesus schreit dem Sturm entgegen: „Schweig!", und die aufgewühlte See beruhigt sich. Sturm und gefährliche Wellen werden als personifizierte Dämonen verstanden. Schiffbruch gilt in der Antike allgemein als das Werk von Wasser- und Winddämonen. Für antike

Hörer zeigt Jesus seine göttliche Vollmacht darin, dass er sich als Herr über die Dämonen erweist.

Die Reaktion der Jünger auf diesen Machterweis Jesu über die lebensbedrohlichen Dämonen ist „große Furcht". Das griechische Wort „*phobos*", das wir mit „Furcht" übersetzen, umfasst in den Evangelien einen weiteren Bedeutungsbereich als die deutsche Übersetzung. Es bezeichnet auch das Staunen, das Erschrecken, das Erschaudern, die

Angst, die Furcht und die Ehrfurcht gegenüber einem unfassbaren Geschehen. Da aber in unserer Geschichte die Bändigung der Dämonen nicht durch einen fernen Gott bewirkt wird, sondern durch den anwesenden Jesus, so bezieht sich auch das ehrfürchtige Erstaunen auf ihn. Die Jünger fragen sich: „Wer ist denn dieser, dass ihm selbst Wind und Wellen gehorchen?" (Mk 4,41b). Heutige Leser mag diese Frage erstaunen, weil sie unterstellen, dass die Jünger doch wissen müssen, wer Jesus ist und was er vermag. Der Verfasser des Markus-Evangeliums sieht das anders. Er betont immer wieder, dass selbst die Jünger Jesus nicht als den erkennen, der er ist. Er ist außerdem davon überzeugt, dass selbst ein spektakuläres Wunder den Glauben weder begründen kann noch dazu führt, Jesus zu erkennen. Das erlösende Wort des Erkennens, nämlich „Du bist der Messias", fällt erst später (Mk 8,29). Wie wir gesehen haben, unterscheidet sich die bisher freigelegte Grundstruktur der Wundererzählung kaum von den Seemannsgeschichten aus anderen Kulturen.

Die Neuinterpretation durch Markus

Die antike Wundergeschichte wird in der Fassung des Markus durch zwei Verse mit einem neuen Sinn versehen. Es ist so, als ob auf einen schon vorhandenen Pflanzenstamm ein Edelreis gepfropft wird, aus dem eine für den Stamm ganz neue Frucht hervorwächst. Die kreatürliche Angst, die Menschen auf einem Schiff in Seenot empfinden, wird als Kleinglauben der Jünger interpretiert: „Was seid ihr so furchtsam? Habt ihr noch keinen Glauben?" (Mk 4,40). Die antike Wundergeschichte wird so mit der Glaubensfrage verbunden und auf diese hin ausgerichtet. Die alte Wundererzählung wird zum Transportmittel, um die Leser mit der Glaubensfrage zu konfrontieren. Die Jünger werden getadelt, und ihr Verhalten soll die Leser und Hörer vor die Frage stellen, wie es mit ihrem eigenen Glauben steht.

Jesus sitzt mit im Boot. Könnten die Jünger da nicht gewiss sein, dass sie trotz tosender See durch seine Gegenwart geborgen sind? Das so oft ausgesprochene „Fürchte dich nicht!" ist im Kern die Zusage: Wo Gott gegenwärtig ist, da müsst ihr euch nicht fürchten. Diese Gewissheit wird in der Erzählung zusätzlich dadurch ausgedrückt, dass Jesus inmitten des Sturmgeschehens hinten im Boot auf einem Kissen ruhig schläft. Deutlicher lässt sich Gelassenheit, die in Vollmacht gründet, kaum veranschaulichen.

Die aufgewühlte und unberechenbare See ist ein elementares und weltweites Symbol für das ungesicherte menschliche Leben. Sicherheiten für einen glatten Lebensweg kann uns niemand geben. Unsere vielen Versicherungen sichern uns gegen Unfälle, Krankheiten und Schäden lediglich finanziell, nicht aber gegen diese selbst ab. Christlicher Glaube ist keine „höhere Lebensversicherung". Aus ihm ist aber die Gewissheit zu gewinnen, dass wir geborgen sind, wo wir in Gott gegründet bleiben. Der Apostel Paulus sagt das so: „Ich bin mir gewiss: Weder Tod noch Leben, weder Engel noch Mächte, weder Gegenwärtiges noch Zukünftiges noch Gewalten, weder Hohes noch Tiefes noch irgendein anderes Geschöpf vermag uns zu scheiden von der Liebe Gottes, die in Christus Jesus ist, unserem Herrn" (Rö 8,38f.).

Eine andere Deutung durch Matthäus

Die Verfasser der Evangelien darf man sich nicht als freischaffende Erzähler vorstellen. Keiner der Evangelisten hat Jesus persönlich gekannt. Sie waren in erster Linie Sammler jener Christuszeugnisse, die in den Gemeinden bewahrt und weitergegeben wurden. Allerdings waren sie nicht nur Sammler. Markus hat die Überlieferungen aus mehreren Quellen erstmalig zu einem Gesamtkonzept zusammengefügt, das er „Evangelium von Jesus Christus" (Mk 1,1) nennt. Er versteht sich bei seiner Arbeit nicht als ein Archivar, der die Erinnerung an Jesus von Nazaret dokumentarisch festhält, und er will auch nicht als Biograph, Memoirenschreiber oder als Laudator antiken Stils verstanden werden. Markus nimmt die Glaubenszeugnisse der Gemeinden auf, bringt sie in einen Zusammenhang mit dem Lebensweg Jesu und fügt sie zu einem großen Glaubenszeugnis zusammen. Dabei geht es ihm nicht darum, seinen Lesern zu sagen, wer Jesus war, sondern ihnen zu erschließen, wer er für sie ist. Das gilt in gleicher Weise für den Verfasser des Matthäus-Evangeliums.

Eine Sammlung von Christuszeugnissen, die selbst Christuszeugnis sein will, bedarf eines Gesamtkonzepts. Darin unterscheiden sich allerdings Markus und Matthäus, was hier im Einzelnen nicht darzustellen ist, aber an dieser Wundergeschichte exemplarisch verdeutlicht werden kann. Matthäus übernimmt die Geschichte von der Sturmstillung nicht unbesehen. Er fügt sie in das Gesamtkonzept seines Evangeliums ein. Bei einem Vergleich der beiden Fassungen wird uns zunächst nur wenig Unterschiedliches auffallen. Die Bibelwissenschaft vermag unseren Blick zu schärfen.

Markus eröffnet mit dem Wunder der Sturmstillung eine Reihe von drei weiteren Wundergeschichten, die er um den See Gennesaret lokalisiert. In diesem Zusammenhang weist die Sturmstillung auf die Vollmacht Jesu über die Dämonen hin. Matthäus stellt der Sturmstillung einen Text von der Nachfolge Jesu unmittelbar voran (Mt 8,18–22). Damit richtet er die Geschichte von der Sturmstillung auf das Thema Nachfolge aus und konzentriert es auf des Gespräch zwischen Jesus und den Jüngern. Das Wort „folgen", das in den Evangelien immer den Sinn von „nachfolgen" hat, bildet die inhaltliche Brücke zu dem vorangestellten Text über die Nachfolge.

Die Wundergeschichte, die von Markus in antiker Breite ausgeführt wird, kürzt Matthäus auf das unbedingt Nötige. Dadurch wird der Dialog zwischen den Jüngern und Jesus als das Wesentliche hervorgehoben. In diesem Dialog wird Jesus nach Markus mit „Meister" angeredet. Das ist ein ehrenvoller menschlicher Titel. Bei Matthäus steht dafür das göttliche Hoheitsprädikat „Herr" (*kyrie*). Der indirekte Hilferuf der Jünger: „Kümmert es dich nicht, dass wir untergehen?" (Mk 4,38) wird von Matthäus zu dem Stoßgebet umgebildet: „Herr, rette uns"

(Mt 8,25). Nach dem Markus-Evangelium haben die Jünger noch nicht erkannt, wen sie in Jesus vor sich haben. Matthäus hingegen drückt mit der Anrede „Herr" und dem Stoßgebet bereits das Bekenntnis der Jünger zum Messias aus. Im Markus-Evangelium fragt Jesus die furchtsamen Jünger: „Habt ihr noch keinen Glauben?" Nach Matthäus setzt Jesus den Glauben der Jünger bereits voraus, tadelt diesen allerdings als „Kleinglauben", der den Dämonen mehr zutraut als dem Herrn über die Dämonen. Markus versteht den „heftigen Sturmwind", der das Schiff in Seenot bringt, als Naturereignis, Matthäus wählt für „Sturm" ein anderes Wort, nämlich „große Erschütterung" (seismos). Dieser Ausdruck bezeichnet sonst nur die Schrecknisse der Endzeit, in der alles bisher Gültige und Feste ins Wanken gerät. Matthäus drückt damit aus, dass es in dieser Geschichte nicht um ein Naturspektakel geht. Das Naturgeschehen stellt uns aber vor Augen, was es heißt, Jesus nachzufolgen. Es ist der Schritt in ein Leben, das von dämonischen Mächten umlauert und ihnen stets ausgesetzt ist. Wer Jesus nachfolgt, vertraut nicht mehr auf die Sicherheiten, die uns die Welt verspricht. Es ist, als beträte er die schwankenden Planken eines Bootes. Er baut mit diesem Schritt auf die Gewissheit, in der Gegenwart Gottes gehalten und in seiner Liebe geborgen zu sein, wohin uns die Böen und Stürme des Lebens auch treiben mögen.

Die Jünger in Seenot sind ein Sinnbild für die Anfechtung und Bedrängnis des Jüngerseins, aber auch für die Zusage, nicht verlassen zu sein. Indem Matthäus die Geschichte von der Sturmstillung als Paradigma für die Nachfolge deutet, spricht er ganz realistisch von der Situation der christlichen Gemeinde in der Welt, von ihren Gefährdungen, von ihren Ängsten und ihrem Kleinglauben, aber eben auch von der Zusage, mit der er sein Evangelium schließt: „Seid gewiss: Ich bin bei euch alle Tage bis an der Welt Ende" (Mt 28,20).

In der Schlusspassage seines Evangeliums berichtet Matthäus von der Aussendung der Jünger in alle Welt. So versteht er auch sein gesamtes Evangelium, nämlich als die Botschaft von Christus, nicht nur für die christlichen Gemeinden seiner Zeit, sondern für alle Welt. Im Markus-Evangelium bleibt die Botschaft der Sturmstillung hingegen auf den Kreis der Jünger begrenzt. Diese reagieren – wie wir gesehen haben – mit ehrfürchtigem Erschrecken. Matthäus öffnet die Geschichte von der Sturmstillung über den Jüngerkreis hinaus zu allen Menschen hin, die diese Geschichte vernehmen. Er lässt die Menschen sich über diese Nachfolge-Geschichte wundern und sie danach fragen, wer dieser Jesus ist.

Jesus speist Tausende Menschen
(Mk 8,1–9)

1 In jenen Tagen ist wieder viel Volk da und sie haben nichts zu essen. Da ruft er die Jünger herbei und sagt zu ihnen: 2 Das Volk tut mir leid, denn drei Tage sind sie schon bei mir und haben nichts zu essen. 3 Und wenn ich sie hungrig nach Hause gehen lasse, werden sie unterwegs zusammenbrechen, einige von ihnen sind ja von weit her gekommen. 4 Und seine Jünger antworteten ihm: Wie sollte einer diese Leute mit Brot satt machen können hier in der Einöde? 5 Und er fragte sie: Wie viele Brote habt ihr? Sie sagten: Sieben. 6 Da fordert er das Volk auf, sich zu lagern. Und er nahm die sieben Brote, sprach das Dankgebet, brach sie und gab sie seinen Jüngern zum Verteilen, und die verteilten sie unter das Volk. 7 Sie hatten auch ein paar Fische, und er sprach den Lobpreis über sie und ließ auch diese verteilen. 8 Und sie aßen und wurden satt. Und sie sammelten die übrig gebliebenen Brocken, sieben Körbe voll. 9 Viertausend waren es gewesen. Und er entließ sie.

Ein universales Thema

Das Motiv einer wunderbaren Speisung entspricht elementaren menschlichen Wünschen. Wir treffen es daher variantenreich in vielen Kulturen an. Speisungswunder werden auch von hellenistischen Wundertätern berichtet. Ein indischer Text erzählt, dass Buddha mit einem Brot, das man ihm in die Almosenschale gelegt hat, 500 Jünger und alle Bewohner eines Klosters speist und trotzdem noch viel Brot übrig behält. In 2 Kö 4,42–44 lesen wir, dass der Prophet Elischa mit 20 Gerstenbroten 100 Männer speist und noch Brot einsammeln kann. Themen, die vielfach variiert in unterschiedlichen Kulturen auftauchen, nennt man „Wanderthemen". Damit werden diese Geschichten keinesfalls abgewertet. Der Interpret wird aber herausgefordert, jene besonderen Züge herauszuarbeiten, um derentwillen das Wanderthema in seine Kultur und in sein Konzept aufgenommen wurde. Wir haben zu fragen: Was ist das inhaltliche Spezifikum eines Wanderthemas im Neuen Testament und im Zusammenhang mit der Jesusgeschichte?

Erste Beobachtungen

Wer im Neuen Testament nach dem Motiv der wunderbaren Speisung sucht, der wird vielfach fündig. Die Geschichte begegnet uns mit kleinen und inhaltlich unwesentlichen Abänderungen in den Evangelien insgesamt sechsmal, davon im Markus- und Matthäus-Evangelium sogar jeweils zweimal: Mk 6,30–44; 8,1–9. Mt 14,13–21; 15,32–39. Lk 9,11–17. Joh 6,1–13. Die Doppelungen weisen darauf hin, dass die Evangelisten die Botschaft des Speisungswunders für besonders wichtig halten.

Wanderthemen sind sehr flexibel und anpassungsfähig. Das lässt sich innerhalb der Evangelien an den Speisungswundern gut beobachten. Nach Mk 8 werden 4.000 Menschen gespeist. In Mk 6 und Joh 6 sind es 5.000, und nach Mt 14f. sind es 4.000 Männer ohne die Frauen und Kinder. Das Anwachsen des Wunderhaften ist auch bei Wandergeschichten die Regel. Im Markus-Evangelium stehen den Jüngern sieben Brote und einige Dörrfische für 4.000 Personen zur Verfügung. In Mk 6, Lk 9 und Joh 6 sind es nur fünf Brote und zwei Dörrfische für 5.000 und in Mt 14f. reichen diese Brote und Fische sogar für mindestens 8.000 Menschen. Unterschiedlich groß ist auch die Menge der Brotreste, die eingesammelt werden, nämlich sieben oder zwölf Körbe.

In allen Varianten spielt die Geschichte in einer abgelegenen Einöde. Ungeklärt bleibt, wie es möglich sein konnte, mehr Menschen als die Stadt Karfanaum Einwohner hatte, spontan und ohne Verkehrsmittel an einen entfernten einsamen Ort zu bringen und sie dort ohne organisierte Versorgung drei Tage lang zu halten. Obwohl der antike Mensch Speisungswunder grundsätzlich für möglich gehalten hat, konnte ihm das Fiktive der Szenerie nicht entgangen sein.

In literarischer Hinsicht fällt auf, dass dem Speisungswunder der typische Schluss fehlt, nämlich der Lobpreis Gottes oder des Wundertäters durch die satt gewordene Menge. Diese große Zahl der Menschen konnte das Wunder freilich gar nicht so recht wahrgenommen haben, denn der Versorgungsengpass ist ja nur im Kreis der Jünger zur Sprache gekommen. Könnte es sein, dass die Wundergeschichte zwei unterschiedliche Botschaften und Hinweise enthält: die eine im Blick auf die Menschenmenge, die zu Jesus gekommen war, und die andere im Blick auf die Jünger?

Ein rationalistischer Erklärungsversuch

„Realisten", denen die Hinweisebene eines Textes verborgen bleibt, haben mit dem Speisungswunder auch wegen der vielen Ungereimtheiten erhebliche Schwierigkeiten. In der Zeit des Rationalismus hat man sich die Speisungsgeschichte so zusammengereimt: Jesus habe das Wenige, das er hatte, angesichts des Hungers so freudig an die Menschen verteilt, dass diese – von seiner Freigebigkeit angesteckt- auch die letzten Krümel aus ihren Taschen holten, so dass auf diese Weise alle auf ganz natürliche Weise satt werden konnten. Diese Interpretation hat freilich das Wesentliche übersehen. Den Evangelisten geht es nicht um das Mirakel als eines realen Geschehens, sondern um das Wunder im Sinne eines Zeichens, das heißt um die Hinweise, die die Wundergeschichte enthält. Das wird noch auszuführen sein. Die rationalistische Erklärung hat aber mit ihrer Absicht, der Geschichte ihre wunderhaften Züge zu nehmen, auch die Hinweise zerstört, derentwegen die Evangelisten die Speisung erzählen. Was davon übrigbleibt, ist eine nicht eben glaubwürdige Geschichte. Der rationalen Erklärung kann man die rationale Frage stellen: Aus welchen Taschen hätten denn die nach drei Tagen schon hungernden Menschen plötzlich jene Krümel geholt haben sollen, die sie jetzt so freigebig verteilt haben?

Ziel der Auslegung

Einer Auslegung der Speisungsgeschichte kann es nicht darum gehen, die Geschichte als ein reales Geschehen zu retten, indem man den Vorgang nach heutigem Naturverständnis irgendwie zu erklären sucht. Das hieße nichts anderes, als der Geschichte ihre Botschaft zu nehmen. Wenn auch Speisungswunder für den antiken Menschen nicht zur Normalität gehörten, aber doch im Beireich des Möglichen lagen, so war nicht die Frage, ob die Geschichte so passiert ist, sondern, was sie uns sagt. Jenseits aller Wunderdiskussionen ist das die entscheidende Frage, die wir als heutige Leser ebenfalls zu stellen haben: Was ist die Botschaft der Speisungsgeschichte? Bei unserer Suche nach einer Antwort werden wir selbstverständlich das Jesusverständnis der einzelnen Evangelisten und deren Kompositionskonzept im Blick behalten müssen.

Eine große Tischgemeinschaft

Eine Tischgemeinschaft bedeutet in der Alten Welt engste Gemeinschaft. Im Judentum der Zeit Jesu ist Tischgemeinschaft mit Heiden ausgeschlossen. In frommen Kreisen galt es bereits als anstößig, mit Juden Tischgemeinschaft zu haben, die nicht nach den strengen Geboten der jüdischen Religion leben. Als Jesus bei dem Zöllner Levi in dessen Haus zu Tisch sitzt, erregen sich die Schriftgelehrten: „Mit den Zöllnern und Sündern isst er" (Mk 2,16). Mit dieser bewussten Überschreitung der religiösen Grenzen drückt der Evangelist aus, dass Jesus nicht nur zu den anerkannt Frommen

seiner jüdischen Religion gekommen ist, sondern dass seine Botschaft von der Liebe Gottes auch denen gilt, die am Rande stehen oder die sogar von ihrer Religion deklassiert und geächtet werden.

Die Speisung der großen Menge findet nach Mk 7,31 im Bereich des Zehnstädtebundes (Dekapolis) im Ostjordanland statt, d. h. in einem mehrheitlich von Heiden bewohnten Gebiet. Damit wird auch geographisch zum Ausdruck gebracht, dass die Botschaft von der Liebe Gottes

nicht auf das jüdische Volk begrenzt ist, sondern allen Menschen zugesprochen wird. Jesus praktiziert hier bereits das, was die Gemeinde später als seinen Auftrag weiterführen wird, nämlich in Wort und Tat aller Welt das in Jesus erschienene Heil zu verkünden. Das ist der nach außen gerichtete Hinweis der Speisungsgeschichte.

Der Hinweis für die Jünger liegt in einer anderen Facette des Textes. Die vielen Menschen haben Hunger, aber es gibt keine zureichenden Mittel, um diesen Hunger zu stillen. Da nimmt Jesus das nach menschlichen Maßstäben völlig Unzureichende, nämlich die wenigen Brote, die die Jünger haben, und lässt sie von diesen unter das Volk verteilen. Dabei erfahren die Jünger, dass die Menschen von dem, was sie aus den Händen Jesu empfangen und weitergeben, satt werden und so viel bekommen, wie sie zum Leben brauchen. Sie erhalten sogar mehr, denn die von Jesus ausgehende Kraft der Liebe hat sich durch das Weitergeben nicht verbraucht, sie hat sich im Empfangen und Weitergeben sogar noch vermehrt. Sinnbild dafür sind jene sieben Körbe voll Brotbrocken, die von den ausgeteilten sieben Broten übrig geblieben sind. Die Speisungsgeschichte schildert nicht ein einmaliges Mirakel; sie drückt vielmehr jene vielen Erfahrungen bildhaft aus, die dort gemacht werden, wo die Liebe Gottes, die uns widerfährt, an andere weitergegeben wird. Die irdische Szene wird transparent und zum Hinweis für das, was in den Evangelien die „Herrschaft" oder das „Reich Gottes" genannt wird.

Die Evangelisten selbst weisen die Vorstellung zurück, Jesus als einen Wundertäter zu verstehen, der das soziale Schlaraffenland herbeizaubern könnte. Matthäus und Lukas stellen die Geschichte von Jesu Versuchung in der Wüste vor den Beginn seines öffentlichen Wirkens. Bereits in der ersten Versuchung weist Jesus das Ansinnen zurück, aus Steinen Brot zu machen. Er widersteht dieser menschlichen Erwartung, indem er klarstellt: „Nicht von Brot allein lebt der Mensch, sondern von jedem Wort, das aus Gottes Mund kommt" (Mt 4,4).

In den Speisungsgeschichten der synoptischen Evangelien werden die Menschen nach der Speisung entlassen. Im Johannes-Evangelium finden wir im Anschluss an das Speisungsgeschehen eine erste predigtartige Auslegung der Geschichte. Hier gehen die Menschen nach der Speisung nicht nach Hause, sondern sie folgen Jesus mit Booten über den See Gennesaret. Er empfängt sie am Ufer mit den Worten: „Ihr sucht mich nicht, weil ihr Zeichen gesehen, sondern weil ihr von den Broten gegessen habt und satt geworden seid. Müht euch nicht um die Speise, die verdirbt, sondern um die Speise, die ins ewige Leben hinein hält, die der Menschensohn euch geben wird" (Joh 6,26f.). Brot ist zur Zeit Jesu das Hauptnahrungsmittel. Johannes nimmt das irdische Brot als Bild für all das, was Menschen zum Leben im letztgültigen Sinn brauchen. So gipfelt die Rede Jesu in dem Satz: „Ich bin das Brot des Lebens. Wer zu mir kommt, wird nicht mehr Hunger haben, und wer an mich glaubt, wird nie mehr Durst haben" (Joh 6,35). Das irdische Zeichen will nicht bereits als die Gabe genommen, sondern als das Zeichen verstanden werden, das auf den weist, der jenes Leben, das bleibt, selbst verkörpert und gibt.

Der wunderbare Fischfang (Lk 5,1–11)

1 Es geschah aber, während das Volk sich um ihn drängte und das Wort Gottes hörte und er am See Gennesaret stand, 2 dass er zwei Boote am Ufer liegen sah. Die Fischer waren ausgestiegen und wuschen die Netze. 3 Da stieg er in eines der Boote, das Simon gehörte, und bat ihn, ein wenig vom Land wegzufahren. Dann setzte er sich und lehrte die Menge vom Boot aus. 4 Als er aufgehört hatte zu reden, sagte er zu Simon: Fahr hinaus ins Tiefe, und werft eure Netze zum Fang aus! 5 Und Simon entgegnete: Meister, die ganze Nacht hindurch haben wir gearbeitet und nichts gefangen, aber auf dein Wort hin will ich die Netze auswerfen. 6 Das taten sie und fingen eine große Menge Fische, ihre Netze aber drohten zu reißen. 7 Da winkten sie den Gefährten im anderen Boot, sie sollten kommen und mit ihnen Hand anlegen. Die kamen, und sie machten beide Boote so voll, dass sie beinahe versanken.
8 Als Simon Petrus das sah, fiel er Jesus zu Füssen und sagte: Geh weg von mir, Herr, denn ich bin ein sündiger Mensch. 9 Denn er und alle mit ihm erschraken über den Fang, den sie getan hatten; 10 so auch Jakobus und Johannes, die Söhne des Zebedäus, die Simons Gefährten waren. Da sagte Jesus zu Simon: Fürchte dich nicht! Von jetzt an wirst du Menschen fangen. 11 Und sie brachten die Boote an Land, liessen alles zurück und folgten ihm.

Jesus, der Prediger des Wortes Gottes
(Lk 5,1–3)

Wie soll man diese Geschichte nennen? Die Geschichte
von der Seepredigt Jesu, der wunderbare Fischfang, die Berufung des Petrus? Die Unsicherheit führt uns bereits zur
Kernfrage: Was ist die Botschaft der Geschichte? Die Verse
Lk 5,1–3 legen das Stichwort „Seepredigt" nahe. Sie erzählen, wie Jesus am Ufer des Sees Gennesaret von einer
Menschenmenge bedrängt wird. Da in diesem Tumult eine geordnete Rede nicht möglich ist, steigt er in eines der

Fischerboote und bittet den Eigentümer Simon, ihn ein wenig vom Land wegzufahren, so dass er seinen Hörern gegenüber steht. In diesem „Gegenüber" drückt Lukas bereits aus, dass die Botschaft, die Jesus zu sagen hat, nicht aus dem Erfahrungsschatz der menschlichen Gemeinschaft hervorgeht, sondern den Menschen mit der Vollmacht eines dazu ermächtigten Gegenübers gesagt werden muss. Lukas kennzeichnet Jesu Wort gleich zu Beginn (Lk 5,1) als das „Wort Gottes". Er charakterisiert damit Jesus als den Überbringer und Verkünder einer Botschaft, die Menschen sich nicht selber sagen können. Der Gestus des bevollmächtigten Lehrers wird durch die Wendung unterstrichen: „Dann setzte er sich und lehrte die Menge vom Boot aus" (Lk 5,3b). Das Sitzen ist in der Antike die für den Lehrenden typische Haltung. Der Abstand und das Gegenüber vom Boot zum Land betont zusätzlich, dass Jesu Wort nicht aus der Tradition menschlicher Weisheit stammt, sondern aus einer anderen Wirklichkeitsebene zu uns dringt.

Der wunderbare Fischfang
(Lk 5,4–7)

Lukas hat bisher zwar gesagt, dass Jesu Lehre nicht als menschliches Wort, sondern als Wort Gottes zu verstehen ist, er sagt aber nichts über den Inhalt seiner Rede an die am Ufer stehende Menge. Stattdessen wendet er sich unvermittelt von der Menge hin zu Simon Petrus. Seine Botschaft ist dem zu entnehmen, was jetzt folgt. Er fordert Simon auf: „Fahrt hinaus ins Tiefe und werft eure Netze zum Fang aus" (Lk 5,4).Über diese Empfehlung können die Berufsfischer um Simon Petrus nur den Kopf schütteln. Denn sie wissen aus langer Erfahrung, dass man Fische nicht am hellen Tag, sondern nachts fängt und auch nicht im tiefen, sondern im flachen Wasser. Wider alle Berufserfahrung lässt sich Petrus auf Jesu Vorschlag ein, obwohl er und seine Leute in dieser Nacht trotz harter Arbeit nichts gefangen hatten und nun müde sind. Der Fang fällt so überreich aus, dass selbst das zu Hilfe gerufene Boot die Fülle der Fische kaum fassen kann und zu kentern droht. Spätestens hier ist zu spüren, dass wir es in diesem zweiten Teilstück unseres Textes nicht mit dem Bericht über den Hergang eines Wunders, sondern mit einer Wundererzählung zu tun haben. Diese dokumentiert nicht ein Mirakel, sie illustriert vielmehr in Gestalt einer Gleichnishandlung ein geistliches Geschehen, das dort in Gang kommt, wo sich Menschen von einem Wort Jesu erreichen und gegen alle ihre Erfahrungen zu einem Aufbruch und zur Umkehr bewegen lassen. Was damit und mit dem reichen Fang gemeint ist, wird erst vom Ende der Geschichte her, dem dritten Teil, verständlich werden.

Eine Epiphanie-Erzählung
(Lk 5,8–10)

Der überraschend gute Fischfang endet nicht mit dem Dank der Fischer für die reiche Gabe. Auch die Menschenmenge, die für die Gleichnishandlung nötig war, scheint jetzt nicht mehr zur Szene zu gehören. An ihre Stelle treten die Leser und Hörer. In den Mittelpunkt des Geschehens rückt Simon Petrus. Er reagiert völlig unerwartet auf den reichen Fang. Als Geschäftsmann hätte er seine Freude darüber ausdrücken müssen, dass sich das Risiko gelohnt hat, auf den fachlich inkompetenten Vorschlag eines Berufsfremden einzugehen. Petrus aber sinkt Jesus mit den Worten zu Füßen: „Geh weg von mir, Herr, denn ich bin ein sündiger Mensch" (Lk 5,8). Damit ist klar: Das reale Geschehen der Geschichte weist den Leser in eine andere Ebene von Wirklichkeit. Es geht nicht um den Glücksfang der Saison. Petrus erfährt in dem Geschehen, in das er verwickelt ist, die Nähe Gottes, und er erkennt darin sein Leben in einem neuen Licht. Bisher hat er sein Dasein so verstanden, als gründete es in dem, was wir uns durch unsere eigene Tüchtigkeit und Leistung hart erarbeiten. Jetzt erkennt er, dass alles, was wir haben, auch das, was wir uns erarbeiten, ein Geschenk ist, das uns zufällt. Er erfasst den Abstand zwischen Mensch und Gott und versteht, dass wir unser Dasein nicht uns selbst verdanken. Er lernt sein Leben als ein tägliches Geschenk zu verstehen. Diese neue Ebene des Verstehens drückt sich bereits darin aus, wie Jesus angeredet wird. Hatte Simon Petrus Jesus zunächst „Meister" genannt und ihn damit in seiner religiösen Autorität gewürdigt, so nennt er ihn jetzt „Herr" und drückt darin aus, dass er in ihm Gottes Gegenwart erfährt.

Geschichten, in denen sich der Mensch mit Gott konfrontiert sieht, werden „Epiphanien" (Gotteserscheinungen) genannt. Die Wolken- und Feuersäule, die den Israeliten durch das Schilfmeer voranging und als Gottes Gegenwart erfahren wurde, gilt als eine solche Epiphanie. Berufungsgeschichten haben im Alten Testament oft die Gestalt von Epiphanien. Die Berufungsge-

schichten der Propheten Jesaja, Jeremia und Ezechiel
haben Epiphanie-Charakter. Jesaja ruft angesichts der
in einer Vision erfahrenen Gegenwart Gottes aus: „We-
he mir, ich bin verloren! Denn ich bin ein Mensch mit
unreinen Lippen …"(Jes 6,5). Die Geschichten enden
aber nicht mit dem heiligen Erschrecken oder dem Erschrecken angesichts des Heiligen, denn in diesem Erschrecken angesichts der umgreifenden Gegenwart Gott-

es wird der Mensch gewahr, wie klein, wie abhängig und wie unfähig er ist, sich sein Leben aus eigener Vollmacht zu geben und es zu bestehen. Er erfährt, wie weit er hinter dem zurückbleibt, was in ihm als dem Ebenbild Gottes angelegt ist.

Simon Petrus bleibt mit seinem Erschrecken nicht allein, denn Jesus macht ihn mit einem ermutigenden Befehlswort seiner Nähe und Gegenwart gewiss: „Fürchte dich nicht" (Lk 5,10). Er vermittelt damit: „Du musst dich nicht fürchten, denn in Zukunft wirst du nicht mehr in eigener Regie Fische fangen, sondern in meinem Auftrag Menschen gewinnen". Das wird dem Fischer Simon Petrus in der Sprache seines Berufes gesagt: „Von jetzt an wirst du Menschen fangen" (Lk 5,10). Für heutige Ohren ist die Metapher „Menschen fangen" mit negativen Vorstellungen verknüpft wie z. B. mit Kopfjäger, Sklavenfang, Menschenjagd, Freiheit rauben, entmündigen, Gewalt antun, gefangen nehmen u. a. m. Das müssen wir ausblenden.

Die Metapher des wunderbaren und reichen Fischfangs macht deutlich, dass das Ergebnis geistlichen Wirkens nicht von unserer Geschicklichkeit abhängt. Lukas öffnet unseren Blick für das, was uns zufällt und geschenkt wird, wenn wir aus dem Auftrag und der Kraft Gottes handeln. Bei diesem Handeln im Auftrag Gottes geht es nicht mehr um „Fische", die in einem Netz eingesammelt werden, sondern um Menschen, die zu einer großen Gemeinschaft versammelt werden, nämlich zur Gemeinde und Kirche derer, die sich von der Botschaft Jesu aus ihrem bisherigen Leben zu einem neuen Leben aus dem Geist der Liebe herausrufen lassen.

Das Wort „Kirche", das hier noch nicht auftaucht, wurde aus dem griechischen Verb „*ek-kaléo*"/"herausrufen" entwickelt. Kirche und Gemeinde bilden sich nicht von selbst, sie werden auch nicht von tüchtigen Menschen gegründet, sondern sie sammeln und finden sich dort, wo die Botschaft von der Liebe Gottes verkündet wird und wo sich Menschen „herausrufen" lassen.

Zu eben dieser Arbeit, nämlich die Botschaft Jesu zu verkünden und Sammelpunkt von Gemeinde zu sein, wird Simon Petrus berufen. Wie das gemeint ist, erschließt sich wiederum nur dem, der hier genau liest. Es heißt nämlich nicht: „Von jetzt an *sollst* du Menschen fangen oder sammeln". Das würde auch nicht funktionieren, weil man niemanden zum Glauben überreden kann. Glaube ist und bleibt freie Antwort auf eine Christusbotschaft, die aus sich selbst überzeugen muss. Dem Petrus wird auch nicht gesagt: „Von jetzt an *kannst* du Menschen sammeln, so als gäbe es da eine Marktlücke und gute Chancen für Überredungskünste. Jesu Wort lautet: „Du *wirst* Menschen sammeln". Das heißt: Geh mit der Botschaft von der Liebe Gottes hinaus in die Welt so wie du als Fischer auf mein Wort hin auf die hohe See hinausgefahren bist. Lebe aus diesem Geist der Liebe unter den Menschen und verkündige die Botschaft, so gut du es vermagst. Dieses gelebte und gesprochene Zeugnis wird Menschen in die Gemeinschaft der Gemeinde führen. Petrus und seine Gefährten Jakobus und Johannes lassen sich auf diesen Weg ein. Es heißt: sie „ließen alles zurück und folgten ihm" (Lk 5,11).

Verstehen aus der Rückschau

Es zeigt sich, dass die Geschichte von Lk 5 erst von ihrem Ende her verständlich wird. Der dritte Teil bildet mit seinem Jesuswort vom Menschensammeln den inhaltlichen Schwerpunkt. Dieses Jesuswort hat Lukas aus dem Markus-Evangelium übernommen, wo es lautet: „Ich werde euch zu Menschenfischern machen" (Mk 1,17). In der hellenistischen Zeit wurden die Lehrer der Beredsamkeit auch „Fischer" genannt. Mit dem Wort von den Menschenfischern werden im Markus-Evangelium Petrus und seine Gefährten zu Jesu Jüngern berufen. Diese von Markus nur knapp erzählte Berufung baut Lukas aus, indem er sie vorweg durch die Gleichnishandlung mit dem reichen Fischfang veranschaulicht. Der Fischfang soll nicht Mittelpunkt eines Wunderberichts sein, sondern eine „symbolische Vorausdarstellung" dessen, was geschieht, wenn Menschen sich auf das Wort Jesu einlassen. Auch der erste Teil der Geschichte (Lk 5,1–3) ist von Lukas dem Markus-Evangelium (Mk 4,1f.) entnommen und als Einleitung für die dann folgende Geschichte genutzt worden.

Die Einsicht in den Wachstumsprozess unseres Textes hat uns gezeigt, dass der reiche Fischfang kein „Naturwunder" darstellen will, sondern ein literarisches Mittel ist, mit dem Lukas ausdrückt, dass die christliche Gemeinde nicht durch Überredungskünstler und durch kluge Manager, sondern durch glaubwürdige Zeugen gesammelt und zusammengehalten wird.

Jesus und Petrus gehen auf dem Wasser (Mt 14,22–33)

22 Gleich darauf drängte er seine Jünger, ins Boot zu steigen und ihm ans andere Ufer vorauszufahren, während er die Leute entlasse. 23 Und als er die Leute entlassen hatte, stieg er auf den Berg, um ungestört zu beten. Am Abend war er allein dort. 24 Das Boot aber war schon viele Stadien vom Land entfernt, als es von den Wellen hart bedrängt wurde, denn der Wind stand ihnen entgegen.

*25 In der vierten Nachtwache kam er zu ihnen; er ging über den
See. 26 Als die Jünger ihn auf dem See gehen sahen, erschraken
sie, weil sie meinten, es sei ein Gespenst, und sie schrien vor
Angst. 27 Sogleich aber redete Jesus mit ihnen: Seid getrost, ich
bin es. Fürchtet euch nicht! 28 Petrus aber entgegnete ihm: Herr,
wenn du es bist, so heiße mich über das Wasser zu dir kommen!
29 Er sprach: Komm! Da stieg Petrus aus dem Boot, und er
konnte auf dem Wasser gehen und ging auf Jesus zu. 30 Als er*

aber den Wind spürte, fürchtete er sich, und als er zu sinken be-
gann, schrie er: Herr, rette mich! 31 Sogleich streckte Jesus sei-
ne Hand aus, hielt ihn fest, und er sagt zu ihm: Du Kleingläu-
biger! Warum hast du gezweifelt? 32 Und als sie ins Boot stie-
gen, legte sich der Wind. 33 Die aber im Boot waren, fielen vor
ihm nieder und sagten: Ja, du bist wirklich Gottes Sohn!

Verfehlte Erklärungsversuche

Der nur an Fakten interessierte Leser wird diese Geschichte als kindliche Phantasie oder gar als Unsinn abtun. Es gab
und gibt aber auch viele Versuche, den Gang Jesu und Pe-
tri auf dem Wasser mit rationalen Argumenten glaubwürdig darzustellen. So meinten einige, Jesus habe die Kunst des
Wassertretens beherrscht. Andere ließen ihn auf einem Balken stehen, den die Jünger in der Dunkelheit in ihrer Aufregung nicht erkennen konnten. Diese Erklärung versagt
allerdings bei Petrus. Eine Variante davon kam 2006 erneut
in die Debatte. Nordamerikanische und israelische Wis-
senschaftler hatten nämlich herausgefunden, dass es in dem
Jahrtausend um die Zeitenwende in Palästina mindestens
zwei längere Kälteperioden gegeben hat. So sei es für Jesus
und Petrus möglich gewesen, sich auf Eisschollen zu bewegen. Petrus glückte das offenbar nur mit Schwierigkeiten. Psychologische Erklärungen gingen von der These aus,
dass Geschichten, in denen Meer, Wogen, Wind und Angst
vor diesen Elementen eine Rolle spielen, menschheitliche
Symbole für die Begegnung mit dem Unbewussten dar-
stellten und entsprechend zu interpretieren seien. Dabei
wurde die Person Jesu freilich entbehrlich. Ob es überhaupt
nötig ist, unsere Geschichte mit den Denkgewohnheiten
der Neuzeit in Einklang zu bringen, wird sich zeigen, wenn
wir uns den Text genauer ansehen.

Der Grundstock aus dem Markus-Evangelium
(Mk 14,22–27; 32f.)

Die Geschichte, nach der Jesus den Jüngern in ihrem vom
Wind bedrohten Boot auf hoher See entgegenkommt, hat
Matthäus aus dem Markus-Evangelium (Mk 6,45–52) über-
nommen. Auch im Johannes-Evangelium (Joh 16,16–21)

finden wir die Geschichte des auf dem See wandelnden Jesus. Ein Vorgang dieser Art lag in der Antike nicht außerhalb des Denkbaren. Vom Perserkönig Xerxes (486 – 465 v. Chr.) und vom Seleukidenkönig Antiochus IV. (145 – 142 v. Chr.) wurde ebenfalls berichtet, dass sie auf dem Wasser gewandelt sein sollen, und zwar als Ausweis ihrer Göttlichkeit. Nach antikem Naturverständnis konnte sich Gott über die gewohnten Abläufe der Natur hinwegsetzen. Erzählungen vom Seewandeln hoben in erster Linie die Göttlichkeit der Person hervor, der man diese Fähigkeit zuschrieb. In der jüdischen Kultur galt von Gott, was Hiob 9,8 so formuliert: „Er schritt einher auf den Wogen des Meeres". Der jüdische oder hellenistische Hörer und Leser einer solche Erzählung verstand, was mit Jesu Gang auf dem See ausgedrückt wurde, nämlich, dass er Gottes Sohn oder von göttlicher Art war. Eben darauf läuft auch die Geschichte in der Fassung des Matthäus-Evangeliums hinaus. Hatten die Jünger den ihnen auf dem See entgegenkommenden Jesus zunächst für ein Gespenst gehalten, so öffnen sich ihnen die Augen, als er sich zu erkennen gibt und zu ihnen ins Boot steigt: Sie „fielen vor ihm nieder und sagten: Ja, du bist wirklich Gottes Sohn" (Mk 14.33). Im Markus-Evangelium taucht dieser Schluss noch nicht auf. Dort heißt es: „Sie waren entsetzt und fassungslos. Denn sie waren nicht zur Einsicht gekommen über den Broten (=der vorangehenden Speisung der 5.000), sondern ihr Herz war verstockt" (Mk 6,51f.). Das entspricht dem Konzept des Markus, wonach den Jüngern das Geheimnis Jesu als des verborgenen Gottessohnes zwar anvertraut wird, sie es aber nicht verstehen. Erst Mk 8,29 fällt das Bekenntniswort: „Du bist der Messias".

Matthäus kennt zwar die Texte des Markus-Evangeliums, aber er teilt nicht dessen These , dass die Jünger in Jesus den Gottessohn nicht erkannt haben sollen. Er erzählt deshalb die Geschichte vom Seewandeln Jesu so, wie sie sich jedem Zeitgenossen darstellte, nämlich als einen Hinweis auf die Göttlichkeit Jesu und seine göttliche Vollmacht, sich über jene Regeln hinwegzusetzen, die im Naturgeschehen herrschen. Seine Macht über die Gesetze der Natur nutzt Jesus freilich nicht, um seine Göttlichkeit

durch ein Mirakel zu demonstrieren. Er setzt sie ein, um
den Seinen beizustehen. Die Erzählung vergewissert ihre
Leser, dass sie selbst in den bedrohlichsten Situationen mit
der Nähe und der Hilfe Jesu rechnen können.

Man kann freilich fragen, ob Matthäus eine individuelle
Hilfe meint. Im Text steht nämlich, dass „das *Boot* ... von
den Wellen hart bedrängt wurde". Das Boot oder Schiff ist
seit alters das Bild für die christliche Gemeinde, die den
Fährnissen in einer ihr feindlichen Welt ausgeliefert ist. Solange die Christen als eine jüdische Sekte angesehen wur-

den, standen sie unter dem Schutz der jüdischen Religion, die nach römischem Recht eine erlaubte Religion (religio licita) war. Deren Anhänger waren vom Kaiserkult und vom Militärdienst befreit. Das änderte sich für die Christen, nachdem diese sich vom Judentum getrennt hatten und für die Römer als eigenständige Religion sichtbar wurden. Erste Christenverfolgungen haben unter Nero nach der Feuersbrunst in Rom im Jahr 64 stattgefunden. In Rom und im Orient gab es unter Kaiser Domitian (81–96) Prozesse gegen Christen, die zu Hinrichtungen und Verbannungen führten.

Spätesten seit Kaiser Trajan (98 – 117) galten das Christentum als solches (nomen ipsum) und christlicher Glaube als verboten. Verfolgungen wurden durch Anzeigen oder durch örtliche Behörden ausgelöst und waren für christliche Gemeinden der ständige Bedrohungshintergrund. Dieses Lebensgefühl klingt in dem Bild von Schiff in Seenot deutlich nach. Das Matthäus-Evangelium ist etwa in der Regierungszeit des Kaisers Domitian verfasst worden. Verglichen mit der Zeit des Markus-Evangeliums, das bereits nach 70 geschrieben wurde, betont Matthäus die aktuelle Gefahr, in der sich die christlichen Gemeinden jetzt befinden. Er sagt den verängstigten Gemeinden aber zugleich, dass sie keine Angst haben müssen, solange Jesus mit ihnen ist. Das bedeutete nicht, dass es keine Verfolgungen mehr geben werde. Es betonte aber: Die Gemeinde wird leben und überleben, solange Jesu Geist in ihr gegenwärtig ist. Dieser Gedanke bleibt über die Verfolgungszeiten der Christen hinaus gültig. Er macht aber zugleich bewusst, dass jene Kirchen und Gemeinden nicht bleiben werden, die nicht mehr aus dem Geist Jesu leben, sondern sich zum Selbstzweck erheben und sich Regeln geben, die vor allem ihrer Selbsterhaltung dienen. Jesus bietet seiner Gemeinde keinen magischen Schutz gegen zerstörerische Mächte. Der Schutz der Gemeinde liegt in jener Kraft, die aus dem Geist seiner Liebe erwächst. Für Matthäus stand der Blick auf die Gemeinde schon deshalb im Vordergrund, weil der Prozess der Gemeindebildung, aber auch die Gefährdung der Gemeinden zu seiner Zeit bereits weiter fortgeschritten waren als zur Zeit des Paulus oder des Markus.

Die Neuinterpretation des Markus-Textes durch Matthäus

Matthäus hat die aus dem Markus-Evangelium übernommene Geschichte vom Gang Jesu über das galiläische Meer gegenüber seiner Vorlage entscheidend verändert. Wir haben gesehen, dass nach dem Markus-Evangelium weder die wunderbare Vermehrung der Brote noch Jesu Seewandeln den Jüngern die Augen für das wahre Wesen Jesu öffnen konnten. Nach Matthäus führt eben dieser Gang

Jesu über das Wasser zu einer gegenteiligen Reaktion der Jünger, nämlich zu deren Bekenntnis: „Ja, du bist wirklich Gottes Sohn" (Mt 14,33).

Diese Veränderung ist nicht willkürlich und auch nicht zufällig. Die Neuinterpretation des Matthäus führt uns vor Augen, dass biblische Texte keine göttlichen Verlautbarungen sind, sondern menschliche Zeugnisse des Glaubens in den Ausdrucksformen ihrer Zeit und ihres kulturellen Umfelds. Diese Einbindung der biblischen Texte in das Bewusstsein ihrer Verfasser und in den Horizont ihrer Hörer will ernstgenommen sein. Den beiden Textvarianten ist zu entnehmen, dass sich der Prozess der Vergöttlichung Jesu regional unterschiedlich vollzogen hat. Bei Markus ist die Messianität Jesu den Jüngern noch verborgen. Matthäus, der etwa eine Generation nach Markus schreibt, stellt Jesus bereits offen als den Sohn Gottes vor, auf dessen Kommen schon die Propheten hingewiesen hatten. Das kann er ohne nähere Begründung tun, weil er selbst und wohl auch die Mehrzahl seiner Leser Judenchristen waren, denen die alttestamentliche Überlieferung und die Erwartung des Messias noch vertraut war.

Der Zusatz des Matthäus

Matthäus hat die Geschichte vom Seewandeln Jesu nicht nur neu interpretiert, er hat sie auch durch eine neue Geschichte geschickt erweitert, und zwar durch das Seewandeln des Petrus. Beachtenswert ist die Stelle, an der Matthäus die Petrusgeschichte einfügt. Jesus hatte sich den erschrockenen Jüngern mit dem Zuruf zu erkennen gegeben: „Ich bin es. Fürchtet euch nicht" (Mt 14,27). Mit diesem Wort schlägt Matthäus bereits den Schlussakkord seines Evangeliums an: „Seid gewiss: Ich bin bei euch alle Tage bis an der Welt Ende" (Mt 28,20). Diese Zusage ermutigt Petrus zu dem kühnen Satz: „Herr, wenn du es bist, so heiße mich über das Wasser zu dir zu kommen" (14,28). Matthäus drückt damit das Vertrauen zu Jesus aus.

Aber wird dieses Vertauen tragen? Nicht eben weit. Das zeigt bereits der erste Windstoß. Petrus beginnt zu sinken und ruft nach der Hilfe Jesu. Diese Szene darf man nicht auf den

Wunsch des Petrus zurückführen, das Naturwunder des Seewandelns an sich selbst zu erproben. Die Szene bildet die Lebenssituation der christlichen Gemeinde im heidnischen Umfeld ab. Sie sagt, dass der einzelne Christ nicht im Schutz eines von der Gemeinde gebildeten „Gettos" bleiben kann, sondern seinen Weg in der Welt auch allein wagen muss. Petrus bittet Jesus ja nicht: „Lass mich auch über das Wasser laufen". Er bittet: „Heiße mich über das Wasser *zu dir* zu kommen". Es geht also nicht um die Kunst des „Wassertretens", sondern um unsere oft gefahrvollen Wege, die wir täglich gehen müssen. Die Szene des sinkenden Petrus zeigt: Sind es Wege, die aus dem Geist, d. h. aus der Nähe und der Gegenwart Jesu gegangen werden und in seine Richtung führen, so werden wir dabei nicht untergehen, nicht scheitern. Petrus beginnt unterzugehen, als die Gefährdungen seines Weges sein Vertrauen zu Jesu Gegenwart schwinden lassen. Dieser Zweifel an Jesu Wort wird „Kleinglaube" genannt. Damit ist nicht zu wenig Glaube, sondern fehlender Glaube gemeint, fehlendes Vertrauen in die Kraft jener Liebe, die uns im Leben auch auf schwankendem Boden zu tragen vermag. Der Einschub der Petrus-Szene konkretisiert und verstärkt noch einmal, dass der Weg der christlichen Gemeinde und des einzelnen Christen dort festen Boden hat, wo er aus dem Geist und im Vertrauen auf jene Liebe gegangen wird, in der Gott gegenwärtig und uns nahe ist. Die Petrusgeschichte ermutigt die Menschen dazu, ihre Wege in der Welt in diesem Vertrauen furchtlos zu gehen.

Jesus wandelt Wasser in Wein (Joh 2,1–11)

1 Und am dritten Tag war eine Hochzeit in Kana in Galiläa, und die Mutter Jesu war dort. 2 Aber auch Jesus und seine Jünger waren zur Hochzeit geladen. 3 Und als der Wein ausging, sagt die Mutter Jesu zu ihm: Sie haben keinen Wein mehr. 4 Und Jesus sagt zu ihr: Was hat das mit dir und mir zu tun, Frau? Meine Stunde ist noch nicht da. 5 Seine Mutter sagt zu den Dienern:

Was immer er euch sagt, das tut. 6 Es standen dort aber sechs steinerne Wasserkrüge, wie es die Reinigungsvorschriften der Juden verlangen, die fassten je zwei bis drei Mass. 7 Jesus sagt zu ihnen: Füllt die Krüge mit Wasser! Und sie füllten sie bis oben. 8 Und er sagt zu ihnen: Schöpft jetzt und bringt dem Speisemeister davon. Und sie brachten es. 9 Als aber der Speisemeister das Wasser kostete, das zu Wein geworden war, und nicht wusste, woher es war – die Diener aber, die das Wasser geschöpft hatten, wussten es –, da ruft der Speisemeister den Bräutigam 10 und sagt zu ihm: Jedermann setzt zuerst den guten Wein vor, und wenn sie betrunken sind, den schlechteren. Du hast den guten Wein bis jetzt zurückbehalten. 11 Das tat Jesus als Anfang der Zeichen in Kana in Galiläa, und er offenbarte seine Herrlichkeit, und seine Jünger glaubten an ihn.

Zur Auslegungsgeschichte

Es gibt wohl keine biblische Geschichte, die von ihren Deutern so oft und so grob misshandelt worden ist wie die Geschichte von der Hochzeit zu Kana. Alle Missdeutungen setzen voraus, dass der Text berichtet, wie Jesus Wasser in Wein verwandelt hat. Ein schwäbischer Pietist, dem bei dieser Aktion zu viel Alkohol ins Spiel zu kommen schien, meinte, dieses Wunder sei „nicht das beste Stückle unseres Herrn" gewesen. Ein burgenländischer Junge, Sohn eines Weinbauers, war von der Geschichte gar nicht beeindruckt und sagte nur, als er sie zum ersten Mal hörte: das kann mein Vater auch. Er schüttet Wasser in die Weinfässer und dann entnimmt er ihnen den fertigen Wein." Von einer Antialkoholikergruppe wurde Einspruch gegen dieses Wunder erhoben mit der Begründung, Jesus hätte das Wasser nur in Traubensaft verwandeln dürfen. Sie wurde von anderen beruhigt: Jesus werde schon durch seine Anwesenheit dafür gesorgt haben, dass der Wein nicht missbraucht wurde. Wieder andere sahen sich in ihrer Vorstellung bestätigt, dass Jesus eben kein Asket und Spielverderber war, sondern mit den Fröhlichen auch fröhlich sein konnte. Kritiker unseres globalen Wirtschaftssystems gaben zu bedenken, dass das Weinwunder in die falsche Richtung weise: wir brauchen nicht mehr Wein, sondern mehr sauberes Wasser für die Menschen. Theologen sprachen von einem „Luxuswunder". Für einige weinerprobte Leser zeigt das Weinwunder Jesu nur auf, wie kümmerlich und ärmlich unsere menschlichen Feste heute geworden sind. In ungezählten Predigten wurde die Geschichte zum Beispiel dafür, was Jesus kann und dass er uns aus mancherlei Verlegenheiten heraushelfen kann. Schließlich musste die Geschichte für alle Arten von Ehepredigten herhalten. Genug der Beispiele möglichen Missbrauchs. Lassen Sie uns nun die Geschichte von der Hochzeit zu Kana ganz nüchtern lesen.

Eine schlichte Bestandsaufnahme

Unsere Geschichte beginnt mit einer Reihe von Unbekannten. Ein Ort Kana ist nicht mehr eindeutig zu ermitteln. Man vermutet ihn 10 bis 15 km nördlich oder nordöstlich von Nazaret. Unbekannt bleibt auch, wessen Hochzeit gefeiert wird. Namen werden nicht genannt. Wir erfahren nichts darüber, in welchem Verhältnis Jesus zu dem Brautpaar steht. Die Mutter Jesu ist ebenfalls zur Stelle. Von ihr war im Johannes-Evangelium bisher noch mit keinem Wort die Rede. Ihr Name taucht im gesamten Evangelium sonst nicht auf. Außer dem Stichwort „Hochzeit" bleibt alles unbestimmt. Die Hochzeitsgesellschaft und das Brautpaar bilden nur den Hintergrund des Geschehens. Jesus, seine Jünger und seine Mutter werden nirgendwo in das Festgeschehen eingebunden. Die einzige Verbindung zur Hochzeit ist die Feststellung, dass den Feiernden der Wein ausgegangen ist: „Sie haben keinen Wein mehr". Das sagt aber nicht der dafür zuständige Speisemeister, sondern die Mutter Jesu, und zwar mit dem Unterton: „Tu etwas!" Woher hat sie die Vollmacht, in einem fremden Haus Anweisung zu erteilen? Die Reaktion Jesu ist in zweifacher Hinsicht überraschend. Aus dem Markus-Evangelium wissen wir, dass Jesus von seiner Familie ganz und gar nicht für den Messias, sondern für verrückt gehalten wurde („Er ist von Sinnen", Mk 3,21). Hier erwartet seine Mutter Großes von ihm. Aber eben diese Erwartung seiner Mutter, ein Wunder zu tun, weist Jesus ungewöhnlich schroff zurück: „Was hat das mit dir und mit mir zu tun, Frau!" Vor allem die Bezeichnung „Frau" für seine Mutter drückt große Distanz aus. Die Rolle von Maria und ihr Verhältnis zu Jesus wirken befremdlich. Der Hinweis auf „seine Stunde" bleibt dunkel.

Obwohl Jesus den Erwartungen nicht entsprechen will, wird alles für ein Wunder vorbereitet. Im Hochzeitshaus stehen sechs steinerne Wasserkrüge für die in einem jüdischen Haus üblichen kultischen Reinigungsriten. Jeder Krug fasst zwei oder drei Maß. Ein Maß sind 39,39 Liter. Das ergibt zusammen 470 bis 700 Liter. Diese Menge Wassers verwandelt Jesus in Wein. Das steht in keinem Verhältnis zu dem, was eine schon gut gestimmte und teils betrunkene Festgesellschaft braucht. Alles geschieht außerdem am dafür verantwortlichen Mann, dem Speisemeister, vorbei. Dem fällt nur die Funktion zu, die hohe Qualität des Weins festzustellen und dem Bräutigam vorzuwerfen, dass er den guten Wein bisher zurückgehalten hat. Eine Weinregel allerdings, nach der man erst den guten Wein ausgibt und erst danach den schon angetrunkenen Gästen den minderwertigen Wein vorsetzt, ist im Orient unbekannt. Liest man diese Geschichte als den Bericht über ein Weinwunder, so stimmt in ihm nichts. Der letzte Vers deckt auf, warum das so ist: weil wir gar keinen Wunderbericht vor uns haben.: „Das tat Jesus als Anfang der *Zeichen*" (Joh 2,11). Ein Zeichen ist weder ein Mirakel, noch ein Zauberkunststück, sondern eine Symbolerzählung, mit der uns der Erzähler auf etwas verweist. Ein Zeichen ist eine Sprachform, die uns mit Bildern weltlicher Ereignisse eine nichtweltliche Wirklichkeit vor Augen stellt. Wir werden jetzt zu fragen haben, worauf diese Geschichte verweist und welche Wirklichkeit sie uns erschließt.

Die griechischen Wurzeln

Symbole und symbolische Texte werden von den biblischen Erzählern nicht frei erfunden. Symbole arbeiten mit bekanntem Material, um damit bisher Unbekanntes zum Ausdruck zu bringen. Das Symbolmaterial wird dem religiösen Umfeld des Verfassers und seiner Leser und Hörer entnommen. In der alttestamentlichen Überlieferung ist keine Geschichte bekannt, die davon erzählt, dass Wasser in Wein verwandelt wird. In der griechischen Göttermythologie finden wir die Verwandlung von Wasser in Wein im Dionysos-Kult fest verankert. Der Weingott Dionysos, der die Menschen von ihren Sorgen befreit, erscheint in einem Weinwunder in der Nacht vom 5. zum 6. Januar. Das Dionysosfest wurde am 6. Januar gefeiert. An diesem Tag sollen die Tempelquellen auf Andros und Teos Wein statt Wasser gesprudelt haben. In Elis wurden am Vorabend des Festes drei leere Krüge aufgestellt, die man am folgenden Morgen mit Wein gefüllt vorfand. Es ist wohl kaum ein Zufall, dass die christliche Kirche des Ostens am 6. Januar, dem Beginn des Sonnenjahres, auch das Gedächtnis der Geburt Christi feierte. Erst um 330 setzte sich von Rom aus der 25. Dezember als der Geburtstag Jesu durch. Dieses Fest verdrängte das bis dahin gefeierte Geburtsfest des unbesiegten Sonnengottes. Am 6. Januar wird aber bis heute die „Erscheinung Christi" (Epiphanie) und seine Taufe gefeiert und des Weinwunders von Kana gedacht. Unsere Geschichte bezieht ihr Symbolmaterial aus der Dionysos-Legende, die schon vor oder erst durch den

Evangelisten Johannes mit alttestamentlicher Symbolik aufgefüllt und als Zeichen verstanden wurde.

Der Ausbau zum Zeichen

Die Wandlung von Wasser in Wein wird also dem griechischen Symbolfundus entliehen und mit alttestamentlichen Symbolen aufgefüllt. Der Wein ist in der jüdischen Kultur nicht nur Ausdruck von Lebensfreude (Ps 104,15), er ist in der jüdischen Religion darüber hinaus ein messianisches Symbol. Nach Jes 25,6 wird das endzeitliche Festmahl ein Mahl sein „mit alten, geläuterten Weinen". Der Wein ist das Festgetränk und damit das Symbol der Heilszeit. Er drückt die heilschaffende Nähe Gottes aus. Und das Hochzeitsfest als Inbegriff höchsten Jubels gilt als der irdische Abglanz dieses endzeitlichen Festes, in welchem alle Menschen und Völker in den Jubel darüber einstimmen, dass sich die Liebe Gottes gegen alle gottwidrigen Mächte durchgesetzt hat und fortan herrschen wird. Die Botschaft dieses Weinsymbols und seine Verwandlung aus Wasser erschließt sich nur vor dem Hintergrund jüdischen Denkens. Die Geschichte sagt ja nicht, dass Jesus die sechs leeren Krüge mit Wein anfüllt. Es heißt vielmehr: „es standen dort aber sechs steinerne Wasserkrüge, wie es die Reinigungsvorschriften der Juden verlangten" (Joh 2,6). Diese Krüge, auf deren kultische Funktion so betont hingewiesen wird, stehen für das Wesen der jüdischen Religion, in der die Reinigungsriten eine herausragende Rollen spielen. Spätestens seit dem 4. Jahrhundert v. Chr. sind die fünf Bücher Mose in ihrem Textbestand so gefestigt, dass sie gegenüber den anderen alttestamentlichen Schriften als das „Buch der Tora" (des Gesetzes) gelten. Nach jüdischer Überzeugung bestand die Tora (Weisung, Gesetz) bei Gott bereits vor Schaffung der Welt. Sie genießt unumstößliche Autorität als Gottes bindender Wille, der in 248 Geboten und 365 Verboten das tägliche Leben reguliert. Der jüdische Gläubige gewinnt und erfährt Gemeinschaft mit Gott, indem er sein Leben nach diesen Geboten und Verboten richtet. Innerhalb dieses Glaubensverständnisses kann sich der Mensch sein Heil im Rahmen der religiösen Regeln mit seinen religiösen und moralischen Leistungen erarbeiten. Dieses in den Krügen enthaltene „Reinigungswasser" wird nun von Jesus in Wein verwandelt. Es gilt genau hinzuhören. Jesus lässt weder die Krüge zerschlagen, noch das Wasser wegschütten. Die Sehnsucht nach einem heilen Leben, wie ihn die kultischen Regeln repräsentieren, lässt sich nicht abschaffen, aber Jesus ermöglicht einen anderen Weg zu diesem Heil. Das wird im Johannes-Evangelium bereits am Schluss des programmatischen Prologs mit dem Satz angekündigt: „Das *Gesetz* wurde durch Mose gegeben, die *Gnade* und die *Wahrheit* ist durch Jesus Christus geworden" (Joh 1,17). Der durch Jesus neu eröffnete Weg des Heils wird in unserer Erzählung durch die Verwandlung von kultischem Reinigungswasser in Wein abgebildet. Die Symbole sagen uns: es gilt nicht mehr, dass wir uns ein heiles Leben durch unsere religiösen, moralischen oder rituellen Anstrengungen erarbeiten müssen oder könnten; unser Heil ist ein Geschenk der Gnade. Die Zeit des Heils liegt auch nicht in einer fernen Zukunft als die Belohnung für unsere guten Werke, sie beginnt schon jetzt. Sie hat sogar schon damit begonnen, dass Jesus in diese Welt gekommen ist, und sie ereignet sich darin, dass Jesus die Liebe Gottes in unserer Welt lebt, lehrt und sie damit offenbar macht. „Denn so hat Gott die Welt geliebt, dass er den einzigen Sohn gab, damit jeder, der an ihn glaubt, nicht verloren gehe, sondern ewiges Leben habe" (Joh 3,16). An Jesus zu glauben heißt nicht, diesen oder jenen Lehren über ihn zuzustimmen. Es heißt vielmehr, jener Liebe, die er bringt und weitergibt, zu vertrauen, sich ihr zu öffnen und sich von ihr leiten zu lassen.

An Jesus zu glauben und ihn zu lieben heißt, aus der Kraft und aus den Impulsen seiner Liebe zu handeln. In 1Joh 4,7f. wird das so ausgedrückt: „Die Liebe ist aus Gott und jeder, der liebt, ist aus Gott gezeugt. Wer nicht liebt, hat Gott nicht erkannt". Für diesen Weg zu einem heilen Leben will Johannes mit der Geschichte von Jesu Wandlung jüdischen Reinigungswassers in Wein denen die Augen öffnen, die ihr Vertrauen bisher auf die eigene moralische Kraft und religiöse Pflichterfüllung gesetzt haben. Mit seinen „Zeichen" verdeutlicht Johannes: Wer Jesus sieht, der sieht den Vater. Wer aus seiner Liebe lebt, der lebt in Gott und Gott ist in ihm. Der letzte Satz unseres Textes erweist sich als der Schlüssel zum „Weinwunder" in Kana: „Das tat Jesus als Anfang der Zeichen … und er offenbarte seine Herrlichkeit" (Joh 2,11). Die Herrlichkeit, von der hier die Rede ist, zeigt sich nicht in der Macht des Wundertäters, klares Wasser in edelsten Wein zu verwandeln, sie zeigt sich in seiner Vollmacht, uns jenes Leben hier auf Erden zu eröffnen, das aus Gottes Liebe hervorgeht und deshalb in Gott geborgen bleibt. Johannes sagt das so: „Wer mein Wort hört und dem glaubt (vertraut), der mich gesandt hat, hat ewiges Leben …und ist hinübergegangen aus dem Tod in das Leben" (Joh 5,24). Es ist der Schritt aus den Zwängen jener „Gesetze", die wir meinen, einhalten zu müssen, in die Freiheit derer, die aus der Kraft der göttlichen Liebe handeln können. Wo das geschieht, da erweist sich die Herrlichkeit Jesu als die Gegenwart Gottes. Das ist nichts, was man als Wissen über Gott erklären und vermitteln kann. Davon erfährt nur, wer der Botschaft der

Liebe vertraut. Bezeichnenderweise hat Johannes das Weinwunder nicht als ein Schauwunder vor einer staunenden Hochzeitsgesellschaft inszeniert, sondern abseits davon im Kreis der Jünger veranschaulicht. Der Speisemeister, der dem Kreis der Jünger nicht angehört, hat nichts verstanden. Und die Mutter Jesu? Sie scheint von ihrem Sohn nur zu erwarten, dass er etwas unternimmt, vielleicht ein kleines Wunder tut, um das Fest zu retten. Sie agiert also in der Ebene des Mirakels und repräsentiert jene Menschen, die von Jesus nicht das Heil, sondern nur Hilfsaktionen erwarten. Liest man die Geschichte als Zeichen von ihrem Ziel her, so hat es guten Sinn, dass Johannes Zahl und Fassungsvermögen der Krüge so genau erwähnt, weil sie den

mühsamen Weg der menschlichen Leistung zur Gemeinschaft mit Gott veranschaulichen. Kein Element des kultischen Heilswegs bleibt nötig, wo das Geschenk an die Stelle der Leistung tritt. Auch die Sorge, dass 700 Liter besten Weines eine Gefahr für die ohnehin schon angeheiterte Hochzeitsgesellschaft darstellen, drängt sich nur in der realen Handlungsebene auf. Moralisten, die in dieser Geschichte nur das Schauwunder sehen und fragen, wie denn eine trunkene Hochzeitsgesellschaft noch 700 Liter verkraften soll, hat schon der Kirchenvater Irenäus († um 202) mit einer klugen Bemerkung an die Symbolebene des Zeichens erinnert: Von diesem Wein, sagte er, trinken wir auch heute noch.

Abkürzungen

Gen	Genesis. Das Erste Buch Mose
Ex	Exodus. Das Zweite Buch Mose
Lev	Leviticus. Das Dritte Buch Mose
Num	Numeri. Das Vierte Buch Mose
Dtn	Deuteronomium. Das Fünfte Buch Mose
1 Kö	Das Erste Buch der Könige
Jes	Das Buch Jesaja
Jer	Das Buch Jeremia
Ez	Das Buch Ezechiel
Mt	Das Evangelium nach Matthäus
Mk	Das Evangelium nach Markus
Lk	Das Evangelium nach Lukas
Joh	Das Evangelium nach Johannes
Apg	Die Apostelgeschichte
Röm	Der Brief an die Römer
1 Kor	Der Erste Brief an die Korinther
Gal	Der Brief an die Galater
1 Joh	Der Erste Brief des Johannes

Literaturhinweise

Balz, H./Schneider, G. (Hg.), Exegetisches Wörterbuch zum Neuen Testament, 3 Bde., 2. Aufl. Stuttgart/Berlin/Köln 1992

Becker, U./Wibbing, S., Wundergeschichten, Gütersloh 1965

Berger, K., Darf man an Wunder glauben?, Stuttgart 1996

Böcher, O., Christus Exorcista. Dämonismus und Taufe im Neuen Testament, Stuttgart 1972

Bovon, F., Das Evangelium nach Lukas, EKK III/4, Düsseldorf 2008

Bultmann R., Das Evangelium des Johannes, 11. Aufl. Göttingen 1950

Bultmann, R., Neues Testament und Mythologie, in: H.-W. Bartsch (Hg.), Kerygma und Mythos, Bd. 1, 3. Aufl. Hamburg 1954, S. 15–48

Bultmann, R., Zur Frage des Wunders, in: Glauben und Verstehen Israel, 2. Aufl. Tübingen 1954, S. 214–228

Bultmann, R., Die Geschichte der synoptischen Tradition, Göttingen 1957

Delling, G., Das Verständnis des Wunders im Neuen Testament, in: A. Suhl (Hg.), Der Wunderbegriff im Neuen Testament, Darmstadt 1980, S. 300–317

Dibelius, M., Die Formgeschichte des Evangeliums, 4. Aufl. Tübingen 1961

Doerne, M., Er kommt auch noch heute. Homiletische Auslegung der Alten Evangelien, 5. Aufl. Göttingen 1961

Drewermann, E., Das Markusevangelium, 2. Aufl. Olten 1990

Drewermann, E., Tiefenpsychologie und Exegese, Bd. 1: Die Wahrheit der Formen, 3. Aufl. Olten 1992; Bd. 2: Die Wahrheit der Werke und Worte, 3. Aufl. Olten 1992

Eichholz, G., Herr, tue meine Lippen auf, Bd. 1: Die altkirchlichen Evangelien, 3. Aufl. Wuppertal-Barmen 1957; Bd. 3: Die neuen Evangelien, 2. Aufl. Wuppertal-Barmen 1957

Göttinger Predigtmeditationen, Göttingen 1949–2008

Gnilka, J., Das Evangelium nach Markus, EKK II/1, Zürich 1998

Haenchen, E., Der Weg Jesu. Erklärung des Markusevangeliums und der kanonischen Parallelen, Berlin 1966

Hailer, M., Götzen, Mächte und Gewalten, Göttingen 2008

Held, H. J., Matthäus als Interpret der Wundergeschichten, in: G. Bornkamm /G.Barth/H. J. Held, Überlieferung und Auslegung des Matthäus Evangeliums, 2. Aufl. Neukirchen 1961, S. 155–288

Kittel, G.(Hg), Theologisches Wörterbuch zum Neuen Testament, 11 Bde., Stuttgart 1953ff.

Klein, G., Wunderglaube und Neues Testament, Wuppertal-Barmen 1960

Kollmann, B., Neutestamentliche Wundergeschichten, 2. Aufl. Stuttgart 2007

Lohmeyer, E., Das Evangelium des Markus, Göttingen 1953

Lohmeyer, E., (Hg. W. Schmauch), Das Evangelium des Matthäus, Göttingen 1957

Luck, U., Das Evangelium nach Matthäus, Zürich 1993

Lüdemann, G., Texte und Träume. Ein Gang durch das Markusevangelium in Auseinandersetzung mit Eugen Drewermann, Göttingen 1992

Lührmann, D., Das Markusevangelium, HNT 3, Tübingen 1987

Luz, U. (Hg.), Zankapfel Bibel. Eine Bibel – viele Zugänge, 2. Aufl. Zürich 1993

Pichler, J./Heil, Chr. (Hg.), Heilungen und Wunder. Theologische, historische, medizinische Zugänge, Darmstadt 2007

Predigtstudien, Stuttgart 1968ff.

Ritter, W. H./Albrecht, M. (Hg.), Zeichen und Wunder, Göttingen 2007

Saß, G., Die Auferweckung des Lazarus, Neukirchen-Vluyn 1967

Schmithals, W., Wunder und Glaube, Neukirchen-Vluyn 1970

Schmithals, W., Das Evangelium nach Lukas, Zürich 1980

Schulz, S., Die Stunde der Botschaft. Einführung in die Theologie der vier Evangelien, Hamburg 1967

Schulz, S., Das Evangelium nach Johannes, NTD 4, Göttingen 1972

Schweizer, E., Das Evangelium nach Markus, NTD 1, Göttingen 1967

Spiegel, Y., (Hg.), Doppeldeutlich. Tiefendimensionen biblischer Texte, München 1978

Stählin, W., Predigthilfen, Bd. 1: Evangelien, Kassel 1958

Strathmann, H., Das Evangelium nach Johannes, NTD, Göttingen 1959

Suhl, A. (Hg.), Der Wunderbegriff im Neuen Testament, Darmstadt 1980

Theissen, G., Urchristliche Wundergeschichten, 5. Aufl. Gütersloh 1987

Theissen, G./Merz, A., Der historische Jesus, Göttingen 1996

Weder, H., Wunder Jesu und Wundergeschichten, in: Beih. zur Ev. Theol. 1/1984, S. 25–49

Welck, Chr., Erzählte Zeichen. Die Wundergeschichten des Johannesevangeliums, Tübingen 1994

Wolff, H. W., Ist die Bibel Gotteswort oder Menschenwort? Darstellung des Problems an der Auslegung des Jonabuches, in: Die Bibel – Gotteswort oder Menschenwort, Neukirchen-Vluyn 1959, S 9–35

Wolff, H. W., Studien zum Jonabuch, Neukirchen-Vluyn 1965

Wolter, M., Das Lukasevangelium, Tübingen 2008

Helmut Fischer, Jg. 1929, Studium der Theologie, Philosophie und Psychologie, Dr. theol., Pfarrer und zuletzt Professor für Predigt und Gottesdienst am Theologischen Seminar in Friedberg/Hessen und viele Jahre dessen Direktor. Seit 1991 im Ruhestand und in der Lehrerfortbildung, in der ökumenischen Erwachsenenbildung sowie als Autor und als Lehrer für Ikonenmalerei tätig.

Hildegard Rall, Jg. 1939, verheiratet, 4 Söhne, Erzieherin a. D. Gründliche Ausbildung zur Ikonenmalerin, Meisterschülerin von Prof. Fischer, spezialisiert auf szenische Ikonen aus dem Leben Jesu. Lehrerin für Ikonenmalerei.

Vom selben Autor bei uns erschienen:

Von Jesus zur Christusikone
192 Seiten, 43 Abbildungen
(Michael Imhof Verlag Petersberg 2005)
ISBN 978-3-86568-025-9

Maria im Verständnis der Kirchen und die Gottesmutterikone
128 Seiten, 32 Abbildungen
(Michael Imhof Verlag Petersberg 2006)
ISBN 3-86568-097-6

Weitere Bücher von Helmut Fischer

Musste Jesus für uns sterben? Deutungen des Todes Jesu
78 Seiten, Theologischer Verlag Zürich 2008
ISBN 978-3-290-17469-9

Haben Christen drei Götter? Entstehung und Verständnis der Lehre von der Trinität
120 Seiten, Theologischer Verlag Zürich 2008
ISBN 978-3-290-17497-2

Schöpfung und Urknall. Klärendes für das Gespräch zwischen Glaube und Naturwissenschaft
144 Seiten, Theologischer Verlag Zürich 2009
ISBN 978-3-290-17513-9

Gemeinsames Abendmahl? Zum Abendmahlsverständnis der großen Konfessionen
78 Seiten, Theologischer Verlag Zürich 2009
ISBN 978-3-290-17532-0

Einheit der Kirche? Zum Kirchenverständnis der großen Konfessionen
Theologischer Verlag Zürich, 2010